"十二五"职业教育国家规划教材
经全国职业教育教材审定委员会审定
高等职业教育铁道交通运营管理专业课程改革系列规划教材

车站作业计划与统计

（第二版）

韩小平　束汉武　主　编
刘婉玲　于伯良　副主编
宋建业　主　审

中国铁道出版社有限公司

2025年·北　京

内容简介

本书为“十二五”职业教育国家规划教材、高等职业教育铁道交通运营管理专业课程改革系列规划教材，全书共分为6个项目22个典型工作任务。项目1介绍了货物列车及货车技术作业过程，项目2介绍了车站班计划的编制，项目3介绍了车站阶段计划的编制，项目4介绍了车站调车作业计划的编制，项目5介绍了车站能力的计算，项目6介绍了车站工作统计与分析。

本书主要适合高职铁道交通运营管理专业、中专铁道运输管理专业师生使用，也可作为铁路运输相关岗位员工培训教材，并可供铁路各级管理人员、相关技术人员参考使用。

本书内容如有不符最新规章标准之处，以最新规章标准为准。

图书在版编目(CIP)数据

车站作业计划与统计 / 韩小平，束汉武主编．—2版．—北京：中国铁道出版社，2016.5(2025.6重印)

“十二五”职业教育国家规划教材 全国铁道职业教育教学指导委员会规划教材 高等职业教育铁道交通运营管理专业课程改革系列规划教材

ISBN 978-7-113-21566-8

Ⅰ．①车… Ⅱ．①韩… ②束… Ⅲ．①铁路车站-车站作业-计划-高等职业教育-教材 ②铁路车站-车站作业-统计-高等职业教育-教材 Ⅳ．①U292.13 ②U292.14

中国版本图书馆CIP数据核字(2016)第041981号

书　　名：车站作业计划与统计

作　　者：韩小平　束汉武

责任编辑：金　锋　悦　彩　**编辑部电话**：(010)51873206　**电子邮箱**：sxyuecai@163.com

封面设计：崔丽芳

责任校对：苗　丹

责任印制：高春晓

出版发行：中国铁道出版社有限公司(100054，北京市西城区右安门西街8号)

网　　址：https://www.tdpress.com

印　　刷：三河市宏盛印务有限公司

版　　次：2013年1月第1版　2016年5月第2版　2025年6月第9次印刷

开　　本：787 mm×1 092 mm　1/16　**印张**：11.25　**字数**：291千

书　　号：ISBN 978-7-113-21566-8

定　　价：31.00元

前言（第二版） PREFACE

本书是“十二五”职业教育国家规划教材，是在2013年出版的高等职业教育铁道交通运营管理专业课程改革系列规划教材的基础上修订而成的，根据课程改革思路，将原“铁路行车组织”课程分为“接发列车工作”“车站调车工作”“列车调度指挥”和“车站作业计划与统计”四部分，“车站作业计划与统计”是铁道交通运营管理专业的一门核心专业课程。

教材包括货物列车及货车技术作业过程、编制车站班计划、编制车站阶段计划、编制车站调车作业计划、计算车站能力、车站工作统计与分析等6个项目。作者在编写教材时，根据国家职业标准对本课程对应各岗位的知识、技能和素质要求，精心选取教学内容，并对技能要求进行了深入的分析和归纳，提炼出与专业技能要求对应的典型工作任务，然后按照少而精、理论联系实际的原则，精心编制了具体的工作任务，科学序化了教材内容，最后以项目的形式编写而成。新版教材具有以下特点：

1. 在项目1“货物列车及货车的技术作业过程”中，增加了“识别货物列车的种类”典型工作任务。

2. 对项目2～4进行了重新编制。

3. 精选了典型工作任务例题分析和课堂练习题，教学内容由易到难、由浅到深，便于学生自学。

4. 教材主要项目附有大量的图表，内容层次循序渐进，通俗易懂，便于学生理解。

本教材每个项目后都附有复习思考题，供读者复习巩固和实践训练。

本书由南京铁道职业技术学院韩小平、東汉武任主编，辽宁铁道职业技术学院刘婉玲、吉林铁道职业技术学院于伯良任副主编，由兰州交通大学宋建业教授主审。具体编写分工如下：刘婉玲（项目1）、東汉武（项目2、3、4）、南京铁道职业技术学院程谦（项目5）、于伯良（项目6）。

本书编写过程中，得到了各兄弟院校相关老师的热情帮助，得到了上海铁路局、南昌铁路局有关专家的悉心指导，特表示衷心的感谢！

限于掌握的资料和编者的水平,书中难免有缺点和疏漏,恳请广大读者批评指正。

编　者
2015 年 11 月

前言（第一版） PREFACE

本书根据铁道交通运营管理专业教学基本要求编写，将原“铁路行车组织”课程分为“接发列车工作”“车站调车工作”“列车调度指挥”和“车站作业计划与统计”四部分，基于工作过程系统化的课程开发理论对传统教学内容进行重构，突出实践技能、突出工学结合、突出职业要求。

编写过程中，我们以任务驱动的形式，理论联系实际，遵循有关铁路规章的规定。教材内容的编排和组织是以企业需求、学生的认知规律、多年的教学积累为依据确定的。为了立足于实际能力培养，对教材内容的选择标准作了根本性改革，打破以知识传授为主要特征的传统学科课程模式，转变为以工作任务为中心组织课程内容，并让学生在完成具体项目的过程中学会完成相应工作任务，构建相关理论知识，发展职业能力。

本教材包括以下内容：

1. 货物列车及货车的技术作业过程，主要介绍货物列车及货车种类、货物列车及货车技术作业过程的编制及加速货物列车及货车技术作业过程的方法；

2. 车站作业计划的编制，主要介绍车站班计划、阶段计划和调车作业计划编制的依据和编制方法；

3. 车站能力的计算，主要介绍车站通过能力、改编能力的计算方法、提高车站能力的方法及车站工作日计划图的编制；

4. 车站工作统计与分析，介绍车站工作统计的报表填写方法、现在车、装卸车和货车停留时间的统计方法以及车站工作分析的内容。

本教材共6个项目，每个项目后都附有复习思考题，供读者复习巩固和实践训练。

本教材的教学安排要求打破纯粹讲述理论知识的教学方式，实施项目教学以改变学与教的行为。每个项目的学习都按铁路车站行车组织工作的任务为载体设计的活动来进行，以工作任务为中心整合理论与实践，实现理论与实践的一体化的教学，使学生在“学中做、做中学”，充分体现了以学生能力培养为主导，以技能训练为主线的特点。本教材教学效果评价采取过程评价与结果评价相结合的方式，通过理论与实践相结合，重点评价学生的职业能力。本教材学时建议84学时。

本书由南京铁道职业技术学院韩小平任主编，辽宁铁道职业技术学院刘婉玲、吉林铁道职业技术学院于伯良任副主编，由兰州交通大学宋建业教授主审。参加编写的有：刘婉玲(项目1)、韩小平(项目2、3、4)、南京铁道职业技术学院花修坤(项目5)、于伯良(项目6)。

本书编写过程中，得到了全国铁道职业教育教学指导委员会铁道运输专业指导委员会的大力支持和各兄弟院校相关老师的热情帮助，得到了上海铁路局、南昌铁路局有关专家的悉心指导，特表示衷心的感谢！兰州交通大学宋建业教授认真审阅了全部书稿，提出了很多中肯的意见，在此表示感谢！

限于掌握的资料和编者的水平，书中难免有缺点和疏漏，恳请广大师生和读者批评指正。

编　者
2012年10月

目录 CONTENTS

项目 1　货物列车及货车技术作业过程

项目描述

为了保证列车运行的安全和货物完整，货物列车在始发站、终到站和运行途经技术站的到发线上及摘挂列车在中间站办理的各项技术作业，统称为货物列车技术作业。货车自到达车站时起，至由车站发出时止，在车站办理的各项技术作业，统称为货车技术作业。这些作业的项目、程序与时间标准统称为货物列车及货车技术作业过程。

本项目主要介绍货物列车的种类、货物列车在技术站的技术作业过程、货车在技术站的技术作业过程以及摘挂列车在中间站的技术作业过程。

拟实现的教学目标

1. 能力目标

在学习本项目后，要求对车站所办理的货物列车及货车的技术作业过程有全面的认识，并要求：

(1)能够判断货物列车的种类。

(2)能够分析确定货物列车在技术站办理的技术作业种类。

(3)能够正确填记和使用列车编组顺序表。

(4)能够按所办理的技术作业对货车进行分类。

(5)能够编制技术站各种货物列车及各种货车的技术作业过程。

(6)能够编制摘挂列车在中间站的技术作业过程。

2. 知识目标

在学习本项目后，要求：

(1)掌握列车按运输性质的分类和列车运行等级顺序。

(2)熟知货物列车及货车技术作业及技术作业过程的含义。

(3)熟悉技术站货物列车技术作业的内容。

(4)掌握列车编组顺序表的作用及填记方法。

(5)掌握各种货车在站技术作业过程。

(6)了解货车集结的有关知识。

(7)了解技术站各种货物列车技术作业的组织方法。

(8)了解摘挂列车在中间站技术作业的组织方法。

3. 素质目标

(1)培养获取、领会和理解外界信息以及对事物进行分析和判断的能力。

(2)养成认真、严谨、负责的职业人格。

(3)具有爱岗敬业的意识。

(4)具有和车站行车工作各个工作环节的工作人员共事的团队意识,能进行良好的团队合作。

(5)养成作业安全的职业意识。

典型工作任务1 识别货物列车的种类

1.1.1 教学目标

1. 能力目标

通过学习,要求对列车及货物列车的定义有全面的认识,并要求:

(1)会判断列车的种类。

(2)会判断货物列车的种类。

(3)会根据列车车次判断列车种类。

2. 知识目标

通过学习,要求:

(1)掌握列车应具备的基本条件,掌握列车按运输性质的分类和列车运行等级顺序。

(2)掌握货物列车的分类方法及种类。

(3)掌握列车车次编定的规定。

(4)熟悉列车编组计划。

3. 素质目标

(1)养成细心、全面认识问题的学习态度。

(2)具有分析、归纳和解决问题的能力。

(3)养成善于动脑,勤于思考,及时发现问题的学习习惯。

1.1.2 工作任务

(1)判断货物列车的种类。

(2)编定列车车次。

1.1.3 相关配套知识

1. 列车应具备的条件

列车是指编成的车列并挂有机车及规定的列车标志。按照列车编组计划、列车运行图和《铁路技术管理规程》(以下简称《技规》)等有关规定编挂在一起的车列,并挂有机车及规定的列车标志,称为列车。动车组列车为自走行固定编组列车。

单机、大型养路机械及重型轨道车,虽未完全具备列车条件,亦应按列车办理。单机(包括单机挂车)、大型养路机械及重型轨道车,因运输需要,需要发往区间时,由于其编组内容较一般列车简单,因而部分条件可以简化,不必完全具备列车条件,即没有车列或部分列车标志,但其他运行条件,仍需符合《技规》的规定。并在办理闭塞、接发列车手续和要求上,在服从调度指挥及发生事故处理等方面,均应按照列车运行的规定办理。

旅客列车的尾部标志应使用电灯,动车组以外的旅客列车尾部标志灯的摘挂、保管,由车辆部门负责。对中途转向的动车组以外的旅客列车应有备用标志灯，以备转向时使用。

2. 列车的分类

列车按运输性质的分类和运行等级顺序如下：

(1)按运输性质分类

①旅客列车(动车组列车，特快、快速、普通旅客列车)

旅客列车是为运送旅客开行的列车，根据旅客列车的车底及运行速度或旅行速度等，可分为动车组、特快、快速、普通旅客列车。

②特快货物班列

特快货物班列是指使用行李车或邮政车等客车车辆，根据需要编组，整列装载行李、包裹和邮件等的列车。

③军用列车

军用列车是为运送军队和军用物资开行的列车。

④货物列车(包括快速货物班列、快运、重载、直达、直通、冷藏、自备车、区段、摘挂、超限及小运转列车)

货物列车是为运送货物和排送空货车开行的列车。

a. 快速货物班列：使用专用货车(如 P_{65} 等)运送行包等的列车。

b. 快运货物列车：采用运行速度 120 km/h 的专用车辆，以高附加值货物为重点运输对象的快速列车。

c. 直达列车：经过一个及其以上编组站不进行改编作业的列车。在装车站组成的，叫始发直达列车；在技术站(编组站或区段站的总称)组成的，叫技术直达列车。

d. 直通列车：在技术站组成，经过一个及其以上区段站不进行改编作业的列车。

e. 冷藏货物列车：利用机械冷藏车专门运送鲜活、易腐等需要保持特定温度的货物列车。

f. 自备车列车：全部用企业自备车辆编组而成的列车。

g. 区段列车：在技术站组成，运行一个区段，在本区段内的中间站不进行车辆甩挂作业的列车。

h. 摘挂列车：在技术站(或中间站)组成，在区段内的中间站进行车辆甩挂或零担货物装卸的列车。

i. 超限列车：编挂有装载超限货物车辆的列车。

j. 小运转列车：在技术站和邻接区段规定范围内的几个车站间开行或在枢纽内车站间开行的列车。前者为区段小运转列车，后者为枢纽小运转列车。

⑤路用列车

不以营业为目的，专为完成铁路本身任务而开行的列车。如试验列车，运送铁路器材、路料需要开行的轨道车、接触网作业车、大型养路机械车组等。

除上述五种列车以外，还有为执行任务而开行的特殊用途列车，如专运、救援列车等。

(2)列车运行等级顺序的规定

列车调度员要按列车运行图指挥列车运行，当列车不能按列车运行图运行时，应按规定的列车等级顺序进行调整，除特殊情况外，应坚持“先客后货、先跨局后管内”的原则。现行的列车运行等级顺序规定如下：

①动车组列车；

②特快旅客列车；

③特快货物班列；

④快速旅客列车；

⑤普通旅客列车；

⑥军用列车；

⑦货物列车；

⑧路用列车。

开往事故现场救援、抢修、抢救的列车，应优先办理。特殊指定的列车的等级，应在指定时确定。

3. 货物列车的分类

按货物列车始发的地点不同，货物列车可分为装车地始发的列车和在技术站始发的列车。

(1)在装车地始发的列车

在装车地始发的列车主要包括以下几种：

始发直达列车：在一个车站装车后组成的直达列车。

阶梯直达列车：在同一区段或相邻区段的几个站装(卸)车后组成的直达列车。

循环直达列车：以一定类型和数量的货车编成，在固定的装(卸)站之间不拆散循环往返运行的直达列车。

(2)在技术站始发的列车

在技术站始发的列车是由技术站本站所装的车辆和其他站所装、在本站进行中转的车辆组成的列车，或完全由其他站所装、在本站进行中转的车辆组成的列车。

在技术站始发的列车主要包括以下几种：

技术直达列车、直通列车、区段列车、摘挂列车、小运转列车。

4. 列车车次

列车必须按规定编定车次，上行列车车次编为双数，下行列车车次编为单数。

列车运行方向，原则上以开往北京方向为上行方向，反之为下行方向。

全国各线的列车运行方向，以铁路总公司(现中国国家铁路集团有限公司，下同)的规定为准，但枢纽地区的列车运行方向，由铁路局规定。

在个别区间，使用直通车次时，可与规定方向不符。现行列车车次编定规定见表 1.1。

表 1.1　列车车次编定表

序号	列车种类	车次范围	序号	列车种类	车次范围
一	旅客列车		5	特快旅客列车(140 km/h)	T1～T9998
1	高速动车组旅客列车	G1～G9998		直通	T1～T3998
	直通	G1～G4998		管内	T4001～T9998
	管内	G5001～G9998	6	快速旅客列车(120 km/h)	K1～K9998
2	城际动车组旅客列车	C1～C9998		直通	K1～K4998
3	动车组旅客列车	D1～D9998		管内	K5001～K9998
	直通	D1～D4998	7	普通旅客列车	1001～7598
	管内	D5001～D9998		(1)普通旅客快车	1001～5998
4	直达特快旅客列车(160 km/h)	Z1～Z9998		直通	1001～3998
	直通	Z1～Z4998		管内	4001～5998
	管内	Z5001～Z9998		(2)普通旅客慢车	6001～7598

续上表

序号	列车种类	车次范围
7	直通	6001～6198
	管内	6201～7598
8	通勤列车	7601－8998
9	临时旅客列车(100 km/h)	L1～L9998
	直通	L1～L6998
	管内	L7001～L9998
10	旅游列车(120 km/h)	Y1～Y998
	直通	Y1～Y498
	管内	Y501～Y998
二	特快货物班列	
	特快货物班列(160 km/h)	X1～X198
三	货物列车	
1	快运货物列车	
	(1)快速货物班列(120 km/h)	X201～X398
	(2)货物快运列车(120 km/h)	X2401～X2998(直通) X401～X998(管内)
	(3)中欧、中亚集装箱班列,铁水联运班列	X8001～X9998
	中欧、中亚集装箱班列(120 km/h)	X8001～X8998
	中亚集装箱(普通货车标尺)	X9001～X9500
	水陆联运班列(普通货车标尺)	X9501～X9998
	(4)普快货物班列(普通货车标尺)	80001～84998
2	煤炭直达列车	82001～84998
3	石油直达列车	85001～85998
4	始发直达列车	86001～86998
5	空车直达列车	87001～87998
6	技术直达列车	10001～19998

序号	列车种类	车次范围
7	直通货物列车	20001～29998
8	区段货物列车	30001～39998
9	摘挂列车	40001～44998
10	小运转列车	45001～49998
11	重载货物列车	71001～77998
12	自备车列车	60001～69998
13	超限货物列车	70001～70998
14	保温列车	78001～78998
四	单机和路用列车	
1	单机	50001～52998
	客车单机	50001～50998
	货车单机	51001～51998
	小运转单机	52001～52998
2	补机	53001～54998
3	动车组检测、确认列车	—
	(1)动车组检测列车	DJ1～DJ8998
	300 km/h 检测列车	DJ1～DJ998
	直通	DJ1～DJ400
	管内	DJ401～DJ998
	250 km/h 检测列车	DJ1001～DJ1998
	直通	DJ1001～DJ1400
	管内	DJ1401～DJ1998
	(2)动车组确认列车	DJ5001～DJ8998
	直通	DJ5001～DJ6998
	管内	DJ7001～DJ8998
4	试运转列车	55001～55998
5	轻油动车、轨道车	56001～56998
6	路用列车	57001～57998
7	救援列车	58101～58998

注:各局管内划分的车次范围不足时,需向总公司申请车次,不得自行确定。

为确保列车车次全路统一性及有关行车设备和信息系统正常运行,列车车次编排仅限于使用大写汉语拼音字母和阿拉伯数字。列车编用车次,旅客列车在全路范围、货物列车在铁路局管内不得重复,旅客列车车次由总公司确定。

各局管内划分的车次范围不足时,需向总公司申请车次,不得自行确定。各铁路局不得超出表1.1中车次规定范围擅自编造、自造使用车次。

季节性、特定时间段开行的动车组、临时旅客列车,可使用相应等级图定车次。

【例题1.1】　已知 N—戊间车站位置及开行列车情况,如图1.1所示,N站为某装车站,丙站为编组站(用◎表示,下同),甲、乙、丁、戊站为区段站(用○表示,下同),A、B、C、D站为中间站(用|表示,下同)。

要求:判断图1.1中各种货物列车的种类,并在规定范围内为其指定一个车次。

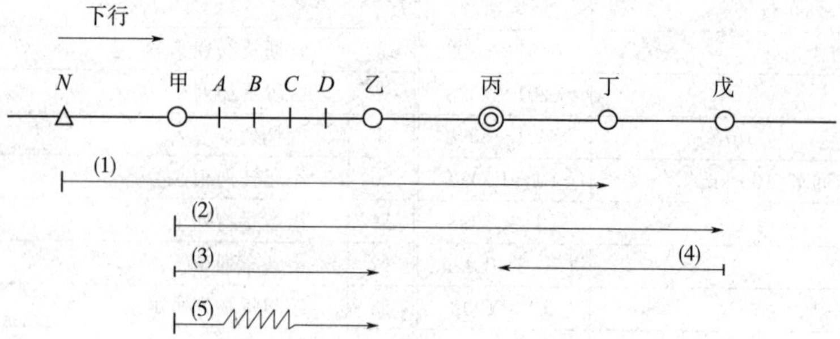

图1.1　N—戊间车站位置及开行列车情况示意图

【解】　根据始发直达列车、技术直达列车、直通列车、区段列车、摘挂列车的定义,以及货物列车车次编定表,货物列车种类及车次,见表1.2。

表1.2　N—戊间列车开行种类及车次

序号	列车种类	车次范围	编定一个车次
1	始发直达列车	86001-86998	86001
2	技术直达列车	10001-19998	10001
3	区段列车	30001-39998	30001
4	直通列车	20001-29998	20002
5	摘挂列车	40001-44998	40001

5. 货物列车编组计划

货物列车编组计划是全路的车流组织计划,其他统一安排全路的车流组织方案,具体规定货运站、编组站、区段站等编组货物列车的要求、方法和内容;是编制列车运行图、运输方案、调度日班计划及改善站场布局的依据,是加强货运营销工作的重要手段。

货物列车编组计划的基本任务是:根据货流、车流特点和主要站场、线路设备情况以及货物运输市场需求,充分发挥既有设备潜力,科学合理组织货流、车流,积极组织直达运输,加速货物运送和机车车辆周转,创造良好的运输秩序,节约运输成本,提高运输效率和经济效益。

列车编组计划所要研究和解决的主要问题就是怎样编组列车、编组哪些列车和在哪些车站上编组列车的问题。列车编组计划的主要内容包括:

(1)列车的编组站——指该列车在哪个车站编组始发。

(2)列车的解体站——指该列车在哪个车站终到解体。

(3)列车的编组内容——指到达哪些车站卸的重车或哪种类型的空车允许编入该列车,允许编入该列车中的车辆如何编挂。

(4)附注:对特殊事项进行补充说明。

在全路货物运输市场、铁路设备能力发生较大变化时应编制全路编组计划,并与列车运行图同步实施。在铁路设备能力、货流车流发生局部变化时,应根据需要调整跨局编组计划。铁路局管内编组计划的调整由铁路局根据需要确定。

例如,南京东站部分列车编组计划示例,见表1.3。

表 1.3 列车编组计划示例

发站	到站	编组内容	列车种类	车次	附注
南京东	徐州北	徐州北及其以远 新丰镇及其以远 空敞车	直通	23002～23022	
南京东	南翔	南翔及其以远或南京东～南翔间一站、二站整列成组 乔司及其以远	直通	26201～26233	南京东自编列车机械保温车指挂尾部
南京东	济西	济西及其以远 空敞车	技术直达	11302～11306	
南京东	芦岭	空敞车	空车直达	87532～87536	
南京东	蚌埠东	空敞车 蚌埠东及其以远和空杂型车不分组	区段	36102～36106	其中1列在风阳站进行甩挂作业
南京东	蚌埠东	1. 滁州北、管店、明光、风阳按到站成组 2. 蚌埠东及其以远	摘挂	42922 42924	按组顺编组
南京东	龙潭	龙潭卸	小运转	46911	ND5 牵引定数 4 300吨、84.0

1.1.4 知识拓展

1. 列车运行图

列车运行图是铁路行车组织工作的基础。所有与列车运行有关的铁路各部门，必须按列车运行图的要求，组织本部门的工作，以保证列车按运行图运行。

列车运行图是用运用坐标原理表示列车运行的一种图解形式。在列车运行图上，横线表示车站或车场的中心线，称为站名线；竖线表示时刻，称为时间线；斜线表示列车运行的轨迹，称为列车运行线。

列车运行图规定各次列车占用区间的顺序，列车在每个车站的到达和出发(或通过)时刻，列车在区间的运行时间，列车在车站的停站时间以及机车交路、列车重量标准和长度标准等。

列车运行图应根据客货运量、区段通过能力等因素确定列车对数，并符合下列要求：

(1)满足列车运行、车站间隔、技术作业等时间标准；

(2)迅速、便利地运输旅客和货物；

(3)充分利用通过能力，经济合理地运用机车车辆和安排施工、维修天窗；

(4)做好列车运行线与车流的结合；

(5)保证各站、各区段间的协调和均衡；

(6)合理安排乘务人员作息时间。

甲—乙列车运行图,如图 1.2 所示。

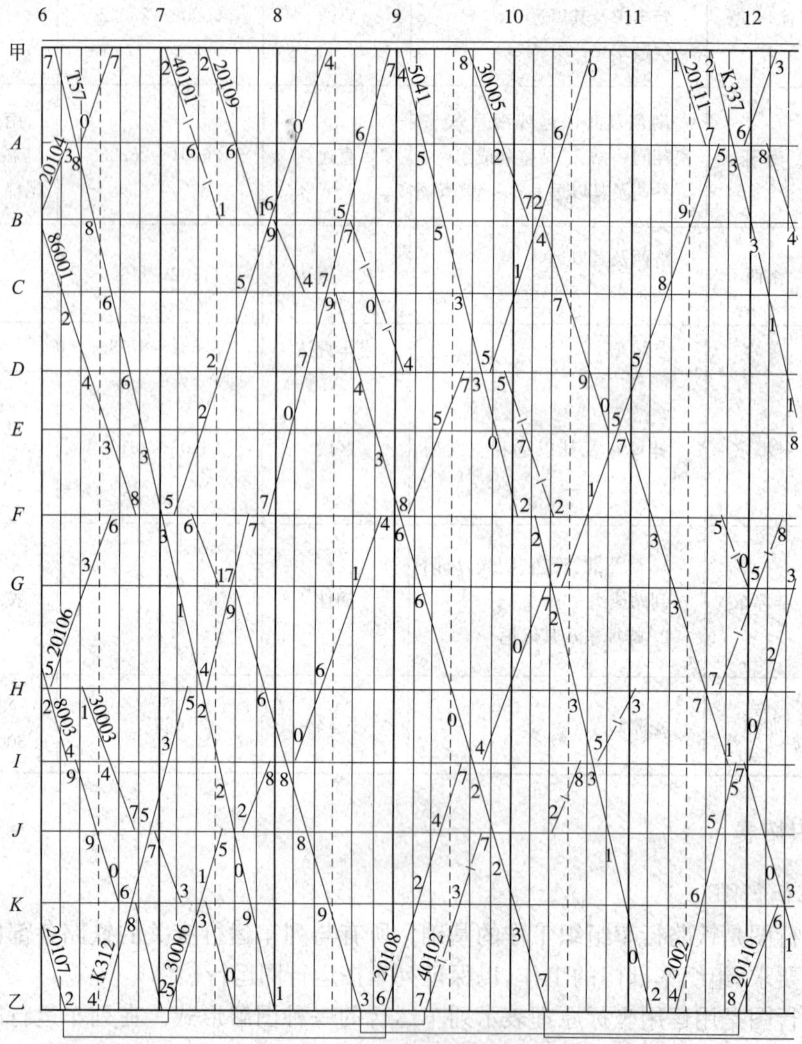

图 1.2　甲—乙区段列车运行图

图 1.2 反映的是甲—乙单线区段(6:00—12:00)列车运行的情况,下行方向第一趟列车为 T57 次特快旅客列车,依次为 40101 次摘挂列车、20109 次直通列车、5041 次普通旅客快车、30005 次区段列车等。上行方向第一趟列车为 K312 次快速旅客列车,依次为 30006 次区段列车、20108 次直通列车、40102 次摘挂列车、2002 次普通旅客快车。

列车在车站到达和出发(或通过)时刻,以 T57 与 40101 次为例,T57 次甲站出发时分 6:07,A 站通过时分 6:18,B 站通过时分 6:28,……40101 次甲站出发时分 7:02,A 站通过时分 7:16,B 站到达时分 7:51,B 站出发时分 7:59,20109 次需在 B 站会车 20106 次上行列车,同样可以列举 40101 次在其他车站到达和出发(或通过)时刻情况。

2. 列车时刻表

列车时刻表是表达列车在铁路车站的到达、出发或通过时刻以及列车在停车站的停车时间的表格，其编制以列车运行图为依据，是运行图的表格化，按使用对象和使用场合的不同有多种形式，如供旅客使用或供铁路职工使用的、供手头翻阅用或供张贴公告用的等，有些时刻表还标出各站间的里程。列车时刻表样张见表1.4。

表1.4　列车时刻表样张

车次 车站	30022	41002	45726	10772	22002	87932	41001	45755	22001	84221
A	— 0:39	— 8:18	— 18:27	19:29 18:05	2:14 1:28	20:12 18:57	4:34	5:44	1:34 2:07	13:54 14:37
B	31 30	10 8:05	21 …	57 53	20 1:01	49 44	… 39	… 49	… 12	… 42
C	18 0:00	7:51 35	18:12 …	40 34	49 …	32 …	51 53	… 58	22 5:03	… 51
D	40$_{30}$ …	18 …	56 38	18$_{30}$ …	0:31 56	18 …	… 5:07	… 6:10	… 17	15:09 21
E	32 …	6:11 …	28 …	17:12 …	46 …	18:11 …	… 16	… 17	… 24	33 16:18
F	14 …	5:52 56	11 …	57 …	31 …	54 …	34 6:23	… 33	… 39	… 35
G	23:08 …	44 2:16	17:04 …	51 …	25 …	47 …	… 32	… 40	… 45	45 56
H	49 …	1:52 31	16:43 …	34 …	23:08 …	28 …	54 8:17	… 7:00	… 6:02	17:20 32
I	38 …	19 …		26 …	55 …	17:17	… 30	7:14 —	… 12	17:48 —

3. 货物列车尾部安全防护装置

货物列车尾部安全防护装置(简称货车列尾装置)是保证货物列车运行安全的重要行车设备。是货车取消守车后，在尾部无人值守情况下，为了保证列车运行安全而研制的、综合应用计算机编码、无线遥控、语音合成、计算机处理等技术的专用安全防护设备。

货车列尾装置由列尾主机(包括电池)和司机控制设备两部分组成。货车列尾装置与机车车载无线通信设备(包括无线列调机车电台、机车综合无线通信设备或专用列尾机车电台)进行通信，实现列尾装置各项操控功能。货车列尾装置管理、使用和维修应配备必要的附属设备，主要包括列尾主机检测台、电池充电器、机车号确认仪、屏蔽室、列尾中继器、信息管理系统、司机控制设备检测仪等。图 1.3 为某种型号的列尾主机。

货车列尾装置由车务部门负责管理。其中,列尾司机控制盒、机车车载设备和相关附属设备由电务部门负责管理。列尾主机的安装与摘解、电池充(放)电由车务人员负责;软管连结,有列检作业的列车,由列检人员负责;无列检作业的列车,由车务人员负责。特殊情况,由铁路局规定。

图 1.3　货物列车尾部安全防护装置

列尾主机兼作列车尾部标志,昼间以红白相间反光漆面板为醒目标志,夜间以自控红色闪光灯光显示,车站(助理)值班员接发列车时据此确认列车是否完整到达车站,判断区间是否有遗留车。

典型工作任务 2　编制货物列车在技术站的技术作业过程

1.2.1　教学目标

1. 能力目标

通过学习,要求对技术站办理的货物列车种类及办理货物列车的技术作业过程有全面的认识,并要求:

(1)会判断技术站办理的货物列车种类。

(2)会编制无改编中转列车的技术作业过程。

(3)会编制部分改编中转列车的技术作业过程。

(4)会编制到达解体列车的技术作业过程。

(5)会编制编组始发列车的技术作业过程。

2. 知识目标

通过学习,要求:

(1)掌握技术站办理的货物列车的种类。

(2)掌握各类货物列车技术作业的内容。

(3)掌握各类货物列车技术作业的特点。

(4)掌握各类货物列车技术作业组织的方法。

3. 素质目标

(1)养成细心、全面认识问题的学习态度。

(2)具有分析、归纳和解决问题的能力。

(3)养成善于动脑、勤于思考、及时发现问题的学习习惯。

1.2.2　工作任务

(1)分析技术站办理的货物列车种类。

(2)分析技术站货物列车技术作业的内容。

(3)编制货物列车在技术站的技术作业过程。

1.2.3　相关配套知识

1. 技术站办理的货物列车种类

【例题 1.2】　已知:甲—丁方向各区段列车牵引定数如图 1.4 所示,假设丁站按编组计划规定开行至甲站的技术直达列车 10002 次。

要求:判断 10002 次列车对甲、乙、丙、丁四个技术站而言各是何种类型的列车。

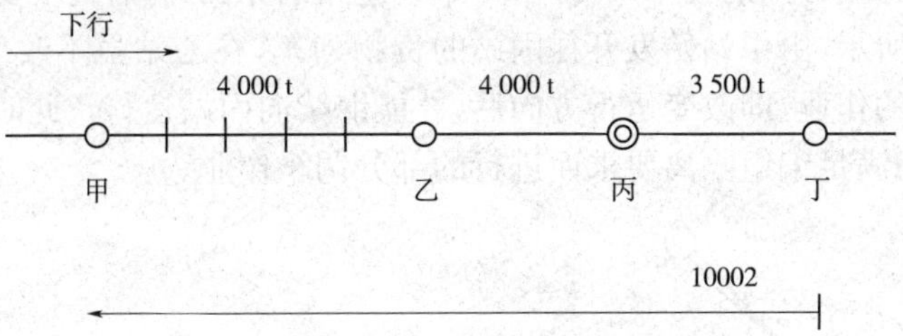

图 1.4　技术站办理的货物列车示意图

【解】　由图 1.4 可知:10002 次由丁站始发,始发前需进行编组作业,因此对丁站而言称为编组始发列车;10002 次在甲站终到,到达后需进行解体作业,因此对甲站而言称为到达解体列车;10002 次在丙站既不需要编组也不需要解体,但是根据牵引定数规定,10002 次列车在丙站需要增加 500 t 质量,即需要挂上一组车后才能再出发,为此必须进行相关调车作业,因此对丙站而言称为部分改编中转列车;10002 次在乙站既不需要编组也不需要解体,而且也不需要进行改变重量的调车作业,因此对乙站而言称为无调中转列车。

技术站办理的货物列车种类,如图 1.5 所示。

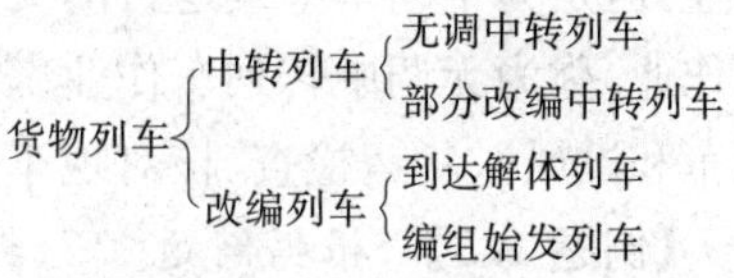

图 1.5　技术站办理的货物列车种类

2. 技术站货物列车作业的种类

(1)始发列车的出发作业

编组始发的货物列车,在始发站编组完了后转往列车出发线上后所进行的技术作业,称为始发列车的出发作业,简称出发作业。该种列车的出发技术作业主要包括车辆技术检修、货运检查、核对现车、票据交接、准备发车及发车等。

(2)解体列车的到达作业

解体列车到达终到站后,解体前在到达线上办理的技术作业,称为解体列车到达作业,简称到达作业。解体列车的到达技术作业主要包括车辆技术检修、货运检查、核对现车、票据交接、准备解体等。

(3)部分改编中转列车作业

部分改编中转列车在技术站到发线上进行的技术作业,称为部分改编中转列车作业。部分改编中转列车技术作业主要包括车辆技术检修、货运检查、核对现车、摘挂车辆、票据交接、准备发车及发车等。

以下三种情况会产生部分改编作业:

① 变更货物列车重量

当相邻区段牵引定数不同时,列车在相关技术站需进行减轴或补轴作业。如图 1.4 中,途经丙站的上行列车,在丙站需进行补轴作业,即挂上一组车;反之,途经丙站的下行列车,在丙站则需进行减轴作业,即摘下一组车。

② 换挂车组

如图 1.6 所示,按编组计划规定,甲站开往丁站的直通货物列车,在甲站始发时的编组内容包括乙、丙、丁三个车组,列车运行至乙站时,需把到达乙站和丙站的车组摘下,同时为了保证列车的重量不变,还需挂上到丁站的车组,即甩一组车再挂一组车,称为车组换挂。

③ 变更列车运行方向

当列车经过有分歧方向的技术站时,由于车场进路的原因,有时需变更运行方向后才能继续运行。如图 1.7 所示,由甲站始发开往丙站的货物列车,在乙站虽不改变编组内容,但需要进行调换列车首尾的作业,即改变运行方向后,才能继续向丙站运行。此时可能会产生列尾主机的摘解及安装、为满足编组隔离要求而进行的部分调车作业。

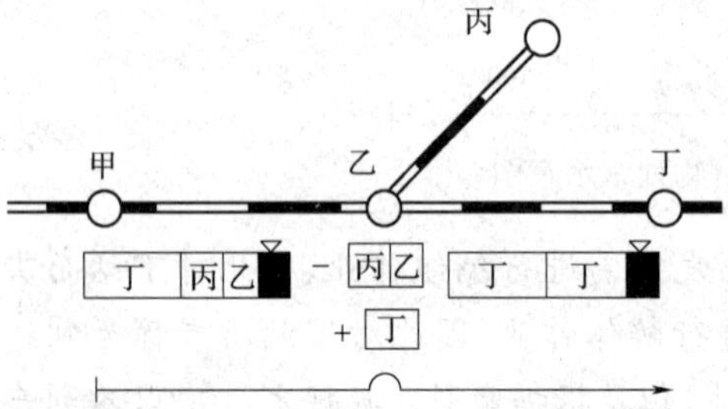

图 1.6　车组换挂示意图

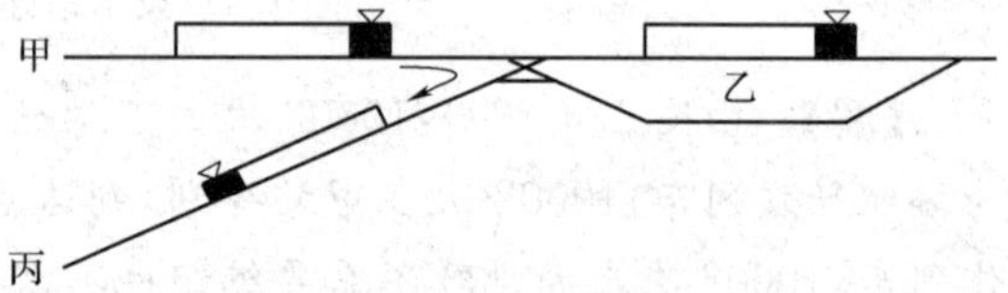

图 1.7　变更列车运行方向示意图

(4)无调中转列车作业

无调中转列车虽然在途经技术站不需要解体和重新编组,也不需要进行部分改编的调车作业,但是为了列车继续运行的安全和货物的完整,在到发线上对列车也需进行相关的中转技术作业,称为无调中转列车作业。该种列车技术作业主要包括车辆技术检修作业(包括摘、挂机车和试风)、货运检查、核对现车、票据交接、准备发车及发车等。

【例题 1.3】 根据例题 1.2,判断 10002 次列车在甲、乙、丙、丁四个技术站所办理的货物列车技术作业的种类。

【解】 由于 10002 次列车对丁站而言为编组始发列车,因此在丁站办理始发列车的出发作业;10002 次列车对丙站而言为部分改编中转列车,因此在丙站办理部分改编中转列车作业;10002 次列车对乙站而言为无调中转列车,因此在乙站办理无调中转列车作业;10002 次列车对甲站而言为到达解体列车,因此在甲站办理解体列车的到达作业。

3. 技术站货物列车技术作业的内容

(1)车辆的技术检查和修理

由于列车重量大、速度高,在运行中所受冲击力大,车辆的走行、连结部分可能发生损坏,零件可能磨耗过多或丢失,车辆的制动部分可能动作失灵,所以经过一段长距离运行后,需要进行技术检查和修理。这项作业由列检所的检车员负责。

在列车进站时,检车人员应提前到规定线路接车,检查列车走行状况。列车停妥试风后,摘去机车并在车列两端插上安全防护信号,然后分段同时检查车辆走行部分、车钩及制动装置。对于可以在规定时间内进行不摘车修理的故障，可在到发线修理。对于必须摘车修理的车辆，应插上扣修票，注明故障内容及送修地点，并填发检修通知单，通知有关人员及时甩车。

(2)车辆的货运检查及整理

经过一段距离的运行后，货物装载状态可能发生变化，需要进行装载整理。这项作业由货运检查员负责。

在列车到达前，货运检查员应在列车尾部停车地点接车，在列车进站走行中观察货物装载状况。列车停妥后，货运检查员从车列两侧检查货物装载和篷布苫盖、捆绑情况，棚车的铅封、车门、车窗、车体等有无异常状态，罐车有无渗漏，超限货物的状态是否符合挂运电报和记录内容等，发现问题立即进行处理，如不能继续运行，应报告有关人员甩车处理。

(3)车号员检查核对现车

车号员根据列车编组顺序表检查、核对现车。对无调中转列车、部分改编中转列车和到达解体列车，车号员按照作为列车确报的列车编组顺序表检查、核对现车；对编组始发列车则根据事先编制的列车编组顺序表检查列车编组是否符合列车编组计划、列车运行图和《技规》的有关规定，核对列车编组顺序表、货运单据、现车是否"三相符"。发现问题应及时报告有关人员处理，确保出发列车的质量。

(4)列尾作业员技术作业

列车在编组站、区段站始发前，机车调度员应及时向车站值班员提供担当始发列车牵引任务的机型及号码，并由车站值班员在规定的时间内将出发本务机车号码通知列尾作业人员。列尾作业人员应将机车号码及相关信息进行记录，并将置入机车号码的列尾主机安装锁闭在待发列车尾部，确认无误后，将列尾主机号码通知机车乘务员。在中间站保留、终到的列车，车站要指派人员及时从列车尾部摘下列尾主机，断开电源，妥善保管，并做好继续使用的准备工作，或按规定回送指定车站。

(5)车列及票据交接

为避免车辆错挂，列车编组顺序表内的记载的内容，必须与车列及货运票据相符。因此，到达列车的司机与车站之间、车站与出发列车的司机之间必须办理票据交接，并按票据核对现车。

(6)摘挂机车或机车乘务组换班

由于机车是分段牵引列车，所以列车在到达技术站后，一般要更换机车，如采用循环运转制，在基本段所在站不更换机车时，则机车乘务组需换班。

(7)其他作业

对由车站出发的列车还应进行准备发车及发车作业，对到达解体列车还包括解体前的准备工作(如排风、摘管)等作业内容。

4. 编制货物列车在技术站的技术作业过程

在办理货物列车的技术作业时，必须按规定的项目进行，并且还要进行合理的组织，尽可能使能同时进行的作业项目平行作业，缩短列车在车站办理作业所需的停留时间，以加速货车周转和货物送达。

货物列车所办理的技术作业项目、作业程序、作业时间标准统称为货物列车技术作业过程。

(1)列车技术作业项目的时间标准

列车技术作业项目的时间标准,多采用写实法进行查定。

采用写实法查定列车技术作业项目的时间标准,一般分为写实、资料汇总和定标三个步骤。

第一步,写实。

写实一般连续三昼夜进行采点。例如,C站到发货物列车各项技术作业所需时间写实摘录见表1.5。

表1.1"列车车次"栏,记明车站办理的到达和出发的各次列车车次;"列车停妥"栏,记录列车到达或转入到发线停妥的时间;"车辆技术检查和修理"栏,记录该项作业的起止时间……

表1.5　C站到发货物列车各项技术作业所需时间写实表(摘录)

7 月 8 日 18 时01分—— 7 月 11 日 18 时 00 分

列车车次	列车停妥	车辆技术检查和修理		车辆的货运检查及整理		…		
		开始作业	作业结束	开始作业	作业结束	…	…	…
发 20113	18:04	18:10	18:42	18:05	18:26	…	…	…
接 32008	18:12	18:12	18:48	18:12	18:37	…	…	…
接 20114	18:37	18:38	19:10	18:40	18:59	…	…	…
发 20111	18:46	18:48	19:14	18:46	19:10	…	…	…
…	…	…	…	…	…	…	…	…

第二步,资料汇总。

采点写实结束后,应对写实表中各项数字进行分析,保留其中合理部分,剔除不合理部分,然后按不同作业项目分别汇总。

例如,7月8日18:01至11日18:00 C站到发货物列车车辆技术检查和修理作业时间汇总摘录见表1.6。

表1.6　C站到达解体列车车辆技术检查和修理作业时间汇总表(摘录)

列车车次	列车停妥	开始作业	作业结束	实际作业时间(min)	备注
接 32008	18:12	18:12	18:48	36	
接 20114	18:37	18:38	19:10	32	
…	…	…	…	…	…
合计:69 列				2 398	
每次平均				34.75	

第三步，定标。

将连续三昼夜的写实表资料填入汇总表内，检查核对无误后，即可求出每次到达解体列车车辆技术检查和修理的平均时间。经过进一步分析研究，参考作业中经常出现的、符合安全操作要求的时分标准，通过群众讨论，最后确定平均先进的时间标准，这项工作称为定标。

例如，从表1.2可知，C站到达解体列车车辆技术检查和修理的作业时间标准可以定为35 min。

同样，可以得出其他各项技术作业的时间标准。

(2)编制货物列车在技术站的技术作业过程

根据各种列车的不同要求，车站应在查定各项作业时间标准的基础上，分别编制各种列车的技术作业过程，以协调各部门、各工种人员的工作，缩短列车技术作业总时间。

在编制列车技术作业过程时，凡可以提前办理的作业或辅助工作，都要预先办理，凡可以平行进行的作业都应平行进行，并应采用先进技术工具、先进操作方法和合理的劳动组织形式。

①编制到达解体列车技术作业过程

到达解体列车技术作业过程，如图1.8所示。

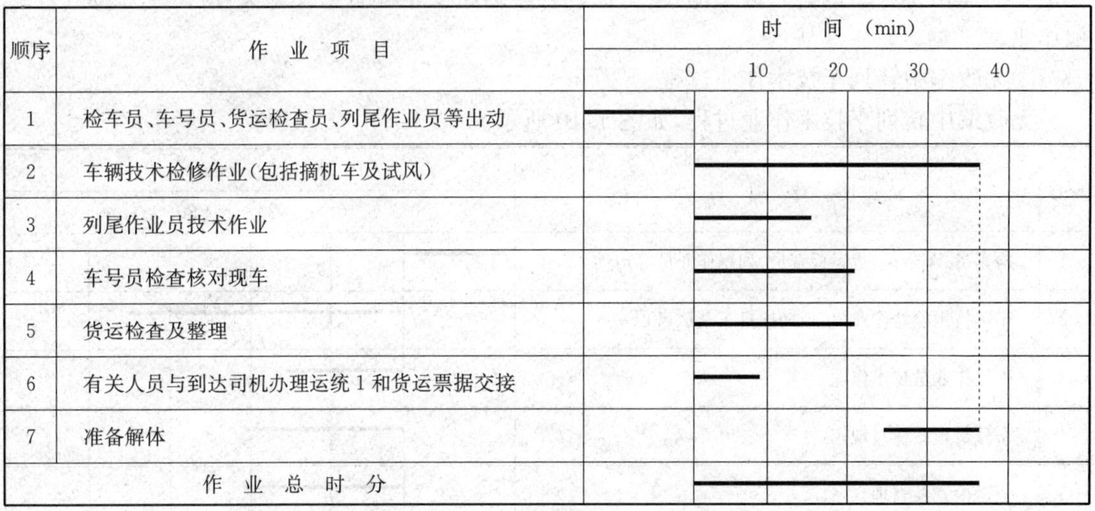

图1.8　到达解体列车技术作业过程图

为压缩非生产等待时间，列车到达之前，应提前做好准备工作，如车号员收取列车编组顺序表确报，调车区长编制解体调车作业计划，车站值班员指定接车线路，并通知有关人员做好接车准备工作。列车到达后，除了应完成车辆的技术检查和修理、货运检查和整理、摘下机车和核对现车等作业外，调车组必须按调车作业通知单进行车列解体准备工作(排风、摘管)，并应在试风之后与技术检查平行进行。一般情况下，车辆的技术检查和修理是到达作业中占用时间最长的作业，是关键环节。为了压缩车辆停留时间，提高检修水平，必须注意改善检车人员的劳动组织，积极采用各种先进检测设备。

②编制编组始发列车技术作业过程

编组始发列车技术作业过程，如图1.9所示。

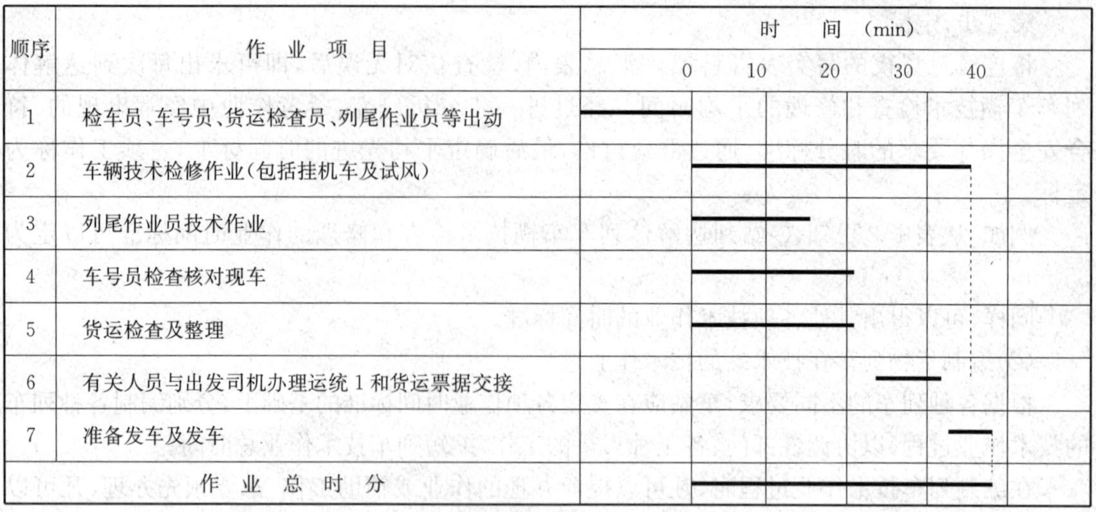

图1.9 编组始发列车技术作业过程图

为了减少列车在出发场的停留时间,在列车作业之前也应做好一系列准备工作。如车站值班员应提前与机务段联系,督促机车按时出段,车号员预先填制列车编组顺序表等。出发作业是车辆在站作业的最后一道工序,对于保证列车运行安全有着重要意义,应认真仔细办理这项作业。

③无改编中转列车技术作业过程

无改编中转列车技术作业过程,如图1.10所示。

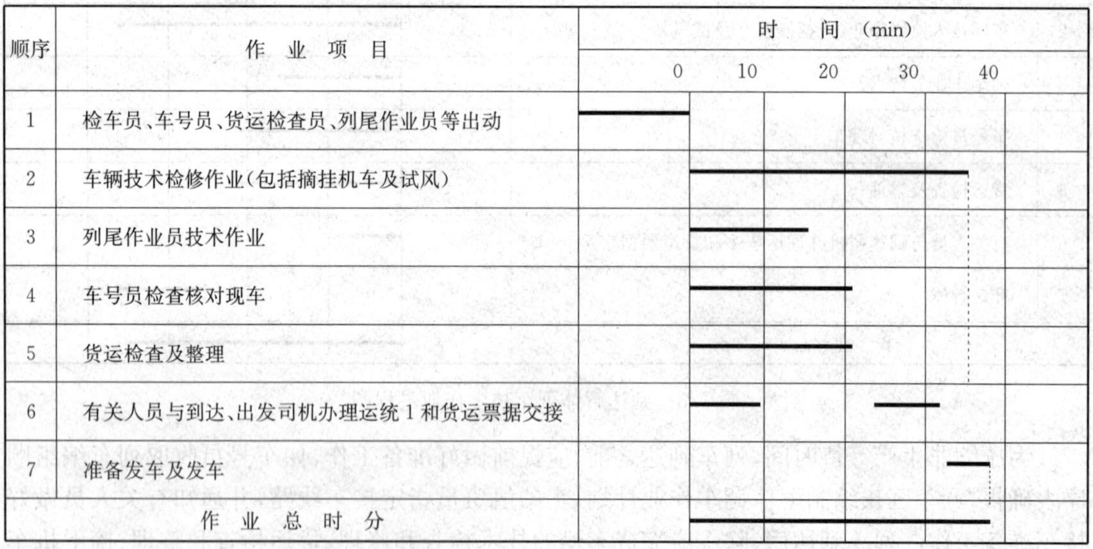

图1.10 无改编中转列车技术作业过程图

无改编中转作业实际上是将到达作业与出发作业结合起来进行。但因不改变列车编组内容,故又具有如下特点:

a. 免除了准备解体、编制列车编组顺序表等有关作业。

b. 车列票据可由到达列车的司机与出发列车的司机直接在现场办理交接。

c. 机车采用循环运转制时,在基本段所在站不更换机车,只在站线上进行机车整备作业。

④部分改编中转列车技术作业过程

部分改编中转列车技术作业过程，如图1.11所示。

顺序	作业项目	时间（min）0　10　20　30　40
1	检车员、车号员、货运检查员、列尾作业员等出动	
2	车辆技术检修作业（包括摘挂机车及试风）	
3	列尾作业员技术作业	
4	车号员检查核对现车	
5	货运检查及整理	
6	摘挂车辆	
7	有关人员与到达、出发司机办理运统1和货运票据交接	
8	准备发车及发车	
	作业总时分	

图1.11　部分改编中转列车技术作业过程图

部分改编中转列车除需办理与无调中转列车相同的各项作业外，按下列不同情况还须进行一定的调车作业：

a. 变更列车运行方向时，要进行变更列车首尾部的调车作业。

b. 变更列车重量时，需进行减轴或补轴的调车作业。

c. 换挂车组时，需进行摘车和挂车的调车作业。

为了加速列车作业，车站应根据列车到达确报，准备好需要加挂的车组，并调移至靠近列车到达线的线路上，以便列车技术检查后即可进行调车作业。其具体的组织方法如下：

a. 减轴时，对摘下的车辆采取先摘下后检修的做法，在调车机车甩车的同时，检车人员集中力量检修基本车组，这种做法能有效地缩短列车的技术作业时间。

b. 补轴时，对补轴车组可采取先检修后挂车的方法，事先检修好的车组由调车机车挂好在邻线等候，等车列检修结束后立即挂上。在列车前部补轴或减轴时，如能利用到达机车减轴、出发机车补轴，还能进一步缩短甩挂车组的作业时间。

c. 换挂车组的作业组织方法，甩车时与减轴方法相同，挂车时与补轴方法相同。换挂车组的作业组织中，为缩短列车在站停留时间，车站应根据列车的到达确报，在列车到达前，准备好需要加挂的车组，并调移至靠近列车到达线的线路上，以便到达列车技术检查结束后，立即进行调车作业。

d. 变更列车运行方向时，如果原列车中尾部车辆在改变运行方向后，与出发机车之间不满足隔离要求，则需要进行有关的调车作业；如果挂有列尾主机，还需进行列尾主机的摘下和重新安装工作。

1.2.4 知识拓展

1.2.4.1 列车编组顺序表

1. 列车编组顺序表的作用

列车编组顺序表(运统1)是记载列车实际组成情况,作为车站与列车之间、铁路局之间交接车辆的依据,也是运输统计和财务清算工作的主要原始资料。

凡由技术站及列车始发站发出的一切列车(包括挂有车辆的单机、轨道车附挂路用车),均由车站按列车实际组成情况编制列车编组顺序表。除留存一份外,一份交值乘司机(长交路途中更换司机的列车,应保证途中每班司机一份),一份由司机带到下一区段站、终到站,并按规定及时传输上报确报库。对经由铁路局分界站交出的列车,需增加一份由司机负责交分界站统计人员。

铁路局或车站根据实际需要,可增添列车编组顺序表份数。

列车编组顺序表的主要格式见表1.7。

表1.7 列车编组顺序表(运统1)

___站编组___站终到 经由站___ ___年___月___日___时___分___次列车

自首尾(不用字抹销) 制表者: 检查者:

顺序	车种	罐车油种	车　　号	自重	换长	载重	到站	货物名称	发站	篷布	收货人或卸线、票据号	车辆使用属性	记事
1													
2													
3													
4													

自编组站出发及在途中站摘挂后列车编组

站　名	客　车		货　车						其他	合计	自重	载重	总重	换长	铁路篷布合计
	合计	其中行李车	重车	其中租用车	空车	非运用车	其中								
							代客	其中P_{65}							
—合计															
—企															
—部															
—集															
—特															
—行															

到达时间　月　日　时　分　　交接时间　时　分　车长(司机)签章

2. 列车编组顺序表的填记方法

(1)编组站名:填记本次列车始发站的站名。

列车在分界站或运行途中的编组站、区段站更换本表时,表头仍应填记原编组始发站的站名。

终到站:填记本次列车终到站的站名。

经由站:填记本次列车前方第一个编组(区段)站(含外局)或终到站名;向其他运输企业移交时同时填记分界站的站名。

(2)年、月、日、时、分:按自然日填记本次列车计划发车的时间。

(3)列车车次:填记实际开行的车次。

(4)自首尾:若本表是自本务机车方向起向列车尾部方向记载车辆编挂顺序为自首,若是自列车尾部方向起向本务机车方向记载车辆编挂顺序则为自尾,不用的字抹消。

(5)制表者、检查者:签字(代号)或盖章。

(6)车种栏:填记该辆货车的基本记号及辅助记号。

(7)罐车油种栏:若该辆货车的车种为罐车,则本栏需根据罐车车体标记以简字填记油种。轻油填"Q",黏油填"L"。车体上的油种涂有代用字样时,按所代用的油种填记。

(8)车号栏:根据车体上的大号码填记。如发现双号码时,以车底架侧梁号码为准。

(9)自重及换长栏:根据《技规》中"机车重量及长度表""车辆重量及长度表"的规定填记该货车的自重及换长。若《技规》中没有规定时,按该货车车体标记的自重及换长填记。

(10)载重栏:若该货车为重车,则根据货运票据记载的货物实际重量(无实际重量按计费重量)填记。

当一组车只有一张货运票据,且票据上只有合计载重吨数时,目前的填记方法有两种:一种是该车组中的每一辆的载重栏填记平均载重吨数,但必须保证总吨数与票据记载相同;一种是在该车组中间的某一辆车的载重栏填记总吨数,其余车辆的载重栏内不填记吨数。无论采用哪种填记方法,成组中的第一辆和最后一辆的载重栏内填"-",其余车辆的载重栏内填"+"。

遇下列货车时,其载重栏按以下规定填记:

①重客车:按该客车车体外部标记载重填记;

②代客重车:每辆按10 t填记;

③快速班列中的重车:按《铁路快运货物班列预订服务与运输组织管理暂行办法》等有关规定填记;

④当货车上装载的是重集装箱时:按"货重+箱重"的合计重量填记;

⑤当货车上装载的是空集装箱时:按集装箱的自重填记,各种集装箱的自重按"集装箱技术参数表"(表1.8)的规定填记;

⑥整车回送铁路篷布时:每张篷布按60 kg计算;

⑦回送其他铁路货车用具(加固材料,军用备品等)时:按实际重量填记;整车回送无实际重量时,按该货车标记载重的1/3填记。

本栏数字以吨为单位填记,吨以下四舍五入。

表 1.8 集装箱技术参数表

箱型	箱类	箱主代码	起始箱号	截止箱号	自重(t)	箱体标记最大允许总重(t)	换算箱数(装卸车)
20 ft	通用集装箱	TBJ	510001	575000	2.21	24.00	2.0
			300011	301710	2.24	30.48	3.0
			400001	400500	2.98	30.48	3.0
			580000	629999	2.24	30.48	3.0
	板架式汽车集装箱	TBP	100000	100831	4.30	28.30	2.8
			000087	000088	4.30	28.30	2.8
	弧型罐式集装箱	TBG	500000	500001	6.30	30.48	3.0
			500052	501999	6.30	30.48	3.0
	双层汽车集装箱	TBQ	600003	600004	3.70	15.00	1.5
			500000	500229	3.70	15.00	1.5
	干散货集装箱	TBB	500000	509149	3.10	30.48	3.0
	散装水泥罐式集装箱	TBG	540001	541050	4.95	30.48	3.0
	水煤浆罐式集装箱	TBG	520001	520100	4.25	30.48	3.0
	折叠式台架集装箱	TBP	200001	210000	2.50	30.00	3.0
	框架罐式集装箱	TBG	510001	511000	4.15	30.48	3.0
40 ft	通用集装箱	TBJ	300003	300005	3.88	30.48	3.0
			700000	700119	3.79	30.48	3.0
			710000	715999	3.88	30.48	3.0
48 ft	通用集装箱	TBJ	800001	800404	4.65	30.48	3.0
50 ft	双层汽车集装箱	TBQ	800000	801599	10.53	30.48	3.0
			801600	801899	11.61	30.48	3.0

(11)到站栏：当车辆为重车时，按货运票据的记载填记货物到达站的站名；对有指定到达站的空车，按相关单据上记载的指定到达站站名填记；对没有指定到达站的其他空车，则填记本次列车终到站的站名；遇整车分卸时，应填记第一及最终到达站站名。

(12)货物名称栏：按该货车的货运票据上记载的货物名称填记。

遇下列车辆，按规定的字样填记：

①整装零担车：填记“整零”；

②运用空车：填记“空”；

③非运用车：填记该辆货车的非运用种别，如“检修”“代客”“路用”“租用”等；

④企业自备空车、企业租用空车：分别填记“自备”“租用”；采用军运货票时，填记军运号码；

⑤整车运送铁路集装箱时：按实际状况填记为“箱型、重(或空)、箱数”；若为汽车集装箱，则填记“汽、箱型、重(或空)、箱数”(其中：25 ft 归入 20 ft 填记，50 ft 归入 40 ft 填记)；

⑥机械冷藏车组中的工作车：当车组在运用状态时填记“空”；

⑦当车辆所装的货物有多种品名时，按其中重量最多的货物品名填记；若只有合计重量时，按第一个品名填记，并在品名之后增填“等”。

(13)发站栏:重车按货运票据填记货物的发站名,空车填记该车始发站(即卸车站)的站名。

(14)篷布栏:按货运票据和“特殊货车及运送用具回送清单”(表1.9所示)填记该车苫盖的及装运的铁路篷布的总张数。

表1.9　特殊货车及运送用具回送清单

发　站		到　站(局)	经　由
车种车号		铅封数	回送命令号码
回送之货车或运送用具			附　注
种　类	号　码	数　量	
			发站日期戳　发站负责人签字
			到站日期戳　到站负责人签字

(15)票据号栏:填记该车货票的票符票号,一票多车时,每车均填记货票号码。

(16)收货人或卸线栏:按该车货票记载的收货人填记。

(17)车辆使用属性栏:

①车辆使用属性反映专业运输公司使用车辆情况(包括其所属和所用非所属车辆),该车若为三个铁路专业运输公司之一所使用的车辆时,本栏根据具体使用公司分别填记“集”“特”“行”,“集”为集装箱公司,“特”为特货公司,“行”为快运公司(代码分别为“01”“02”“03”)。

②集装箱公司所属车辆指铁路总公司所属集装箱(X);特货公司所属车辆指铁路总公司所属长大货物车(D)、冷藏车(B)、家畜车(J)、汽车运输专用车(SQ、JSQ);快运公司所属车辆指铁路总公司所属行李车(XL,邮政车XU、UZ比照行李车统计)、快速货物班列上的PB车。

③专业运输公司租用车指为专业运输公司所用,而非其所属的铁路总公司所属货车(包括特货公司租用的集装箱公司所属货车)。

a.集装箱公司租用车:使用非集装箱公司所属的铁路总公司所属货车运送集装箱(不含特货公司汽车箱);整车(非集装箱公司所属的铁路总公司所属货车)回送铁路篷布时。

b.特货公司租用车:特货公司跨装货物运输中使用的游车;特货公司汽车箱运输所使用的铁路总公司所属车(含租用集装箱公司所属车辆)。

c.快运公司租用车:使用非快运公司的铁路总公司所属车辆(如P65)装运行李或包裹时。

(18)记事栏:除下列规定外,按铁路局的规定填记:

①对装载危险、易燃货物的车辆:按《铁路危险货物运输管理规则》的规定填记隔离记号(⚠~⑨)。

②对外国车辆:填记该车所属国的国名。

③对企业自备车:填记该车所属企业的简称。

④对军方自备车:填记"军方自备"。

⑤对联合运输途中发生倒装的车辆:倒装作业后填记原车种车号并注明"倒装"。

3."自编组站出发及在途中站摘挂后列车编组"各栏的填记方法

(1)站名栏:填记本次列车始发站的站名。若列车在运行途中的车站更换本表时,则填记更换站的站名。

(2)客车合计栏:填全列车中客车的总辆数。

(3)货车栏:分别合计、企业自备车、铁路总公司所属货车和集、特、行六行填记全列车中各自的货车中重车、空车和非运用车的总辆数。对于专业运输公司租用的铁路总公司所属货车,除在各专业公司行表示车数外,还应在合计行和铁路总公司所属货车行分别以负数表示。

(4)其他栏:填记全列车中不属于客车、货车范围的其他车辆的合计辆数。

(5)合计栏:合计栏=客车合计栏+重车栏+空车栏+非运用车栏+其他栏。

(6)自重栏:填记全列车所有车辆自重栏的合计数(吨以下四舍五入)。

(7)载重栏:填记全列车所有车辆载重栏的合计数。

(8)总重栏:填记"自重栏+载重栏"的合计总吨数。

(9)换长栏:填记全列车所有车辆换长栏的合计数。

(10)铁路篷布合计栏:填记全列车所有车辆铁路篷布栏的合计张数。

1.2.4.2　列车确报

列车预报和列车确报总称为列车预确报。调度所与调度所之间,调度所与车站之间为满足编制日班计划的需要,相互通报计划到达列车内容的资料为列车预报,列车预报的内容包括:车次、编组内容、编组车数、到达作业站的时分或分界站交出的时分,对到达作业站卸的车,预报车种、车数。列车确报是列车到达解体站前,信息源点间及信息源点与上级信息处理系统间传输到发列车组成内容的信息资料。它是铁路局编制调度日班计划,车站编制班计划、阶段计划、调车作业计划和组织货物装卸的主要依据。

列车确报系统是将车站列车编组信息向前方技术站或列车终到站转发,铁路局、铁路总公司将收到的确报信息加工处理,建立全路完整的确报信息库,实现全路列车信息共享。

1. 确报的传输方式

(1)编组站信息处理系统(YIS)或规范化编组站管理信息系统(SYIS)传输确报

该系统能发出、传输、接收、查询、检验、划号和打印列车确报。其基本传输径路为:

① 局管内各站编组始发的列车,传输到局信息处理中心后,由局信息处理中心发往附近有关确报站及调度中心。

② 对跨铁路局交接的列车,由铁路局传输到铁路总公司再由铁路总公司中央处理主机向邻局转发。

该系统作为TMIS的一个子系统,目前被大多数编组站采用。但该系统只能将确报通过确报网发往指定的确报站,其他车站和部门不能及时获得确报信息。

(2)铁路运输管理信息系统(TMIS)传输确报

TMIS除了具有SYIS、YIS已实现的功能外,还在中央主机上建有各主要站段的确报库,使用计算机通信(X. 25公用数据网通信)实现中央主机与站段信息处理系统间的确报交换,而且传输高速、可靠。

2. 确报内容

TMIS发出、传输和接收的都是各次列车编组顺序表的全部内容。

3. 一般要求

(1)内容正确,项目齐全,确报内容和列车编组顺序表完全一致。

(2)确报及时。列车编组顺序表必须按规定及时传输上报确报库。一般要求直达、直通、区段列车出发后10 min内、小运转和摘挂列车出发前10 min发出确报。

(3)字迹清楚,按规定使用简化字。

【练习1.1】 已知:甲—丁间列车开行情况及各区段牵引定数规定如图1.12所示。

要求:判断11003次、21102次列车对各相关技术站而言的列车种类以及在各相关技术站进行的列车技术作业的种类,将结果填入表格1.10中。

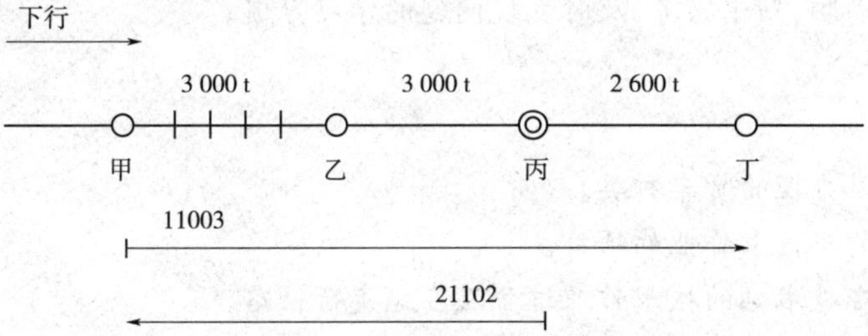

图1.12　甲—丁间列车开行及区段牵引定数示意图

表1.10　列车在技术站办理的货物列车与技术作业种类

车次 / 车站	11003		21102	
	列车种类	技术作业种类	列车种类	技术作业种类
在甲站				
在乙站				
在丙站				
在丁站				

典型工作任务3　编制货车在技术站的技术作业过程

1.3.1　教学目标

1. 能力目标

通过学习,要求对技术站办理的货车种类及办理货车的技术作业过程有全面的认识,并要求:

(1)会判断技术站办理的货车种类。
(2)会编制无调中转车的技术作业过程。
(3)会编制有调中转车的技术作业过程。
(4)会编制一次货物作业车的技术作业过程。
(5)会编制双重货物作业车的技术作业过程。
2. 知识目标
通过学习,要求:
(1)掌握技术站办理的货车的种类。
(2)掌握各类货车技术作业的内容。
(3)掌握各类货车技术作业的特点。
(4)掌握各类货车技术作业组织的方法。
(5)掌握各类货车在站的作业流程。
3. 素质目标
(1)养成细心、全面认识问题的学习态度。
(2)具有分析、归纳和解决问题的能力。
(3)养成善于动脑、勤于思考、及时发现问题的学习习惯。

1.3.2 工作任务

(1)分析技术站办理的货车种类。
(2)分析各类货车技术作业的项目。
(3)编制货车在技术站的技术作业过程及在站走行径路。

1.3.3 相关配套知识

1. 技术站办理的货车种类

按货车在车站是否进行货物装卸作业,车站可将货车分为中转车和货物作业车两种类型。

(1)中转车

中转车是指在本站不进行货物装卸作业的运用货车。按其在站是否进行调车作业,又可分为无调中转车和有调中转车两种。

①无调中转车

无调中转车是指在本站不进行调车作业的中转车。

无调中转车包括:

a. 在技术站原列到开的无调中转列车上的全部运用货车。

b. 在技术站进行补、减轴调车作业的部分改编中转列车上未经过甩挂调车作业的中转车。

c. 停运列车上的全部运用货车。

d. 在中间站进行拆组或组合的长大重载列车上的全部运用货车。

②有调中转车

有调中转车是指在本站经过一系列改编调车作业后,再编入其他列车中发出的中转车。

凡是不符合无调中转车条件的中转货车均为有调中转车，如到达解体列车中全部的中转车、编组始发列车中全部的中转车、部分改编中转列车中经过甩挂调车作业的中转车。

(2)货物作业车

货物作业车(也称为作业车、本站作业车)是指在本站需进行货物装、卸或倒装作业的运用货车。按其在本站完成装卸作业的次数不同又可分为一次货物作业车和双重货物作业车两种。

①一次货物作业车

一次货物作业车是指在本站只进行装车或只进行卸车作业的货物作业车。

②双重货物作业车

双重货物作业车是指在本站先进行卸车作业，然后利用卸完的空车再进行装车作业的货物作业车，即卸后装的作业车。

技术站办理的货车种类如图1.13所示。

- 货车
  - 中转车
    - 无调中转车
    - 有调中转车
  - 货物作业车
    - 一次货物作业车
    - 双重货物作业车

图1.13 技术站办理的货车种类

【例题1.4】 已知：甲—丁方向各区段列车牵引定数(折合为辆)及开行列车情况如图1.14所示，21102次列车的编组内容为：

丙/4　乙—丙/2　乙/32　乙—甲/20(其中到达乙站卸的10辆车和到达乙—甲间卸的8辆车为丁站自装)。

要求：分别确定21102次列车对于乙、丙、丁三个技术站而言的有调中转车、无调中转车及货物作业车的车数。

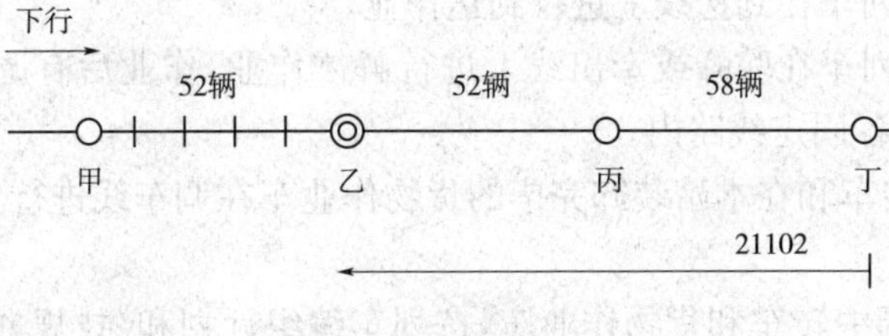

图1.14 各区段列车牵引定数及开行列车示意图

【解】

(1)对丁站而言

21102次列车是编组始发列车，编入列车的所有车辆都要经过编组调车作业，因此，该列车中没有无调中转车；根据已知资料，在全列58辆运用货车中，有10辆到达乙站卸的车和8辆到达乙—甲间卸的车是丁站自装的，因此，这18辆车是货物作业车，其余40辆车是有调中转车。

(2)对丙站而言

根据资料，列车运行至丙站后需要减轴，共减轴6辆，该列车属于部分改编中转列车。有4辆到达丙站卸的车应该摘下，这4辆车是丙站的货物作业车；此外，还有2辆到达乙—丙间中间站卸的车，这2辆车也应该在丙站摘下，编入乙—丙间的摘挂列车继续输送至卸车站，因此，这2辆车在丙站不进行装卸作业，是有调中转车；其余52辆车在丙站没有经过调车作业，是无调中转车。

(3)对乙站而言

21102次列车是到达解体列车,到达解体列车中的所有车辆都要经过解体调车作业,所以,列车中没有无调中转车;根据该列车的编组内容,52辆车中有32辆需要在乙站卸车,属于货物作业车;其余20辆在丙站解体后还需再编入乙—丁间的摘挂列车中继续输送至卸车站,因此,这20辆车属于有调中转车。

在乙站办理的货车种类及车数汇总情况,如图1.15所示。

车站 汇总	有调中转车	无调中转车	货物作业车
在乙站	20	0	32
在丙站	2	52	4
在丁站	40	0	18

图1.15 在乙站办理的货车种类及车数汇总情况

2. 分析各类货车的技术作业项目

(1)无调中转车随所在的中转列车到达车站,并随原列车出发。因此,它的技术作业过程也就是所在的中转列车的技术作业过程。无调中转车技术作业通常在到发场或出发场(或直通场)办理。

(2)有调中转车和货物作业车均随到达解体列车或部分改编中转列车到达车站,它们共同的作业有:

① 首先,随所在的列车在到达线上进行到达作业。

② 然后,随所在的列车在驼峰或牵出线上进行解体作业,作业后有调中转车和本站货物作业车被分解到调车场各固定线路内。

③ 解下的有调中转车和在本站装卸完毕的货物作业车在调车线进行集结作业,等待凑集成出发车列。

④ 集结结束的有调中转车和货物作业车,按列车编组计划和《技规》的要求,在驼峰或牵出线上进行编组作业。

⑤ 编入列车中的有调中转车和货物作业车随所在的列车在出发线上进行出发作业。

(3)货物作业车除要办理与有调中转车相同的技术作业外,还要完成以下作业:

① 解体后进入调车线内停留,等待送至装卸作业地点的待送作业。

② 调车机车将货物作业车送到装卸作业地点并对好货位的送车作业。

③ 送到装卸作业地点的货物作业车在装卸作业地点进行的装车或卸车作业。

④ 调车机车将装卸完毕的货物作业车从装卸作业地点取回到调车场各固定线路的取车作业。

3. 编制各种货车的技术作业过程

(1)有调中转车的技术作业过程如图1.16所示。

有调中转车在站办理到达、解体、集结、编组、出发五项作业,其在站总停留时间($t_{有调}$)为五项作业平均时间之和:

$$t_{有调}=t_{到}+t_{解}+t_{集}+t_{编}+t_{发}\quad (h) \tag{1.1}$$

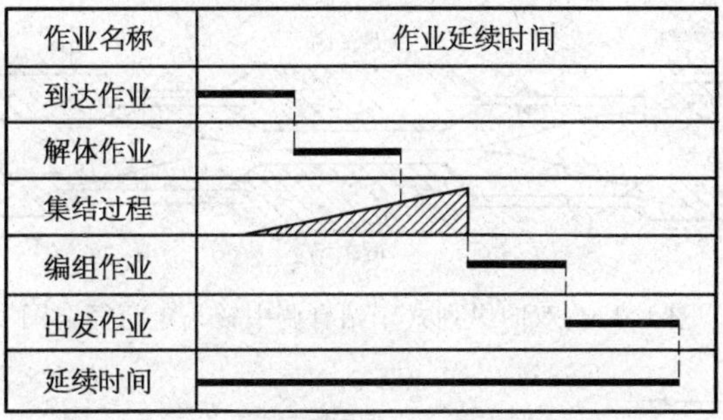

图 1.16　有调中转车技术作业过程图

式中　$t_{到}$、$t_{解}$、$t_{集}$、$t_{编}$、$t_{发}$——到达、解体、集结、编组、出发作业的时间标准。

车站的车场配置不同,有调中转车的技术作业及其在站内的走行径路也不尽相同。在到、发车场与调车场横列配置的车站上,有调中转车有大量的折返走行(如图 1.17 所示),在到、发车场与调车场纵列配置的车站上,除反驼峰方向的车流和折角车流外,有调中转车在站内可以顺向走行,从而保证有调中转车各项作业的流水性和最短的走行径路(如图 1.18 和图 1.19 所示)。

双向纵列式车站折角车流在站内的走行径路如图 1.20 所示。由此可见,在有两个调车系统的双向驼峰编组站上,其折角车流要在站内形成场间交换车,解体以后需要转场重复改编。这些需要转场的有调中转车,除了需要完成上述作业外,还要额外增加转场前集结、转场和转场后解体等三项作业(在计算有调中转车停留时间时,这三项作业时间均可计入集结时间)。

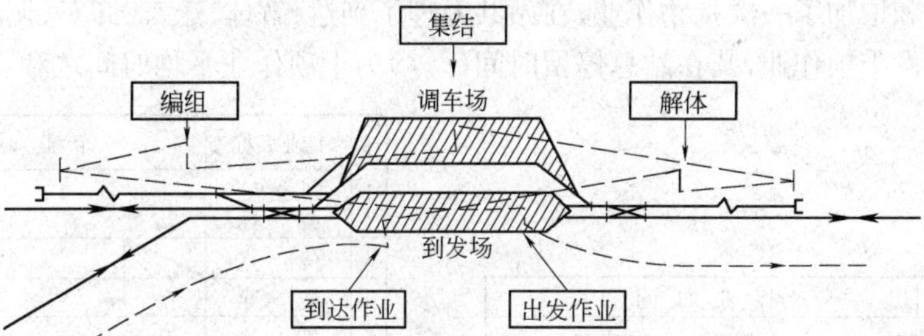

图 1.17　横列式车站有调中转车走行径路图

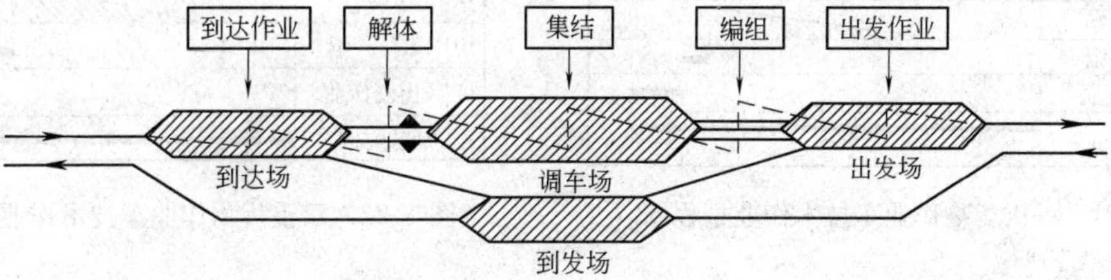

图 1.18　单向纵列式车站有调中转车走行径路图

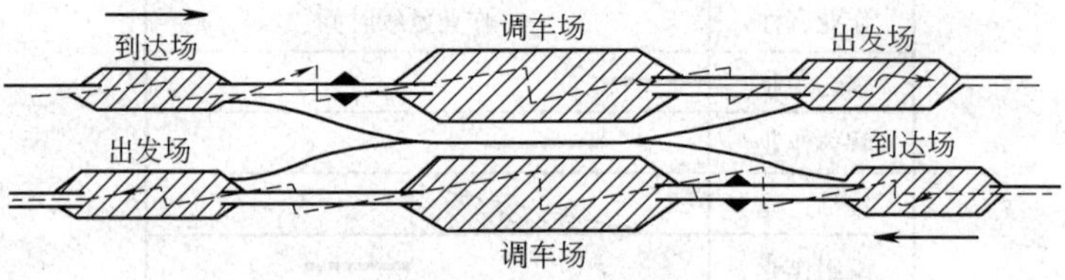

图 1.19　双向纵列式车站有调中转车走行径路图

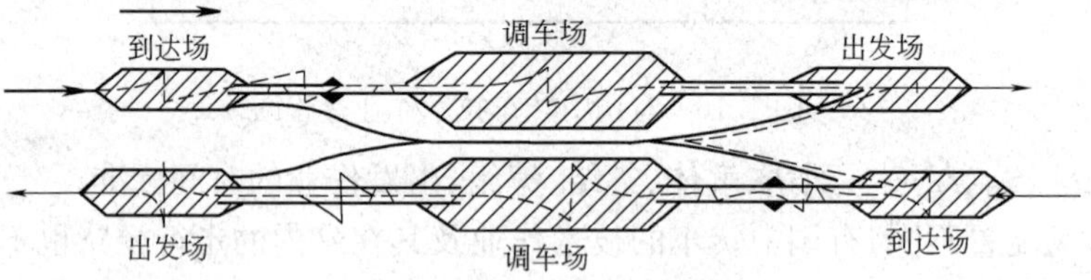

图 1.20　双向纵列式车站折角车流走行径路图

(2)一次货物作业车的技术作业过程如图 1.21 所示。

一次货物作业车在站办理了到达、解体、送车、装车或卸车、取车、集结、编组、出发八项作业，其在站停留总时间($t_{一次}$)为八项作业平均时间之和：

$$t_{一次}=t_{到}+t_{解}+t_{送}+t_{装(卸)}+t_{取}+t_{集}+t_{编}+t_{发}\quad (h) \tag{1.2}$$

式中　$t_{装(卸)}$、$t_{送}$、$t_{取}$——装车(或卸车)、送车、取车作业的时间标准。

4. 双重货物作业车的技术作业过程

如图 1.22 所示，双重货物作业车与一次货物作业车相比，增加了将卸后空车调往装车地点的调移作业和增加了一次货物作业，在站共办理了到达、解体、送车、卸车、调移、装车、取车、集结、编组、出发十项作业，其在站总停留时间($t_{双重}$)为十项作业平均时间之和：

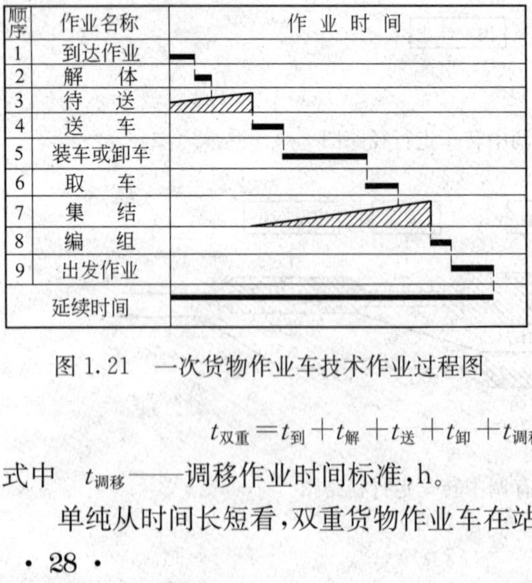

图 1.21　一次货物作业车技术作业过程图

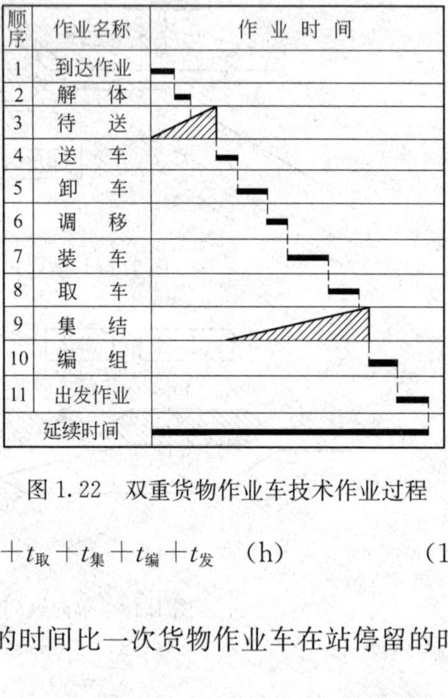

图 1.22　双重货物作业车技术作业过程

$$t_{双重}=t_{到}+t_{解}+t_{送}+t_{卸}+t_{调移}+t_{装}+t_{取}+t_{集}+t_{编}+t_{发}\quad (h) \tag{1.3}$$

式中　$t_{调移}$——调移作业时间标准，h。

单纯从时间长短看，双重货物作业车在站停留的时间比一次货物作业车在站停留的时间更长，但是在实际工作中，我们考核的是一次货物作业平均在站停留时间，因此按货物作业次数平均，双重货物作业车比一次货物作业车的在站停留时间更短，货车运用效率更高。

为此，应充分利用本站卸后空车进行装车，并应尽可能扩大车种代用，提高双重作业系数，缩短一次货物作业平均停留时间。所谓双重作业系数（$K_{双}$）是指每一货物作业车平均摊到的装卸作业次数，可按下式计算：

$$K_{双}=\frac{u_{装}+u_{卸}}{N_{货车}} \tag{1.4}$$

式中　$u_{装}$、$u_{卸}$——车站装、卸作业次数；

$N_{货车}$——本站货物作业车车数。

从式中可看出，$K_{双}$ 最大为2，最小为1，其值变动于1～2之间。$K_{双}$ 越大，货车运用效率越高。

双重货物作业车在站内的走行径路如图1.23所示。

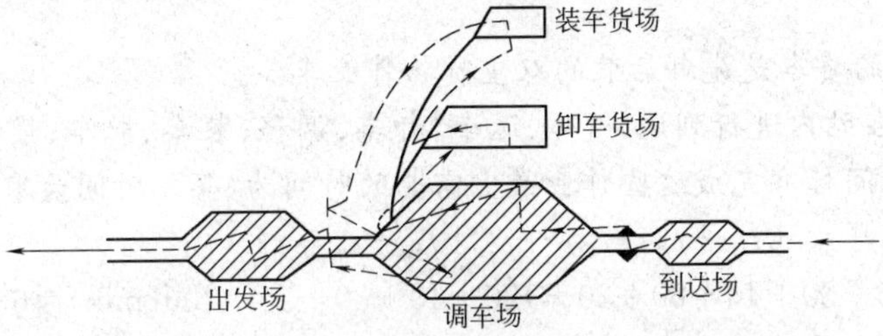

图1.23　双重货物作业车在站内走行径路图

车站在完成列车和车辆的技术作业过程时，必须保证生产安全，最大限度地使各项作业保持流水性、不间断性和节奏性，缩短车辆在站停留时间。为此，车站应根据自己设备的特点，按照《技规》、铁路局《行车组织规则》、列车编组计划和列车运行图的规定，合理运用各种技术设备、总结和推广先进工作方法，组织预先作业、平行作业和紧密作业，并在《车站行车工作细则》（以下简称《站细》）中加以规定。

【例题1.5】　已知资料：

（1）丙站在线路上的位置如图1.24所示。

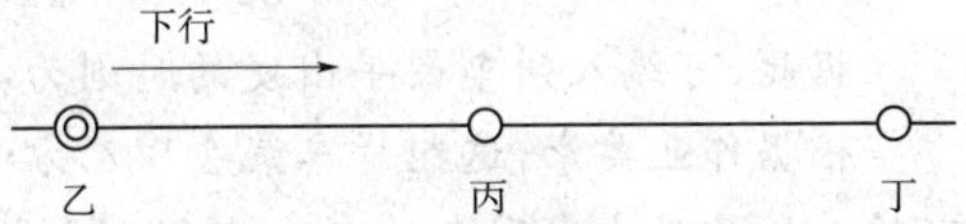

图1.24　乙站位置示意图

（2）丙站《站细》规定的各项作业时间标准如下：

到达作业35 min，解体作业30 min，编组作业30 min，出发作业25 min，送车、取车作业均为40 min，调移作业20 min，卸车作业60 min，装车作业120 min。

（3）丙站始发的部分列车出发时刻及编组内容规定，见表1.11。

表1.11　列车出发及编组内容情况

出发车次	41002	31002	41004	31004	31001	41001	31003
出发时刻	19:55	21:30	22:40	1:20	20:20	21:35	1:00
规定的编组内容	乙—丙间	乙及其以远	乙—丙间	乙及其以远	1. 丁及其以远 2. 空车	丙—丁间	1. 丁及其以远 2. 空车

(4)随列车到达丙站的各组货车在丙站的具体情况,见表1.12。

表1.12　到达货车具体情况

到达时刻	12:50	14:30	15:40	16:10	18:20	19:45
空重状态	重车	空车	重车	空车	去丁重车	去丁重车
作业要求	卸后装 乙—丙间	装乙	卸后排空	装丙—丁间	卸后装丁	有调中转
可编入的最早出发的车次						

要求:根据各种货车在站的技术作业过程,按车流紧接续条件计算确定各组货车按规定作业完毕后,可编入的最早出发列车的车次(即挂运车次),填入表1.12中。

注:紧接续指该组货车的集结时间为零。

【解】

(1)12:50到达的货车是先卸后装的双重货物作业车。

这种货车需要在站内进行到达、解体、送车、卸车、调移、装车、取车、集结、编组、出发等十项作业,按照作业时间标准完成这些作业最少需要的时间为(集结时间为零):

$$t^1_{接续}=t_{到}+t_{解}+t_{送}+t_{卸}+t_{调移}+t_{装}+t_{取}+t_{编}+t_{发}$$
$$=35+30+40+60+20+120+40+30+25=400(\text{min})=6\text{ h }40\text{ min}$$

据此,可编入列车最早出发的时刻为:12:50+6 h 40 min=19:30

根据作业要求,这组货车卸后装去乙—丙间卸的货物,因此,应编入上行摘挂列车中,符合条件可编入的最早出发列车的车次为41002次。

(2)14:30到达的空车是只装车不卸车的一次货物作业车。

这种货车需要在站内进行到达、解体、送车、装车、取车、集结、编组、出发等作业,按照作业时间标准完成这些作业最少需要的时间为(集结时间为零):

$$t^2_{接续}=t_{到}+t_{解}+t_{送}+t_{装}+t_{取}+t_{编}+t_{发}$$
$$=35+30+40+120+40+30+25=320\ (\text{min})=5\text{ h }20\text{ min}$$

据此,可编入列车最早出发的时刻为:14:30+5 h 20 min=19:50

根据作业要求,这组货车装去甲乙方向卸的货物,因此,应编入上行区段列车中,符合条件可编入的最早出发列车的车次为31002次。

(3)15:40到达的重车是只卸车不装车的一次货物作业车。

这种货车需要在站内进行到达、解体、送车、卸车、取车、编组、出发等作业,按照作业时间标准完成这些作业最少需要的时间为(集结时间为零):

$$t^3_{接续}=t_{到}+t_{解}+t_{送}+t_{卸}+t_{取}+t_{编}+t_{发}$$
$$=35+30+40+60+40+30+25=260\ (\text{min})=4\text{ h }20\text{ min}$$

据此,可编入列车最早出发的时刻为:15:40+4 h 20 min=20:00

根据作业要求,这组货车卸车后需要排空,结合列车编组内容,应编入下行区段列车中,符合条件可编入的最早出发列车的车次为31001次。

(4)16:10到达的空车是只装车不卸车的一次货物作业车,与第(2)组车相同,为完成作业在站内最少需要的时间为5 h 20 min,因此,可编入列车最早出发的时刻为:16:10+5 h 20 min=

21:30。

根据作业要求，这组货车所装的货物去向是丙—丁间，因此，应编入下行摘挂列车中，符合条件可编入的最早出发列车的车次为 41001 次。

(5)18:20 到达的货车是先卸后装的双重货物作业车，与第(1)组车相同，为完成作业在站内最少需要的时间为 6 h 40 min，因此，可编入列车最早出发的时刻为：18:20+6 h 40 min =1:00。

根据作业要求，这组货车是卸后装去丁方向卸的货物，因此，应编入下行区段列车中，符合条件可编入的最早出发列车的车次为 31003 次。

(6)19:45 到达的货车是去丁方向的有调中转车。

有调中转车在站内需要进行到达、解体、集结、编组、出发等作业，按照作业时间标准完成这些作业最小需要的时间为(集结时间为零)：

$$t^{6}_{接续}=t_{到}+t_{解}+t_{编}+t_{发}$$
$$=35+30+30+25=120\ (\text{min})=2\ \text{h}$$

据此，可编入列车的最早出发的时刻为：19:45+2 h=21:45

根据作业要求，这组货车去向是丁，因此，应编入下行区段列车中，符合条件可编入的最早出发列车的车次为 31003 次。

汇总以上结果，见表 1.13。

表 1.13　到达货车可编入的最早出发列车及车次

到达时刻	12:50	14:30	15:40	16:10	18:20	19:45
空重状态	重车	空车	重车	空车	去丁重车	去丁重车
作业要求	卸后装 乙—丙间	装乙	卸后排空	装丙—丁间	卸后装丁	有调中转
可编入的 最早出发列车	41002	31002	31001	41001	31003	31003

1.3.4　知识拓展

1. 货车的集结过程

由于列车在重量和长度上有一定的要求，技术站为编组某一个到达站的出发列车时，陆续进入调车场的货车存在先到等待后到凑集成车列、达到规定的重量或长度的过程，这个过程即为货车的集结过程。参加集结的所有货车在此过程中消耗的总时间，称为货车集结车小时。

2. 车列的集结过程

从组成某一到达站出发车列的第一组货车进入调车场之时起，至组成该车列的最后一组货车进入调车场之时止，为一个车列的集结过程。该过程延续的时间称为车列集结期间，在车列的集结过程中，组成该车列的所有货车消耗的总车小时，称为车列的集结车小时。

3. 集结车小时的计算

为了便于分析和研究货车的集结过程，假设组成车列的各个车组大小相等、各车组的到达间隔相同，车列的集结过程如图 1.25 所示。

从图中可以看出，一个车组的集结车小时可用车数与延续时间所形成的面积表示，即图中阴影部分的面积，将所有面积相加即可求出一个车列的集结车小时 $T^{列}_{集}$。其计算公式为：

$$
\begin{aligned}
T_{集}^{列} &= m_1(t_1+t_2+t_3)+m_2(t_2+t_3)+m_3t_3+m_4\times 0\\
&= \frac{1}{4}m\times\frac{3}{3}t_{列}+\frac{1}{4}m\times\frac{2}{3}t_{列}+\frac{1}{4}m\times\frac{1}{3}t_{列}+\frac{1}{4}\times 0\\
&= \frac{1}{4}mt_{列}\left(\frac{3}{3}+\frac{2}{3}+\frac{1}{3}\right)\\
&= \frac{1}{2}mt_{列}\quad(车\cdot h)
\end{aligned}
\tag{1.5}
$$

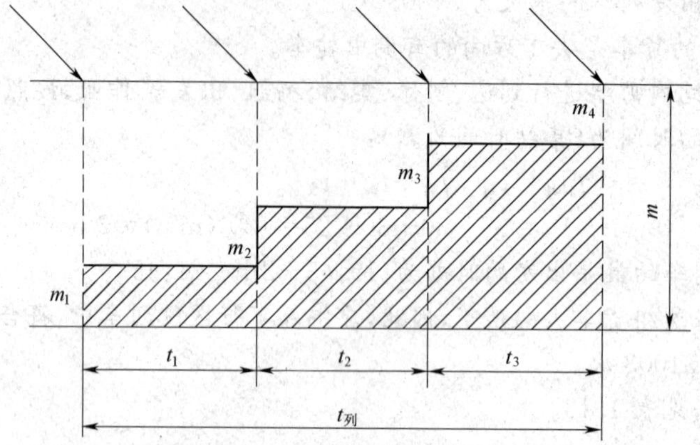

图 1.25　车组大小相等并均衡到达的车列集结过程图

式中　$t_{列}$——车列的集结期间；

m——列车的编成辆数。

假设在集结的各车列之间不发生集结中断，且一昼夜刚好能集结够整个车列的情况下，某个到达站一昼夜所有编组出发的列车的集结过程如图 1.26 所示。

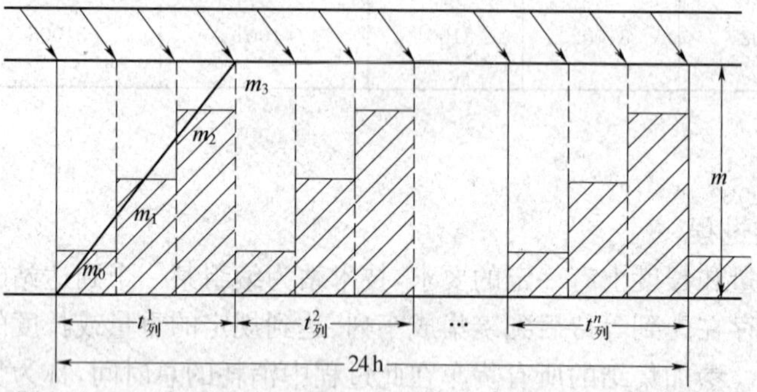

图 1.26　一个到达站的货车一昼夜均衡不间断的集结过程图

从图中可看出，编组一个到达站出发车列的货车一昼夜消耗的货车集结车小时 $T_{集}$ 为：

$$
\begin{aligned}
T_{集} &= \frac{1}{2}mt_{列}^{1}+\frac{1}{2}mt_{列}^{2}+\cdots+\frac{1}{2}mt_{列}^{n}=\frac{1}{2}m(t_{列}^{1}+t_{列}^{2}+\cdots+t_{列}^{n})\\
&= \frac{1}{2}m\times 24=12m\quad(车\cdot h)
\end{aligned}
\tag{1.6}
$$

该去向每辆货车的平均集结时间为：

$$
t_{集}=\frac{12m}{N}\quad(h) \tag{1.7}
$$

式中　N——该去向一昼夜参加集结的货车数。

在实际的运输生产过程中，进入调车场的车组大小是不相等的，车组到达的间隔时间也不相同，而且车列集结过程之间往往会出现中断的情况，也就是说车列集结够规定的重量或长度后，没有残存该去向的货车，因此，一般情况下 $T_{集}$ 并不等于 $12m$，而是经常小于 $12m$，通常用下式表示：

$$T_{集}=cm \quad (车\cdot h) \tag{1.8}$$

式中　c——货车集结系数。

每辆货车的平均集结时间则可用下式表示：

$$t_{集}=\frac{cm}{N} \quad (h) \tag{1.9}$$

由此可得出以下结论：

(1)编组一个到达站出发车列一昼夜消耗的货车集结车小时 $T_{集}$，取决于货车集结系数 c 和车列的编成辆数 m，而与该去向一昼夜的车流量 N 无关。

(2)每辆货车的平均集结时间 $t_{集}$，则与该去向一昼夜的车流量成反比关系。

(3)影响货车集结系数 c 的主要因素是车组(特别是结束车列集结的最后车组)大小的不均衡性、车组配合到达的程度及货车集结中断的次数与时间。

(4)整个车站的货车集结时间还与列车编组计划规定该站编组车列的到达站数及其车流强度有关。

4. 压缩货车集结时间的措施

根据上述因素对货车集结过程影响的规律，技术站日常运输生产中压缩货车集结时间应采取的主要措施有：

(1)组织货车按去向分阶段配合到达。通过调度所在合理制定日历装车计划的基础上，组织枢纽和邻接区段内的车站按去向分阶段装卸车，并使其配合送到技术站，加速车流集结和车流接续，并保证按列车运行图编发列车。

(2)组织好本站自装重车或自卸空车的作业，并及时取回以扩大最后车组，提前结束车列集结过程。根据货车到达情况，有预见性地挂线装卸，配合车列的集结，如图1.27所示。图中的阴影部分，就是采用这种办法可以节省的货车集结车小时。

(3)组织超轴列车，将同去向的货车挂完，造成集结中断。采用此项措施必须征得列车司机同意并得到列车调度员的许可。图1.28中的阴影部分表示开行超重列车($m=40$ 辆为满轴)可以节省的货车集结车小时。

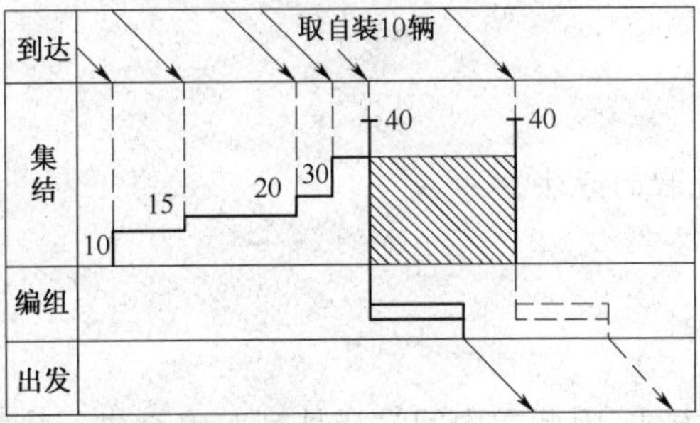

图1.27　利用本站货物作业车结束车列集结图

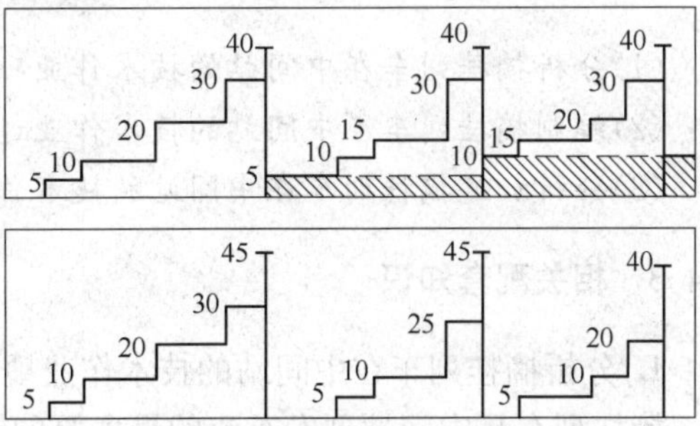

图1.28　开行超重列车中断货车集结图

【练习 1.2】 乙站编组到丙到达站的列车,列车编组辆数为 50 辆,一昼夜集结 5 列,集结过程如图 1.29所示。

试计算乙站为编组丙到达站列车一昼夜消耗的集结车小时及该到达站的集结系数。

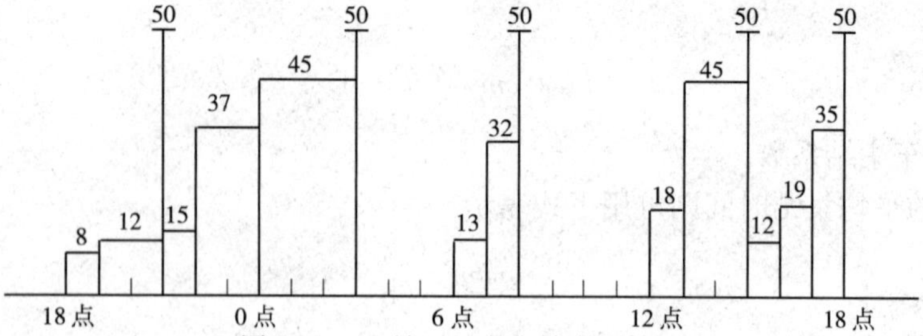

图 1.29 乙站一昼夜集结车列情况

典型工作任务 4 编制摘挂列车在中间站的技术作业过程

1.4.1 教学目标

1. 能力目标

通过学习,要求对中间站办理的摘挂列车技术作业过程有全面的认识,并要求:

(1)会合理安排摘挂列车在中间站的技术作业。

(2)会采取适当措施加快摘挂列车在中间站的技术作业过程。

2. 知识目标

通过学习,要求:

(1)掌握摘挂列车在中间站办理的作业内容。

(2)掌握摘挂列车在中间站办理作业的特点。

(3)掌握摘挂列车技术作业的组织方法。

3. 素质目标

(1)养成细心、全面认识问题的学习态度。

(2)具有分析、归纳和解决问题的能力。

(3)养成善于动脑,勤于思考,及时发现问题的学习习惯。

1.4.2 工作任务

(1)分析摘挂列车在中间站的技术作业项目。

(2)编制摘挂列车在中间站的技术作业过程。

(3)分析加速摘挂列车在中间站的技术作业过程的方法。

1.4.3 相关配套知识

1. 分析摘挂列车在中间站的技术作业项目

摘挂列车是中间站到发车流的最主要的输送方式,因此在中间站摘挂列车将会进行摘挂车辆的调车作业,而大多数中间站不配备专用调车机车和调车人员,一般由车站值班员担当车站调车领导人，由车站助理值班员担当调车指挥人，由摘挂列车的牵引机车担当调车机车。摘挂列车在中间站一般要办理以下作业：

(1)列车到达前车站值班员的准备工作

① 及时向列车调度员了解摘挂列车在本站的甩挂计划和作业时间要求，向上一作业站的车站值班员了解摘车数及其需摘下的车辆在列车中的编挂位置。

② 通知车站站务员(或货运员)事先检查好待挂车辆，准备好货运单据。

③ 根据上述资料和待挂车情况，编制摘挂列车的调车作业计划，并向助理值班员等有关人员传达清楚。

④ 命令助理值班员提前出动至接车线，指示列车停在便于进行调车的适当位置。

(2)列车到达后的作业

① 列车到达停妥，车站助理值班员向司机传达调车作业计划后，立即开始作业。

② 车站站务员(或货运员)与司机交接车辆及货运单据，修改列车编组顺序表；检查所挂车辆装载状态、编挂位置是否符合规定。

③ 车站值班员向前方作业站进行摘车确报。车站发车人员确认发车条件具备后，向司机显示发车信号，督促司机及时动车。

④ 如果规定在本站有列检作业，则还须进行列检作业。

2. 编制摘挂列车在中间站的技术作业过程

按照写实法对摘挂列车在中间站所进行的各项作业的时间标准进行查定，分析研究摘挂列车在中间站的作业流程，剔除不合理的程序，改进不科学的方法，最大限度安排平行作业。编制摘挂列车在中间站的技术作业过程如图 1.30 所示。

顺序	作业项目	执行者	时间(min)						
			列车到达前	5	10	15	20	25	30
1	编制摘挂列车调车作业计划	车站值班员							
2	准备待挂车辆及票据	站务员(或货运员)							
3	有关人员出动迎接列车	助理值班员							
4	传达调车作业计划	助理值班员、司机							
5	调车作业	司机、助理值班员							
6	交接车辆及货运单据	车站值班员(或货运员)、司机							
7	试风及发车	助理值班员							
作业总时分									

图 1.30　摘挂列车在中间站的技术作业过程示意图

为缩短摘挂列车在中间站的停留时间，应于列车到达前做好调车作业计划编制与各项准备工作；列车到达后，应加强作业人员之间的配合，以最短的时间完成各项技术作业。

3. 加速摘挂列车在中间站的技术作业过程的方法

为了加速摘挂列车在中间站的作业，压缩摘挂列车在中间站的停留时间，在作业组织上主要可采取以下方法：

(1)选择调车行程短、作业方便的接车线和停车位置

①上下行摘挂列车均应接入靠近货物线的股道,这样可以减少调车作业与接发列车进路的干扰,缩短调车行程。

②当摘挂列车编组辆数较少时(如图 1.31 所示),如将上下行摘挂列车接入靠近货物线的 3 道,并停于适当地点,可以大大缩短调车行程。

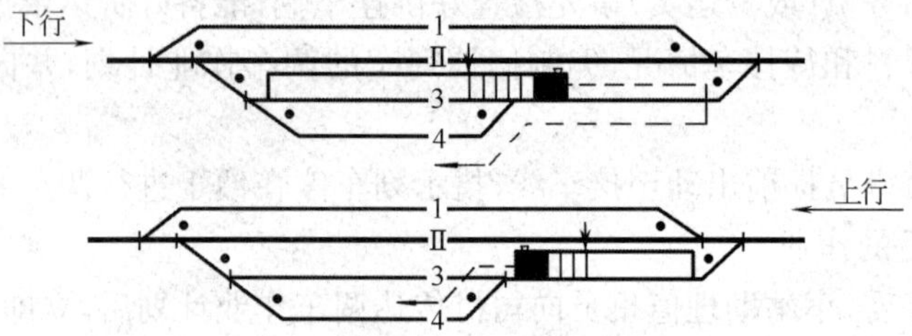

图 1.31　摘挂列车停车位置图

③当摘挂列车在前部作业,而且摘车数多、挂车数少时,则应停于接车线末端警冲标或出站信号机内方。这样,可以缩短调车行程。

如摘车数少于挂车数时,不论在列车前部还是后部作业,列车停车位置均应按所挂车组的长度,预留相应的距离。否则挂车后,列车前部或后部将越过出站信号机或警冲标,造成列车向后或向前移动后才能发车,延长作业时间。

(2)组织两列摘挂列车机车互换作业

如图 1.32 所示,41001 次列车尾部摘车 3 辆,送 4 道卸;41002 次在 4 道挂车 3 辆,挂于列车尾部。如组织它们互换作业,即可避免本列车的机车由前部掉头至尾部的作业干扰和减少走行距离,从而能大大压缩作业时间。

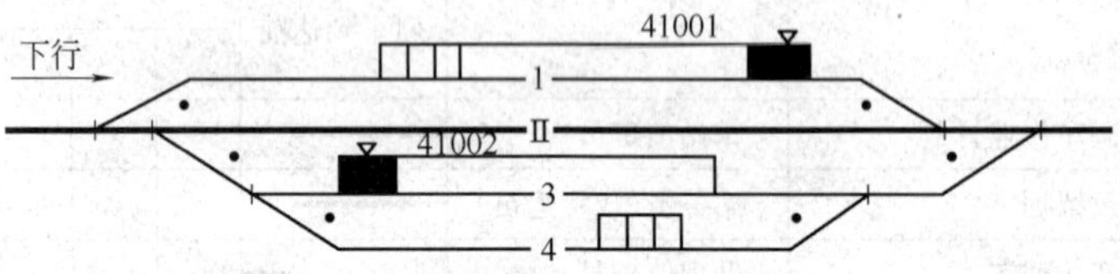

图 1.32　两列摘挂列车机车互换作业

(3)组织车站调车机车与本务机车配合作业

在设有调车机车的中间站,组织调车机车与列车机车配合作业,能加速摘挂列车的技术作业过程。

① 调车机车事先按照列车编组计划和《技规》的要求准备好待挂车组,并送至便于摘挂列车作业的线路上,以便列车到站后立即挂车。对所摘车辆,由列车机车甩于适当的股道内,再由调车机车按装卸地点挑选车组、送车和对货位。

② 为了避免摘挂列车机车在作业站转头,减少机车走行时间,对于摘挂列车后部车辆的甩挂作业,应由调车机车担当。

(4)减少带车数,避免越出站界调车

带车数多,调车车列太长而没有调车牵出线时,有可能越出站界。越出站界调车需要办理越出站界调车的相关手续,势必会延长在站作业时间。

项目小结

本项目介绍了货物列车的种类及车次；技术站办理的货物列车和货车种类；分析了各种货物列车和货车在技术站办理的作业项目以及摘挂列车在中间站进行技术作业的项目；编制了各种货物列车和货车在技术站的技术作业过程及摘挂列车在中间站的技术作业过程。通过技术作业过程的编制，分析加速各种货物列车和货车在技术站的技术作业过程及加速摘挂列车在中间站的技术作业过程的措施和方法。

复习思考题

1. 列车应具备哪些条件？
2. 货物列车是如何进行分类的？可分成哪些种类？
3. 什么是货物列车的技术作业？什么是货车的技术作业？
4. 根据货物列车在本站办理的技术作业性质不同，技术站可将货物列车分成哪几种？不同种类的货物列车在车站各自办理哪种列车技术作业？
5. 列车技术作业包括哪些主要内容？
6. 根据货车在本站办理的技术作业性质不同，车站可将货车分成哪几种？如何进行分类？
7. 什么是技术作业过程？
8. 简述技术站办理的各种列车技术作业过程及内容。
9. 简述有调中转车、一次货物作业车、双重货物作业车在车站办理的作业项目及作业程序。
10. 用图解形式表示货车集结过程和计算集结时间。
11. 摘挂列车在中间站的作业内容包括哪些？
12. 加速摘挂列车在中间站调车作业的方法有哪些？

项目 2 编制车站班计划

项目描述

车站作业计划是车站为保证完成铁路局日(班)计划,实现列车运行图、列车编组计划、货物运输计划和运输生产经营计划的行动计划。车站必须根据铁路局调度所下达的日(班)计划,正确及时地编制车站作业计划,并在铁路局调度的指挥下组织实现。

车站作业计划包括班计划、阶段计划和调车作业计划。班计划是车站最基本的计划,是车站完成一个班运输生产任务的作业组织计划,它体现铁路局调度部门对车站规定的任务和要求,由车站值班站长(调度车间主任)亲自编制。

本项目主要介绍车站班计划的内容、编制依据与方法。

拟实现的教学目标

1. 能力目标

在学习本项目后,要求对车站的车流组织工作有全面的认识,并要求:

(1)会编制班计划中的列车出发计划。

(2)会编制班计划中的装车、卸车作业计划与排空计划。

(3)会计算车站班计划指标。

2. 知识目标

在学习本项目后,要求:

(1)掌握班计划的内容。

(2)掌握班计划编制的依据。

(3)掌握班计划编制的方法。

(4)掌握班计划指标计算方法。

3. 素质目标

(1)养成诚实、守信、吃苦耐劳的品德。

(2)养成细心、全面认识问题的学习态度。

(3)养成善于动脑,勤于思考,及时发现问题的学习习惯。

(4)具有和车站行车工作各个工作环节的工作人员共事的团队意识,能进行良好的团队合作。

(5)养成作业安全的职业意识。

典型工作任务1　车站班计划认知

2.1.1　教学目标

1. 能力目标

通过学习，要求对车站的车流组织工作有全面的认识，并要求：

(1)会描述班计划的内容及编制依据。

(2)会描述班计划指标计算的方法。

2. 知识目标

通过学习，要求：

(1)掌握班计划主要内容和编制步骤。

(2)掌握班计划指标的计算方法。

3. 素质目标

(1)养成细心、全面认识问题的学习态度。

(2)养成善于动脑，勤于思考，及时发现问题的学习习惯。

2.1.2　工作任务

(1)梳理编制班计划的相关知识。

(2)掌握班计划的内容。

(3)熟悉编制班计划所需的资料。

(4)学会编制班计划基本方法。

2.1.3　相关配套知识

1. 车站班计划的主要内容

车站班计划一般包括以下内容。

(1)列车到达计划：各方向到达的列车车次(划分车场的车站要有场别)、时分、机车型号、机车号、编组内容(去向别重车数、车种别空车数、到达本站重车数)。

(2)列车出发计划：发往各方向的列车车次(划分车场的车站要有场别)、时分、机车交路及型号、机车号、编组内容(去向别重车数、车种别空车数)、车流来源。

(3)卸车计划：全站卸车数、主要卸车点大宗货物卸车数、卸后空车用途。

(4)装车计划：全站装车数、主要装车点大宗货物品类、车种、去向别的装车数、配空来源、挂运车次。

“五定”班列及直达、成组装车各主要装车点品类、车种、去向别的装车数、配空来源、挂运车次。

(5)客车底取送、摘挂、调转的车次、时间、车种、辆数。

(6)班任务主要包括：

货车出入总数，阶段运用车计划，货车平均中转时间，货车一次货物作业平均停留时间。

全站及各场别的到、发列数,编、解列数,无调直通列数。

各货场和专用线别的装、卸车数。

检修车扣修及取送车计划,站、段、厂修竣车数,货车备用及解除计划。

(7)厂、矿、港交接站和国境站货车交接次数、时间、车种、辆数。

(8)工务、电务、供电施工计划。

(9)其他临时重点任务。

编制车站班计划可利用"车站班计划表"(运站2)进行,"车站班计划表"的栏目应包括车站班计划涉及的所有内容,由于各站具体作业内容不尽相同,因此各站的"车站班计划表"的栏目也不尽相同,但是至少应包括附页"乙站班计划表"中所列的栏目。

乙站班计划表,见表2.1。

2. 车站班计划的编制步骤

班计划由分管(副)站长(调度室主任或运转主任)亲自编制。车站班计划编制步骤如下:

(1)向调度所报告有关资料

车站值班站长(调度室主任或车站调度员)每天将15:00(3:00)至18:00(6:00)本站出发列车计划和编组内容及预计18:00(6:00)的全站现车数、去向别重车数(其中到本局和邻局管内摘挂车流分到站)、车种别空车数、本站作业车数,按铁路局规定时间报告铁路局调度所(计划调度员),与其核对15:00(3:00)至18:00(6:00)本站到达列车计划,共同确定18:00(6:00)至21:00(9:00)车站到、发列车计划,提出编制班计划的建议。

(2)收集编制资料

车站值班站长或有关人员,每日按车站规定时间,将编制车站班计划所需资料,提供给分管副站长(调度室主任或运转主任),内容主要包括:

①全站18:00(6:00)的现在车数。

根据15:00(3:00)当时的有关现在车资料和15:00—18:00(3:00—6:00)列车到发、取送等资料,即可推算出18:00(6:00)时到发场、调车场、货场作业地点和车辆作业地点按去向的重车数和按车种的空车数。

②到达列车占用线别,待解车次、时间、编组内容。

③待发列车占用线别,出发作业准备情况。

④第一个阶段计划内到达列车预确报。

⑤日装车计划及大宗货物的品类、去向、车种、车数和装车地点,预计18:00(6:00)待装卸、取送、挂运车次、去向、货源、货位、装卸人力及空车用途等。

⑥场间待交换车数,预计18:00(6:00)的交换车数。

⑦货车扣修及修竣计划。

⑧预计各方向机车台数、型号、交路计划。

⑨调车机车作业进度、预计整备时间,分类线运用情况。

⑩设备维修、施工要点、其他临时重点任务及调度命令、指示。

车站值班站长(调度室主任或车站调度员)每日按规定时间,抄收铁路局调度所下达的班计划。内容主要包括:

①各方向到达的列车车次、时分、编组内容(去向别重车数、车种别空车数、本站作业车数)。

表 2-1 乙站班计划表

2012 年 3 月 18 日(18:01—6:00)　　站长　　副站长

列车到达计划

方向	车次	到达时间	编组内容 甲方向 甲及其以远	甲方向 乙—甲间	丙方向 丙及其以远	丙方向 乙—丙间	乙站卸 货场	乙站卸 机务段	空车 P	空车 C	合计
上班结存			21	48	21	30	29	20			169
甲方向	30001	18:20			25	21	10				56
甲方向	21009	20:35			56						56
甲方向	30003	21:05			35	10	10				55
甲方向	21011	22:00			56						56
甲方向	30005	1:15			35	10	10				55
甲方向	21013	1:40			56						56
甲方向	30007	3:30			30	25					55
甲方向	21015	4:00			56						56
丙方向	21010	18:58	56								56
丙方向	30022	20:10	45	11							56
丙方向	21012	22:10	56								56
丙方向	30024	0:20	30	15			10				55
丙方向	21014	1:10	56								56
丙方向	30026	2:10	36	20							56
丙方向	30028	4:30	35				20				55
丙方向	21016	5:05	56								56

列车出发计划

方向	车次	出发时间	编组内容及车流来源	合计辆数
丙方向	40005	19:15	站存/30	30
丙方向	30021	20:45	站存/21 30001/25 作业车 P/10	56
丙方向	21009	21:25	原列/56	56
丙方向	21011	22:45	原列/56	56
丙方向	30023	0:25	30003/35 空 C/20	55
丙方向	40007	1:20	30001/21、30003/10	31
丙方向	21013	2:25	原列/56	56
丙方向	21015	4:45	原列/56	56
丙方向	30025	5:25	作业车/20 30005/35	55
甲方向	40002	18:25	站存/43	43
甲方向	21010	19:48	原列/56	56
甲方向	30002	22:25	站存/21 30022/35	56
甲方向	21012	23:00	原列/56	56
甲方向	21014	2:00	原列/56	56
甲方向	40004	2:30	站存/5 30022/11 30024/15 作业车 C/9	40
甲方向	30004	4:40	30022/10 30024/30 30026/16	56
甲方向	21016	5:55	原列/56	56

推算中停时间

时间＼项目	计划中时 到达	计划中时 出发	计划中时 结存	计划停时 到达	计划停时 出发	计划停时 结存
18 点结存			110			59
18:01—19:00	102	33	179	10	10	59
19:01—20:00		86	93			59
20:01—21:00	112	46	159		10	49
21:01—22:00	101	56	204	10		59
22:01—23:00	56	168	92			59
23:01—00:00			92			59
00:01—1:00	45	35	102	10	20	49
1:01—2:00	157	87	172	10		59
2:01—3:00	56	87	141		9	50
3:01—4:00	111		252			50
4:01—5:00	35	112	175	20		70
5:01—6:00	56	91	140		20	50
合计	831	801	1 801	60	69	672

中停时	中转车数	中时	作业次数	停时
	816	2.2	99	6.8

班工作总任务

到达	出发列数	解体列数	编组列数	装车数
16	17	8	9	39
卸车数	**排空数**	**中时**	**停时**	**办理车数**
60	20	2.2	6.8	1 761

重点指示

卸车计划

卸车地点	车种车数	到达车次	卸后安排
货场	C10	上班待送	卸后装丙
货场	C10	30001	卸后装丙
货场	C10	30003	
货场	C10	30024	
机务段	C20	上班待卸	卸后 30023 排空

排空计划

排空车次	车种车数	空车来源
30023	C20	机务段上班待卸

装车计划

装车地点	去向	车种车数	空车来源	挂运车次
货场	丙	P10	上班待装	30021
货场	丙	C10	上班待送卸后装	30025
货场	丙	C10	30001 次到达	30025
货场	乙—甲	C9	上班待装	40004

②发往各方向的列车车次、时分、机车交路及型号、机车号,编组内容(去向别重车数,车种别空车数,直达、成组车数),编组要求、车流来源、特种车辆及货物的编挂限制。

③摘挂列车的装卸、甩挂作业计划。

④按发货单位、品名、到站别的装车(包括直达和成组装车)计划及空车来源。

⑤卸车数(整列货物品名、收货人)及排空任务。

⑥施工计划。

(3)编制车站班计划

①列车到达计划。将路局调度所在班计划中下达的到达本站的列车车次、时分、编组内容,直接填记在计划表有关栏内。

②列车出发计划。根据路局调度所在班计划中下达的到达和出发列车编组内容,结合站存现在车情况推算出方向别车流,按列车编组计划和车站技术作业过程,确定车流来源计划,连同出发列车车次、时间、机车使用计划,一并填入班计划表有关栏内。

列车出发计划是班计划的核心内容。其中出发列车车次和时分是调度所作为任务下达的,车站编制列车出发计划主要是确定每一出发列车的具体编组内容和车流来源,出发列车的车流来源,如图 2.1 所示。

出发列车车流来源:
- 已在编组线集结的车
- 到发线待发的车
- 本站到达的中转车
- 本站可挂出的有效作业车
- 修竣车

图 2.1　出发列车车流来源

③卸车和排空计划。根据路局班计划中下达的卸车任务,对待卸车和有确报的到卸车安排卸车地点、卸车时间、空车用途和排空车次,对本班预计到达的整列货物,作出相应安排,填记在班计划表有关栏内。排空车计划一般按照调度所下达的任务确定,并按指定排空车次、车种、车数进行安排。

④装车计划。根据日装车计划安排装车地点、配空来源、装完时间和挂运车次,对剧毒、易燃、鲜活、易腐等重点物资应优先配车装运。

确定每一列车的编组内容应以列车编组计划为依据,当列车可编入多于一个到站的车流时,应根据具体的车流条件选定。列车编组辆数应根据列车运行图规定的该区段列车牵引定数、列车计长概算编组辆数。

⑤停留时间指标计划。推定货车中转和一次货物作业平均停留时间,填记在班计划表有关栏内。

中转车平均停留时间(简称中时)和货物作业车一次货物作业平均停留时间(简称停时)。其公式为:

中转车平均停留时间($t_{中}$):

$$t_{中}=\frac{\text{本班中转车总停留车小时}}{\text{本班中转车总数}} \tag{2.1}$$

中转车总停留车小时=每小时结存中转车数之和。

每小时结存中转车数=前一小时结存数+本小时到达中转车数-本小时出发中转车数。

$$\text{中转车总数}=\frac{\text{每小时到达中转车数之和}+\text{每小时出发中转车数之和}}{2} \tag{2.2}$$

一次货物作业平均停留时间($t_{货}$):

$$t_{货}=\frac{\text{本班作业车总停留车小时}}{\text{本班装卸车次数}} \tag{2.3}$$

作业车总停留车小时＝每小时结存作业车数之和。

每小时结存作业车数＝前一小时结存数＋本小时到达作业车数－本小时出发作业车数。

(5)重点事项。根据班计划任务的关键加以确定，主要有：超限、剧毒品车辆的运行条件和安全措施，方案、核心列车的装车、编组，保证安全、正点，组织快速中转和机车折返，压缩中、停指标和超额完成运输生产任务等。

典型工作任务2　编制车站班计划

2.2.1　教学目标

1. 能力目标

通过学习，要求对车站班计划的编制有全面的认识，并要求：

(1)会编制班计划的列车到达计划。

(2)会编制班计划的列车出发计划。

(3)会编制班计划的装车、卸车和排空计划。

(4)会填写班计划的重点任务和上级指示。

(5)会综合考虑班计划的整体安排。

2. 知识目标

通过学习，要求：

(1)掌握列车到达计划的编制方法。

(2)掌握列车出发计划的编制方法。

(3)掌握装车、卸车和排空计划的编制方法。

3. 素质目标

(1)养成细心、全面认识问题的学习态度。

(2)养成全局的观念。

(3)养成善于动脑，勤于思考，及时发现问题的学习习惯。

2.2.2　工作任务

(1)编制班计划中的列车到达计划。

(2)编制班计划中的列车出发计划。

2.2.3　相关配套知识

1. 乙站班计划编制资料

根据以下资料，编制乙站3月18日18:00—6:00的班计划。

(1)乙站衔接区段及车站平面布置情况，如图2.2、图2.3所示。

(2)乙站线路固定使用情况，见表2.2。

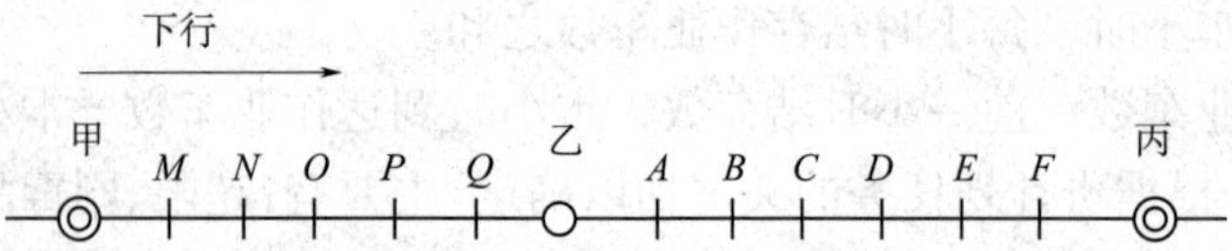

图 2.2　乙站衔接区段示意图

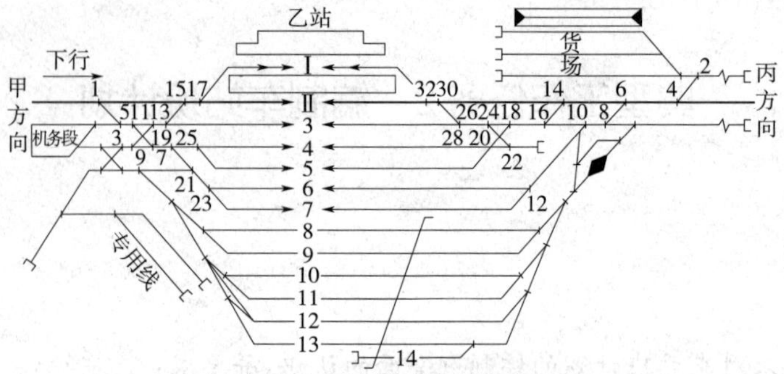

图 2.3　乙站平面示意图

表 2.2　乙站线路固定使用情况

股道	容车数	固定用途	股道	容车数	固定用途
1	65	旅客列车到发	9	75	乙—甲间
3	65	无调中转列车到发	10	70	丙及其以远、空车
4	65	无调中转列车到发	11	70	乙—丙间
5		机车走行线	12	65	特种车
6	68	改编列车到发	13	60	本站作业车
7	68	改编列车到发	14	30	站修线
8	75	甲及其以远	Ⅰ牵	60	Ⅰ调解编

(3)乙站各项作业时间标准

乙站《站细》规定的各项技术作业时间标准为:无改编中转列车技术作业时间 45 min,到达作业 35 min,出发作业 25 min,解体作业 30 min,解编结合 40～50 min,编组作业 30 min,货场取送 30 min,机务段取送 20 min,双重作业的调移时间 15 min,交接班 30 min,调车机车入段整备 45 min,卸车 1.5 h,装车 2.5 h。

(4)乙站列车编组计划,见表 2.3。

表 2.3　乙站列车编组计划

发站	到站	编组内容	列车种类	车次范围	附注
甲	丙	丙及其以远	直通	21001～21021	55～56 辆
丙	甲	甲及其以远	直通	21002～21022	55～56 辆
乙	甲	甲及其以远	区段	30002～30030	55～56 辆
乙	甲	乙—甲间站顺	摘挂	40002～40010	
乙	丙	1. 丙及其以远 2. 空车	区段	30001～30029	55～56 辆
乙	丙	乙—丙间站顺	摘挂	40001～40009	

(5)预计18点站内现车及分布情况如下。

到发线:6道停有待发列车40002,其编组内容及编成辆数为:乙—甲/43,其中10辆为本站自装车。

调车线:8道停有甲及其以远21辆;9道停有乙—甲间5辆;10道停有丙及其以远21辆;11道停有乙—丙间30辆;13道待送货场卸的重敞车10辆。

货场:正在装丙/P10和乙—甲/C9,预计最迟18:30装完。

机务段:正在卸C20,预计19:00卸完。

预计18点站内现车及分布情况,汇总后,见表2.4。

表2.4 预计18点站内现车及分布情况

去向 地点	甲及其以远	乙—甲间	丙及其以远	乙—丙间	本站作业车	备注
到发场		33/10			10	其中10辆为本站自装
调车场	21	5	21	30	C10	其中调车场13道有10辆待送货场卸车
货场					C9 P10	正在装车,C9装车去向乙—甲间 P10装车去向丙及其以远 预计最迟18:30装完
机务段					C20	正在卸车,预计19:00卸完

(6)列车到达计划,见表2.5。

表2.5 列车到达计划表

方向	车次	到达时刻	编组内容					
			甲及以远	乙—甲间	丙及以远	乙—丙间	本站卸车	合计
甲方向	30001	18:20			25	21	C10	56
	21009	20:35			56			56
	30003	21:05			35	10	C10	55
	21011	22:00			56			56
	30005	1:15			35	10	P10	55
	21013	1:40			56			56
	30007	3:30			30	25		55
	21015	4:00			56			56
丙方向	21010	18:58	56					56
	30022	20:10	45	11				56
	21012	22:10	56					56
	30024	0:20	30	15			C10	55
	21014	1:10	56					56
	30026	2:10	36	20				56
	30028	4:30	35				C20	55
	21016	5:05	56					56

(7)列车出发计划,见表2.6。

表 2.6 列车出发计划表

方向	车次	时刻	方向	车次	时刻
丙方向	40005	19:15	甲方向	40002	18:25
	30021	20:45		21010	19:48
	21009	21:25		30002	22:25
	21011	22:45		21012	23:00
	30023	0:25		21014	2:00
	40007	1:20		40004	2:30
	21013	2:25		30004	4:40
	21015	4:45		21016	5:55
	30025	5:25			

(8)装车、卸车及排空任务

卸车任务:规定本班应完成卸车数 60 辆,卸车地点均为货场。

排空任务:本班要求 30023 次排空敞车 20 辆至丙站

装车任务:调度所 3 月 17 日批准乙站 18 日装车 81 辆,车站安排 3 月 18 日第一班计划用敞车装乙—甲间 9 辆、丙及其以远 20 辆,用棚车装丙及其以远 10 辆,合计本班装车 39 辆。

2. 编制列车到达计划

列车到达计划是调度所作为班工作任务布置给车站的。因此,列车到达计划的编制比较简单,只需“过表”,即将到达列车的预确报内容直接填记到车站班计划表的“列车到达计划”栏内。

3. 分析本站自编始发列车的车流来源

本站自编始发的列车,其车流来源需要根据车站的具体情况逐一落实确定,自编始发列车车流来源有可能是站存车、到达列车中的有调中转车和本站货物作业车等,落实每趟自编始发列车车流来源时,需满足列车编组计划和运行图的有关规定,如列车编组内容、车流去向和区段列车牵引定数要求等,车流推算重点考虑可编入的每支车流的最短接续时间。

(1)上班结存车

①本班开始时,已在出发场待发列车中的全部货车,此时,列车已经编组完毕,只需按运行图规定时间出发即可。

乙站班计划开始时,在到发场待发的乙—甲间 43 辆车,按运行图规定时间安排出发即可。

②本班开始时,已在调车场集结的货车,可编入最早出发列车的接续时间为:

$$t_{接续}=t_{编}+t_{发}$$

乙站班计划开始时,在调车场集结的甲/21、乙—甲/5、丙/21、乙—丙/30,其最短接续时间为:

$t_{接续}=t_{编}+t_{发}=30+25=55(\text{min})$,即可编入 18:00+0:55=18:55 最早出发的对应列车中。

③本班开始时,已在到达场待解车列中的有调中转车,可编入最早出发列车的接续时间为:

$$t_{接续}=t_{解}+t_{编}+t_{发}$$

④本班开始时，已在到达场待解车列中的货物作业车，可编入最早出发列车的接续时间为：

一次货物作业：$t_{接续}=t_{解}+t_{送}+t_{装(卸)}+t_{取}+t_{编}+t_{发}$

双重货物作业：$t_{接续}=t_{解}+t_{送}+t_{卸}+t_{调移}+t_{装}+t_{取}+t_{编}+t_{发}$

⑤本班开始时，已在装卸作业地点待取的货物作业车，可编入最早出发列车的接续时间为：

$$t_{接续}=t_{取}+t_{编}+t_{发}$$

乙站班计划开始时，在货场正在装车C9(去向乙—甲间)、P10(丙及其以远)，预计18:30装完，其最短接续时间为：$t_{接续}=t_{取}+t_{编}+t_{发}=30+30+25=85$(min)=1 h 25 min，即可编入18:30+1:25=19:55最早出发的对应列车中。

乙站班计划开始时，在机务段正在卸车的C20，预计19:00卸完，其最短接续时间为：$t_{接续}=t_{取}+t_{编}+t_{发}=20+30+25=75$(min)=1 h 15 min，即可编入19:00+1:15=20:15最早出发的对应列车中。

⑥在调车场待送的货物作业车，可编入最早出发列车的接续时间为：

$$t_{接续}=t_{送}+t_{装(卸)}+t_{取}+t_{编}+t_{发}$$

乙站班计划开始时，在调车场13道待送的本站作业车C10辆，其最短接续时间为：$t_{接续}=t_{送}+t_{卸}+t_{取}+t_{编}+t_{发}=30+90+30+30+25=205$(min)=3 h 25 min，即可编入18:00+3:25=21:25最早出发的对应列车中。

综上所述，根据乙站班计划编制资料，可推算出乙站站存车最短接续时间及可编入最早出发列车时间，汇总情况见表2.7。

表2.7　乙站站存车最短接续时间及可编入最早出发列车时间

作业起始地点	存车情况	接续时间	可编入最早出发列车时间
到发线	乙—甲/43(其中本站自装10)	0 min	即将按运行图规定时间出发
调车场	甲/21　乙—甲/5　丙/21 乙—丙/30	55 min	18:55
	乙/C10(待送卸车)	3 h 25 min	21:25
货场	C9(正在装车，去向乙—甲间) P10(正在装车，去向丙及其以远)	1 h 25 min	19:55
机务段	C20	1 h 15 min	20:15

(2)本班陆续产生的车流

①陆续到达的有调中转车，可编入最早出发列车的接续时间为：

$$t_{接续}=t_{到}+t_{解}+t_{编}+t_{发}$$

根据乙站技术作业时间标准，$t_{接续}=t_{到}+t_{解}+t_{编}+t_{发}=35+30+30+25=120$(min)=2 h。

即在列车出发2h前到达的有调中转车可作为自编始发列车的车流来源。

②陆续到达的货物作业车，可编入最早出发列车的接续时间为：

一次货物作业车：$t_{接续}=t_{到}+t_{解}+t_{送}+t_{装(卸)}+t_{取}+t_{编}+t_{发}$

双重货物作业车：$t_{接续}=t_{到}+t_{解}+t_{送}+t_{卸}+t_{调移}+t_{装}+t_{取}+t_{编}+t_{发}$

根据乙站技术作业时间标准，一次货物作业车：$t_{接续}=t_{到}+t_{解}+t_{送}+t_{装(卸)}+t_{取}+t_{编}+t_{发}=35+30+30+90(150)+30+30+25=270(330)$min=4 h 30 min(5 h 30 min)

双重货物作业车：$t_{接续}=t_{到}+t_{解}+t_{送}+t_{卸}+t_{调移}+t_{装}+t_{取}+t_{编}+t_{发}=35+30+30+90+15+$

150+30+30+25=435 min=7 h 15 min,即,货车自到达车站起至卸后装完再编入列车,其最短接续时间为 7 h 15 min。

乙站 30001 次 18:20 到达,列车编组中有到达本站卸车 C10,如 C10 在本站卸后装,则其能编入最早自编始发列车的出发时间为:18:20+7:15=1:35。

③在装卸地点待装卸的货物作业车,可编入最早出发列车的接续时间为:

一次货物作业:$t_{接续}=t_{装(卸)}+t_{取}+t_{编}+t_{发}$

双重货物作业:$t_{接续}=t_{卸}+t_{调移}+t_{装}+t_{取}+t_{编}+t_{发}$

④修竣车或解除备用的货车

陆续修竣的车与解除备用的货车,根据装车或编组需要及各项技术作业时间标准,确定其可编入的最早出发列车的接续时间。

4. 编制列车出发计划

列车出发计划是班计划的核心内容,列车出发计划中的列车车次、出发时刻只需根据调度所的布置和运行图的规定,确定出发列车的编组内容和车流来源是车站编制列车出发计划的主要任务。

(1)确定无调中转列车的车流来源

无调中转列车在本站不解体也不编组,只在到发线上进行无调中转列车技术作业后即可出发,因此,其出发列车车流来源就是到达列车原列的编组内容。

乙站无调中转列车车流来源,见表 2.8。

表 2.8 乙站无调中转列车车流来源

列车到达计划				列车出发计划					接续时间
	车次	到达时间	编组内容		车次	出发时间	编组内容及车流来源	合计辆数	
甲方向	21009	20:35	丙/56	丙方向	20109	21:25	原列/56	56	0:50
	21011	22:00	丙/56		20111	22:45	原列/56	56	0:45
	21013	1:40	丙/56		20113	2:25	原列/56	56	0:45
	21015	4:000	丙/56		20115	4:45	原列/56	56	0:45
丙方向	21010	18:58	甲/56	甲方向	20110	19:48	原列/56	56	0:50
	21012	22:10	甲/56		20112	23:00	原列/56	56	0:50
	21014	1:10	甲/56		20114	2:00	原列/56	56	0:50
	21016	5:05	甲/56		20116	5:55	原列/56	56	0:45

(2)确定本站自编始发列车的编组内容与车流来源

①确定摘挂列车的编组内容及车流来源

通过对自编始发列车的车流来源分析,某支车流能否编入某次列车,一要符合列车编组计划的编组内容要求,如乙站 19:15 出发的 40005 次摘挂列车,其编组内容为乙—丙间车流;二要满足其最短的接续时间,如本班开始时在调车场集结的乙—丙/30,按照其最短接续时间,可编入最早出发列车的时间是 18:55,而 40005 次摘挂列车出发时间在 19:15,满足接续条件,因此可以确定 40005 次的车流来源为站存/30。

同样，分析 1:20 出发的 40007 次摘挂列车，其编组内容为乙—丙间车流，此时已无站存车可用，可以从随各次到达解体列车的有调中转车中，确定其车流来源。30001 次 18:20 到达，其中乙—丙/21，30003 次 21:05 到达，其中乙—丙/10，合计 31 辆。其最短接续时间为 2 h，也即可编入最早出发列车的时间是 23:05，而 40007 次摘挂列车出发时间在 1:20，满足接续条件，因此可以确定 40007 次的车流来源为 30001/21、30003/10。

乙站各方向摘挂列车编组内容与车流来源的确定过程，如图 2.4 所示。

作业起始地点	班计划开始站存车情况	接续时间	可编入最早出发列车时间
到发线	乙—甲 /43（其中本站自装 10）	0 min	按运行图规定时间出发
调车场	甲/21　乙—甲 /5　丙/21　乙—丙 /30	55 min	18:55
调车场	乙/C10（待送卸车）	3 h 25 min	21:25
货场	C9（正在装车，去向乙—甲间） P10（正在装车，去向丙及其以远）	1 h 25 min	19:55
机务段	C20	1 h 25 min	20:25

列车到达计划				列车出发计划			
	车次	出发时间	编组内容		车次	出发时间	编组内容及车流来源
甲方向	30001	18:20	丙/25　乙—丙/21　乙/C10	丙方向	40005	19:15	站存/30
甲方向	30003	21:05	丙/35　乙—丙/10　乙/C10	丙方向	30021	20:45	
甲方向	30005	1:15	丙/35　乙—丙/10　乙/P10	丙方向	30023	0:25	
甲方向	30007	3:30	丙/30　乙—丙/25	丙方向	40007	1:20	30001/21　30003/10
甲方向				丙方向	30025	5:25	
丙方向	30022	20:10	甲/45　乙—甲/11	甲方向	40002	18:25	站存/43
丙方向	30024	0:20	甲/30　乙—甲/15　乙/C10	甲方向	30002	22:25	
丙方向	30026	2:10	甲/36　乙—甲/20	甲方向	40004	2:30	站存/5　30022/11　30024/15　作业车/9
丙方向	30028	4:30	甲/35　乙/C20	甲方向	30004	4:40	

图 2.4　乙站出发摘挂列车的编组内容与车流来源

②确定区段列车的编组内容及车流来源

如乙站 20:45 出发的 30021 次区段列车，其编组内容为丙及其以远车流，本班开始时在调车场集结的丙/21，按照其最短接续时间，可编入最早出发列车的时间是 18:55，满足接续时间，因此 30021 次的车流来源之一为站存/21。到达解体列车 30001 次 18:20 到达，其中丙/25 为有调中转车，其最短接续时间为 2 h，也即可编入最早出发列车的时间是 20:25，满足接续时间，30021次车流来源之二为30001/25。根据装车作业计划，班计划开始时货场有正在装车去丙及其以远P10，按其接续时间，最早可编入19:55出发的列车，也满足接续时间，30021次车流来源之三为本站作业车P10。

同理，可以确定30023次、30025次、30002次、30004次列车的车流来源。

乙站区段列车编组内容与车流来源的确定过程，如图2.5所示。

作业起始地点	班计划开始站存车情况	接续时间	可编入最早出发列车时间
到发线	乙—甲/43（其中本站自装10）	0 min	即将按运行图规定时间出发
调车场	甲/21　乙—甲/5　丙/21　乙—丙/30	55 min	18:55
	乙/C10（待送卸车）	3 h 25 min	21:25
货场	C9（正在装车，去向乙—甲间） P10（正在装车，去向丙及其以远）	1 h 25 min	19:55
机务段	C20	1 h 25 min	20:25

列车到达计划				列车出发计划			
	车次	出发时间	编组内容		车次	出发时间	编组内容及车流来源
甲方向	30001	18:20	丙/25　乙—丙/21　乙/C10	丙方向	40005	19:15	
	30003	21:05	丙/35　乙—丙/10　乙/C10		30021	20:45	站存/21　30001/25 作业车 P/10
	30005	1:15	丙/35　乙—丙/10　乙/P10		30023	0:25	30003/35　空C/20
	30007	3:30	丙/30　乙—丙/25		40007	1:15	
					30025	5:25	作业车/20　30005/35
丙方向	30022	20:10	甲/45　乙—甲/11	甲方向	40002	18:25	
	30024	0:20	甲/30　乙—甲/15　乙/C10		30002	22:25	站存/21　30022/35
	30026	2:10	甲/36　乙—甲/20		40004	2:30	
	30028	4:30	甲/35　乙/C20		30004	4:40	30022/10　30024/30 30026/16

图2.5　乙站出发区段列车编组内容与车流来源

5. 编制卸车、排空、装车计划

(1)卸车计划

车站作业计划的编制应坚持“一接、二卸、三排、四装”的运输组织原则，卸车工作是运输工作中的一个重要环节，是完成排空和装车计划的重要保证。卸车计划主要包括：卸车地点、卸空时间、空车用途和排空车次等。

编制车站卸车计划就是按照铁路局调度日(班)计划规定的卸车任务，确定本班卸车的来源和本班的有效卸车数(有效卸车是指能在本班结束前卸完的车)，确保完成铁路局调度日(班)计划规定的卸车任务。卸车计划是根据所卸车辆到达时分和到、解、送、卸作业时间标准，考虑货物品名、卸车能力及各种等待时间等因素确定。

铁路局下达乙站的卸车任务：规定本班应完成卸车数 60 辆，卸车地点均为货场。根据班计划开始时作业车分布及各项作业时间标准情况，可以推算班计划开始时待卸车能否有效卸车，见表 2.9；根据本班陆续到达本站作业车及各项作业时间标准情况，可以推算出陆续到达本站作业车能否有效卸车，见表 2.10。

表 2.9　待卸车有效卸车数推算表

作业地点	班计划开始作业车情况	最短接续时间	最早卸空时间	有效卸车数
调车场	乙/C10(待送卸车)	$t_{接续}=t_{送}+t_{卸}$ =30+90=120(min) =2 h	20:00	10
机务段	C20 (正在卸)	=1 h	预计 19:00 卸完	20

表 2.10　陆续到达本站作业车有效卸车数推算表

列车到达计划				最短接续时间	最早卸空时间	有效卸车数
	车次	出发时间	编组内容			
甲方向	30001	18:20	丙/25　乙—丙/21 乙/C10	$t_{接续}=t_{到}+t_{解}+t_{送}+t_{卸}$ =35+30+30+90 =185(min)=3 h 05 min	21:25	10
	30003	21:05	丙/35　乙—丙/10 乙/C10	同上	0:10	10
	30005	1:15	丙/35　乙—丙/10 乙/P10	同上	4:20	
	30007	3:30	丙/30　乙—丙/25			
丙方向	30022	20:10	甲/45　乙—甲/11			
	30024	0:20	甲/30　乙—甲/15 乙/C10	$t_{接续}=t_{到}+t_{解}+t_{送}+t_{卸}$ =35+30+30+90 =185(min)=3 h 05 min	3:25	10
	30026	2:10	甲/36　乙—甲/20			
	30028	4:30	甲/35　乙/C20	同上	7:35	

根据以上推算，确定本班卸车计划，见表 2.11。

表 2.11　卸车计划表

卸车地点	车种车数	卸车来源	卸后用途
货场	C10	上班待送	
	C10	30001 到达	
	C10	30003 到达	
	C10	30024 到达	
机务段	C20	上班待卸	

(2)排空计划

这是一项任务性计划,由调度所在班计划编制过程中下达,车站应按指定车次、车种、车数,保质保量地完成。根据货车卸完的时间和排空列车出发的时间,即可确定排空所需空车的来源。

乙站本班要求 30023 次排空敞车 20 辆至丙站,经过分析机务段上班待卸空 C20,预计 19:00卸完,再结合其他空车来源、卸后用途及装车任务情况,确定将机务段上班待卸的空车用于 30023 次排空,以完成排空任务。

(3)装车计划

装车计划是以调度所批准的次日装车计划为依据,结合排空后剩余的空车情况作出的下一个班的装车任务。根据调度所批准的装车计划,车站 18:00(6:00)待装、空车来源和货源情况,在保证完成排空任务的前提下,具体确定本班到站别、品类别的装车数、空车来源及挂运车次。

装车货物的品类及去向,应先保重点,以班装车计划保证全日装车计划的完成。装车后的挂运计划,一般应按运输方案的规定或列车出发计划的需要安排装车进度和挂运。零星装车,应尽量组织同方向的货物同时装车,积零成组,集中挂运,扩大成组装车的比重,并使货物作业车与中转车相配合。

铁路局下达乙站的装车任务:调度所 3 月 17 日批准乙站 18 日装车 81 辆,车站安排 3 月 18 日第一班计划用敞车装乙—甲间 9 辆、丙及其以远 20 辆,用棚车装丙及其以远 10 辆,合计本班装车 39 辆。装车计划,见表 2.12。

表 2.12　装车计划表

卸车地点	装车去向	车种车数	空车来源	挂运车次
货场	丙	P10	上班待装	
	丙	C10	上班待送卸后装	
	丙	C10	30001 次到达卸后装	
	乙—甲	C9	上班待装	

典型工作任务 3　计算班计划指标

2.3.1　教学目标

1. 能力目标

通过学习,要求对车站班计划的指标有全面的认识,并要求:

(1)会查找班计划中分小时段到达的中转车数和本站作业车数。
(2)会查找班计划中分小时段出发的中转车数和本站作业车数。
(3)会查找班计划中上班结存的中转车数和本站作业车数。
(4)会计算班计划中每小时末结存的中转车数和本站作业车数。
(5)会计算班计划中全班中转车和货物作业车停留车小时。
(6)会计算班计划的中转车平均停留时间、一次货物作业平均停留时间的指标。

2. 知识目标

通过学习,要求:
(1)掌握班计划中中转车平均停留时间、一次货物作业平均停留时间的意义。
(2)掌握班计划中中转车平均停留时间的计算方法。
(3)掌握班计划中一次货物作业平均停留时间的计算方法。

3. 素质目标

(1)养成细心、全面认识问题的学习态度。
(2)养成善于动脑,勤于思考,及时发现问题的学习习惯。

2.3.2 工作任务

(1)查找班计划中上班结存的中转车数和本站作业车数。
(2)查找班计划中分小时段到达的中转车数和本站作业车数。
(3)查找班计划中分小时段出发的中转车数和本站作业车数。
(4)计算班计划中每小时末结存的中转车数和本站作业车数。
(5)计算班计划中转车和货物作业车停留车小时及中时、停时指标。

2.3.3 相关配套知识

编制完班计划的列车到达、出发、卸车、排空、装车等计划后,应推算本班预计完成的中时和停时,将推算的结果与班工作总任务规定的中时和停时指标进行比较,如果完不成规定的指标时,应进一步分析原因,采取相应措施,力争完成规定指标任务。

根据乙站班计划编制资料,根据以下步骤与方法推算:

1. 汇总上班结存车情况

分别汇总上班结存的中转车和本站货物作业车总数。

(1)中转车结存车数

本班开始时,到发线待发的40002次中,有33辆为中转车,调车场集结中转车小计77辆,有调中转车合计110辆。

(2)货物作业车结存车数

本班开始时,到发线待发的40002次中,有10辆为本站自装,调车场待送10辆,货场正在装车的19辆,机务段待卸的20辆,货物作业车合计59辆。

上班中转车和货物作业车结存车数推算,见表2.13。

2. 填记每小时段到达与出发的中转车和货物作业车数

每小时段到达的中转车和货物作业车。以18:01—19:00为例,该小时段到达的列车有

18:20 到达的 30001 次,18:58 分到达的 21010 次,到达的中转车数=25+21+56=102 辆,到达的货物作业车车数为 10 辆。同理,分别汇总其他小时段到达的中转车和货物作业车数,填入对应的栏目中。

表 2.13　中转车和货物作业车结存车数

作业地点	存车情况	中转车	货物作业车
到发线	乙—甲/43(其中本站自装 10)	33	10
调车场	甲/21　乙—甲/5　丙/21 乙—丙/30	77	
	乙/C10(待送卸车)		10
货场	C9(正在装车,去向乙—甲间) P10(正在装车,去向丙及其以远)		19
机务段	C20		20
	合计	110	59

每小时段出发的中转车和货物作业车数。以 18:01—19:00 为例,该小时段出发的列车有 18:25 出发的 40002 次,其列车编组内容中有 10 辆为本站自装车,因此该小时内出发的中转车数为 33 辆,出发的货物作业车数为 10 辆。同理,分别汇总其他小时段出发的中转车和货物作业车数,填入对应的栏目中。每小时段到达与出发的中转车和货物作业车数,见表 2.14。

3. 计算每小时结存的车数

以 18:01—19:00 为例,本小时末结存的中转车数=110+102−33=179,结存的货物作业车数=59+10−10=59,同理,依次推算其他小时末的结存中转车数与货物作业车数,分别填入对应的栏目中,见表 2.14。

4. 计算中停时指标

(1)计算中时

$$
\begin{aligned}
\text{中转车总停留车小时} &= \sum(\text{每小时末结存车数}\times 1)\\
&= 179+93+159+204+92+92+102+172+141+252+175+140\\
&= 1\,801(\text{车}\cdot\text{h})
\end{aligned}
$$

$$\text{本班到达中转车数}=102+112+101+56+45+157+56+111+35+56=831(\text{车})$$

$$\text{本班发出中转车数}=33+86+46+56+168+35+87+87+112+91=801(\text{车})$$

$$\text{中转车总数}=(831+801)/2=816(\text{车})$$

计算中时:

$$t_{\text{中}}=\frac{\text{本班中转车总停留车小时}}{\text{本班中转车总数}}=\frac{1801}{816}=2.2(\text{h})$$

(2)计算停时

$$
\begin{aligned}
\text{中转车总停留车小时} &= \sum(\text{每小时末结存车数}\times 1)\\
&= 59+59+49+59+59+59+49+59+50+50+70+50\\
&= 672(\text{车}\cdot\text{h})
\end{aligned}
$$

表 2.14　每小时段到发中转车与货物作业车及每小时末结存车数推算

方向	车次	到达时间	列车到达计划·编组内容·甲方向·甲及其以远	甲方向·乙—甲间	丙方向·丙及其以远	丙方向·乙—丙间	乙站卸·货场	乙站卸·机务段	合计	列车出发计划·车次	出发时间	编组内容及车流来源
上班结存			21	48	21	30	29	20	169			
甲方向	30001	18:20			25	21	10		56	40005	19:15	站存/30
甲方向	21009	20:35			56				56	30021	20:45	站存/21　30001/25 作业车 P/10
甲方向	30003	21:05			35	10	10		55	21009	21:25	原列/56
甲方向	21011	22:00			56				56	21011	22:45	原列/56
甲方向	30005	1:15			35	10	10		55	30023	0:25	30003/35　空 C/20
甲方向	21013	1:40			56				56	40007	1:20	30001/21　30003/10
甲方向	30007	3:30			30	25			55	21013	2:25	原列/56
甲方向	21015	4:00			56				56	21015	4:45	原列/56
甲方向										30025	5:25	作业车/20　30005/35
丙方向	21010	18:58	56						56	40002	18:25	站存/43
丙方向	30022	20:10	45	11					56	21010	19:48	原列/56
丙方向	21012	22:10	56						56	30002	22:25	站存/21　30022/35
丙方向	30024	0:20	30	15			10		55	21012	23:00	原列/56
丙方向	21014	1:10	56						56	21014	2:00	原列/56
丙方向	30026	2:10	36	20					56	40004	2:30	站存/5　30022/11 30024/15　作业车/9
丙方向	30028	4:30	35				20		55	30004	4:40	30022/10　30024/30 30026/16
丙方向	21016	5:05	56						56	21016	5:55	原列/56

推算中停时间·时间＼项目	计划中时·到达	计划中时·出发	计划中时·结存	计划停时·到达	计划停时·出发	计划停时·结存
18 点结存			110			59
18:01—19:00	102	33	179	10	10	59
19:01—20:00		86	93			59
20:01—21:00	112	46	159		10	49
21:01—22:00	101	56	204	10		59
22:01—23:00	56	168	92			59
23:01—00:00			92			59
00:01—1:00	45	35	102	10	20	49
1:01—2:00	157	87	172	10		59
2:01—3:00	56	87	141		9	50
3:01—4:00	111		252			50
4:01—5:00	35	112	175	20		70
5:01—6:00	56	91	140		20	50
合计						
中停时	中转车数		中时	作业次数		停时

本班货物作业次数=39+60=99(次)

计算停时:

$$t_{货}=\frac{\text{本班作业车总停留车小时}}{\text{本班装卸车次数}}=\frac{672}{99}=6.8(\text{h})$$

将以上数值汇总及推算出的中停时指标,填入车站班计划表对应的栏目中,见表 2.15。

表 2.15 班计划指标推算汇总表

推算中停时间						
项目 / 时间	计划中时			计划停时		
	到达	出发	结存	到达	出发	结存
18 点结存			110			59
18:01—19:00	102	33	179	10	10	59
19:01—20:00		86	93			59
20:01—21:00	112	46	159		10	49
21:01—22:00	101	56	204	10		59
22:01—23:00	56	168	92			59
23:01—00:00			92			59
00:01—1:00	45	35	102	10	20	49
1:01—2:00	157	87	172	10		59
2:01—3:00	56	87	141		9	50
3:01—4:00	111		252			50
4:01—5:00	35	112	175	20		70
5:01—6:00	56	91	140		20	50
合计	831	801	1801	60	69	672
中停时	中转车数		中时	作业次数		停时
	816		2.2	99		6.8

【例题 2.1】 已知资料:技术站乙站 18 点结存中转车 135,货物作业车 65,班计划 18:01~21:00 列车到发计划,见表 2.16,表 2.17。

(1)列车到达计划

表 2.16 乙站列车到达计划

车次	时间	中转车	作业车
20063	18:15	45	10
11106	18:20	55	
11103	19:05	55	
21400	19:55	35	20

(2)列车出发计划

表 2.17　乙站列车出发计划

车次	时间	中转车	作业车
31001	18:25	30	25
11106	19:10	55	
20064	20:00	35	20
11103	20:10	55	
21305	21:00	55	

(3)计划 18:01—21:00 完成装车 5 辆，卸车 15 辆

试推算乙站 18:01—21:00 中停时指标，推算过程填入表 2.18 中。

表 2.18　班计划指标推算表

时间	计划中时			计划停时		
	到达	出发	结存	到达	出发	结存
18 点结存						
18:01—19:00						
19:01—20:00						
20:01—21:00						
合计						

【解】

(1)先填记 18 点结存中转车和作业车车数，再填记每小时到达与出发的中转车和作业车车数，如 18:01—19:00 到达的中转车有 20063 次 18:15 到达的 45 车，11106 次 18:20 到达的 55 车，合计 100 车。18:01—19:00 出发的中转车有 31001 次 18:25 出发的 30 车，以此类推，分别填入表格相应的位置，见表 2.19。

表 2.19　班计划指标推算过程表

时间	计划中时			计划停时		
	到达	出发	结存	到达	出发	结存
18 点结存			135			65
18:01～19:00	100	30	205	10	25	50
19:01～20:00	90	90	205	20	20	50
20:01～21:00		110	95			50
合计	190	230	505	30	45	150

(2)推算中停时指标

中转车数＝(190＋230)/2＝210(车)

中转车停留车小时＝505(车·h)

中时＝ 505/210＝2.40(h)

货物作业次数＝ 5＋15＝20(次)

作业车停留车小时＝150(车·h)

停时＝150/20＝7.5(h)

项目小结

本项目介绍了车站一个班的基本计划——班计划的作用、内容、编制依据和编制方法。其中包括班计划的核心计划——列车出发计划在编制过程中如何落实车流来源，如何考虑车辆的接续时间；还包含了班计划中装车、卸车和排空计划的编制方法及班计划指标中中转车平均停留时间、一次货物作业平均停留时间的计算方法。

复习思考题

1. 车站作业计划包含哪几种？它们之间是什么关系？由谁编制？
2. 试述车站班计划的作用、主要内容、编制依据及编制方法。
3. 何谓车辆接续时间？其作用是什么？
4. 班计划的核心计划是什么？车流来源包括哪些方面？
5. 班计划指标包括哪些？如何计算？

项目 3　编制车站阶段计划

项目描述

阶段计划是班计划分阶段的具体安排，由车站调度员编制。一般情况下，每班编制 3～4 个阶段计划，亦即每个阶段计划为 3～4 h 的工作安排。

由于编制班计划的有些资料是 18:00(6:00)前预计的，而本班内陆续到达的列车，其编组内容、到达时刻以及货物作业车装卸进度、调车作业进度等都可能发生变化，因此，车站在执行班计划的过程中，根据当时的实际情况，具体安排各阶段工作，并根据变化情况及时采取调整措施，才能保证完成班计划的任务。因此，阶段计划是完成班计划的具体保证。

本项目主要介绍车站阶段计划的内容、编制依据与方法，技术作业图表填画及表示方法等。

拟实现的教学目标

1. 能力目标

在学习本项目后，要求对车站调车工作的安排有全面的认识，并要求：

(1)会设计并绘制车站技术作业图表。

(2)会落实各次出发列车的车流来源。

(3)会合理安排调车机车的作业。

(4)当车流发生波动时，会进行车流调整。

2. 知识目标

在学习本项目后，要求：

(1)掌握阶段计划的内容。

(2)掌握阶段计划编制的依据。

(3)掌握阶段计划编制的方法。

(4)掌握阶段计划编制时，当车流发生波动应采取的措施。

3. 素质目标

(1)养成诚实、守信、吃苦耐劳的品德。

(2)养成善于动脑，勤于思考，及时发现问题的学习习惯。

(3)养成细心、全面认识问题的学习态度。

(4)具有和车站行车工作各个工作环节的工作人员共事的团队意识，能进行良好的团队合作。

(5)养成作业安全的职业意识。

典型工作任务1 车站阶段计划认知

3.1.1 教学目标

1. 能力目标

在学习该工作任务后,要求:

(1)会描述阶段计划的内容及编制依据。

(2)会画出阶段计划编制时的各类表示方法。

(3)会描述车站阶段计划的编制方法。

2. 知识目标

在学习本工作任务后,要求:

(1)掌握阶段计划编制的意义。

(2)掌握阶段计划编制图表填画的表示方法。

(3)掌握阶段计划的内容及编制方法。

3. 素质目标

(1)养成细心、全面认识问题的学习态度。

(2)养成善于动脑,勤于思考,及时发现问题的学习习惯。

(3)养成全局的观念。

(4)培养与各部门、各工种协调配合的思想。

3.1.2 工作任务

(1)掌握阶段计划的内容、编制依据及编制方法。

(2)掌握编制阶段计划的图表填画及表示方法。

3.1.3 相关配套知识

1. 阶段计划的主要内容

阶段计划是保证实现班计划的行动计划,内容主要包括:

(1)各方向到达列车车次、时分、机车型号、机车号、进入场别、占用线别、编组内容、解体顺序和起止时分。

(2)发往各方向的列车车次、时分、机车交路及型号、机车号、编组内容、车流来源、占用发车场别、线别、编组作业起止时分。

(3)各货场及专用线别的卸车数、品名、收货人、送车时间、卸空时间、空车用途。

(4)各货场及专用线别的装车数、车种、品名、到站、空车来源、送入时间、装完时间、挂运车次。

(5)装载重点军用、超限超重、剧毒品等特种货物的车辆加挂车次、辆数、编挂限制。

(6)中转列车成组甩挂车次、时间、辆数、去向。

(7)各场(区)及货场、专用线间的车辆(包括检修、洗刷、倒装等车辆)的交换次数、取送地点、时间、辆数。

(8)客车底取送及摘挂的车次、时间、地点、车种、辆数。

(9)调车机运用和整备计划,驼峰解体、牵出线编组及取送作业的安排。

(10)施工和维修计划。

由此可见,阶段计划是班计划的进一步具体化。编制阶段计划时,应根据本站作业的特点,结合本阶段的工作重点进行全面细致的安排。按照列车编组计划的要求,把车流及时编成各种列车。按列车运行图发车是车站工作的中心,编制阶段计划时应围绕这一中心安排调车机车、到发线和其他设备的运用。

阶段计划格式如图 3.1 所示。

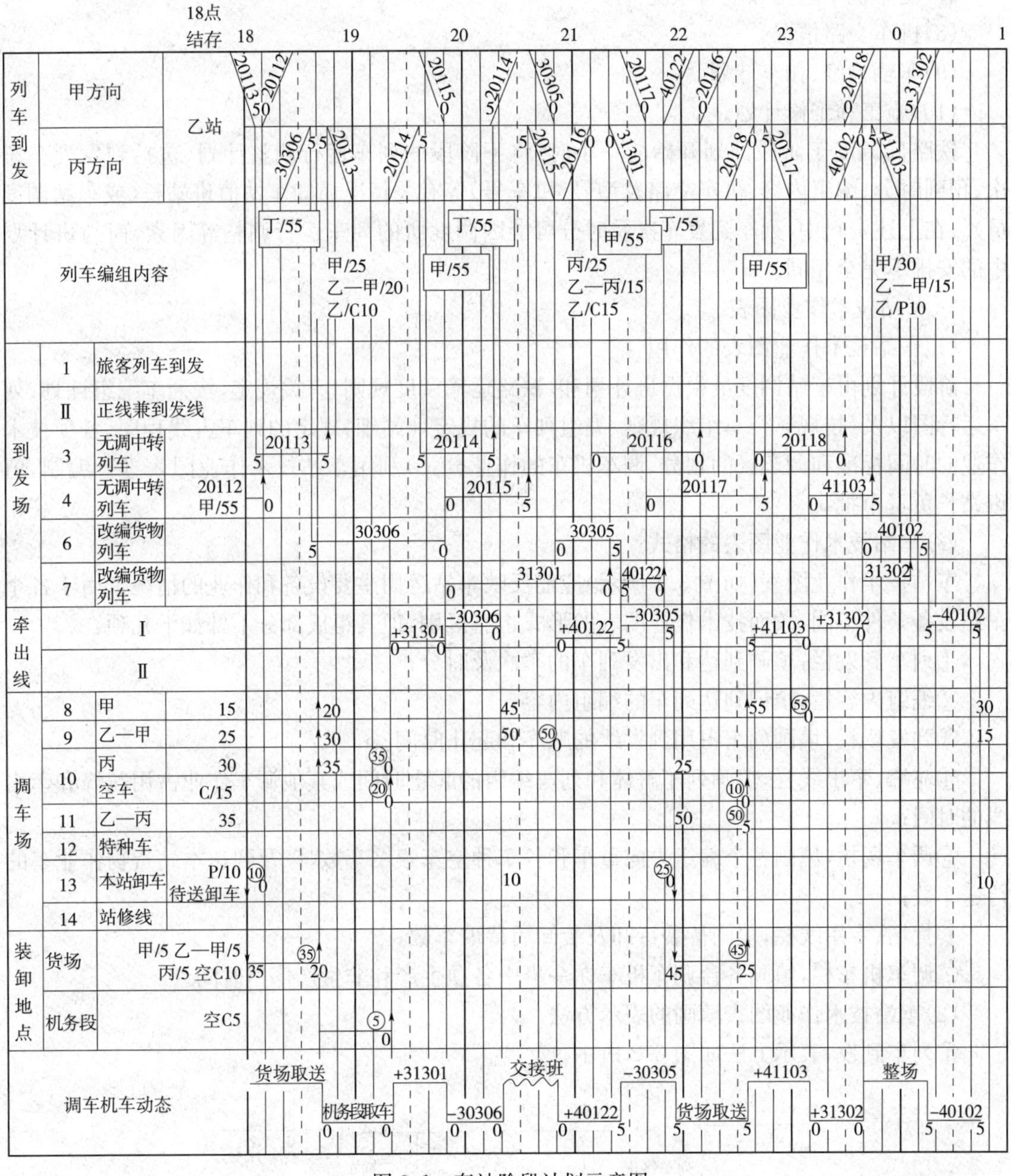

图 3.1 车站阶段计划示意图

2. 编制阶段计划所依据的资料

(1)列车到发和占线情况。

(2)现车分布状况。

(3)班计划规定该阶段内到发列车时分、编组内容。

(4)编组、解体、装车、卸车、取送和场间交换作业情况。

(5)到达列车预确报。

(6)调车场分类线使用情况。

(7)调车机车运用和整备状况。

(8)机车交路情况。

(9)车辆检修、扣车计划。

(10)施工和维修计划。

铁路局调度于阶段计划开始前一小时,将下阶段的列车运行调整计划(包括到发列车车次、预到时分、编组内容、机车交路及型号、机车号)等有关情况通知车站值班站长(或车站调度员)。在上述资料中,列车到发车次及时分可能因调度所的列车运行调整等因素,而与班计划中的安排不完全相同。

3. 车站技术作业图表

(1)车站技术作业图表的作用

阶段计划由车站调度员根据班计划和《铁路运输调度规则》有关规定,按列车编组计划、列车运行图以及《技规》《行车组织规则》编组列车的规定,《站细》规定的列车占线程序、各项技术作业的时间标准和调车区的划分、调车机车的作业分工,利用车站技术作业图表进行编制,值班站长负责审批。

(2)车站技术作业图表的格式

车站技术作业图表(如图 3.1 所示)应能反映车站运用主要设备和作业的情况。由于各个车站设备条件不同,故而技术作业图表的形式也有区别,但其组成部分不外如下几项:

①列车到发栏,填画到达和出发列车的车次及时分;

②编组内容栏,填记到达列车的编组内容;

③到发场栏,填画列车占用到发线的顺序和起止时间;

④驼峰、牵出线栏,填画列车解体和列车编组的起止时间或其他调车作业占用驼峰和牵出线的时间;

⑤调车场栏,填画各个编组去向重车和各车种空车集结车数,以及到达本站货物作业车的待送车数;

⑥货场、专用线栏,填画待装待卸及装卸后待取车数;

⑦调车机车栏,填画各台调车机车在一班中各项生产和非生产停留时间。

(3)车站技术作业图表填画的表示方法

①列车到发,表示方法如图 3.2 所示。

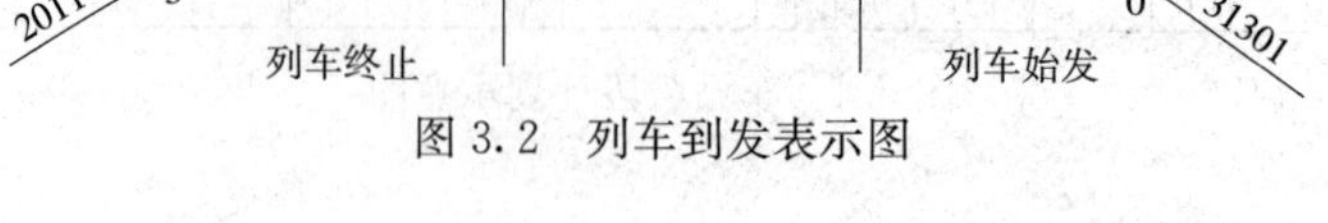

图 3.2 列车到发表示图

②列车技术检查和占用到发线的时间，表示方法如图 3.3 所示。

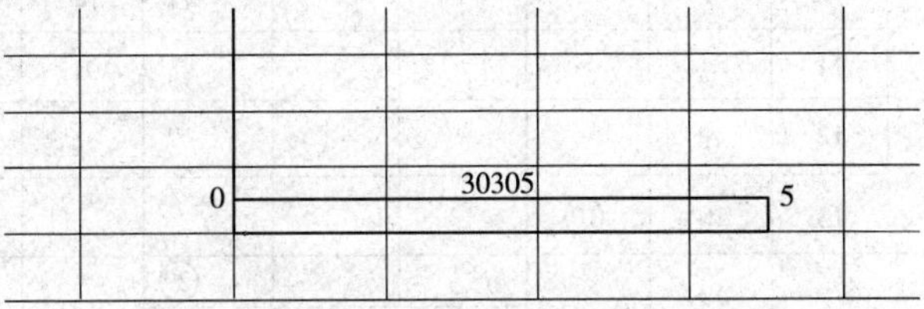

图 3.3　列车技术检查和占用到发线的时间表示图

③列车解体，表示方法如图 3.4 所示。

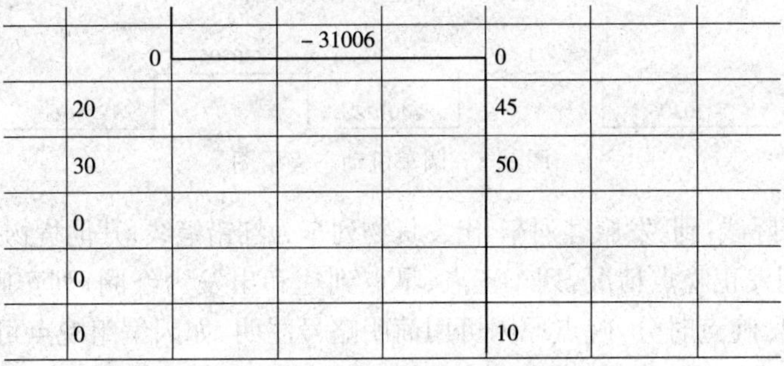

图 3.4　列车解体表示图

④列车编组，表示方法如图 3.5 所示。

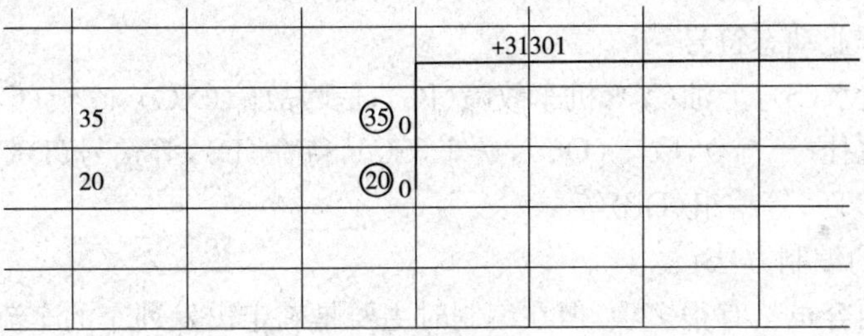

图 3.5　列车编组表示图

⑤列车编组内容，表示方法如图 3.6 所示。

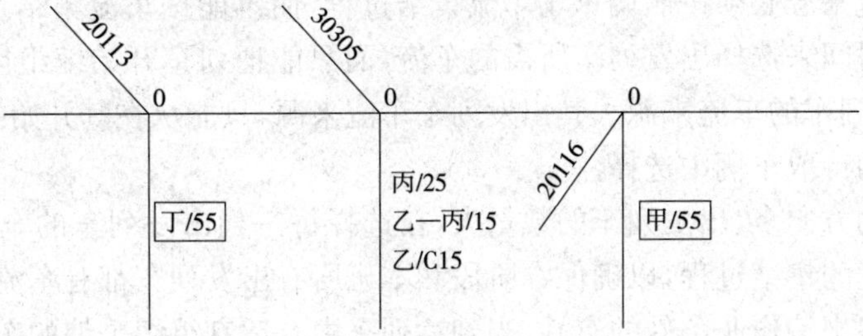

图 3.6　列车编组内容表示图

⑥取送作业，表示方法如图 3.7 所示。

⑦调车机动态，表示方法如图 3.8 所示。

(2)填画车站技术作业图表的有关说明

①列车到发计划线：黑铅笔线；

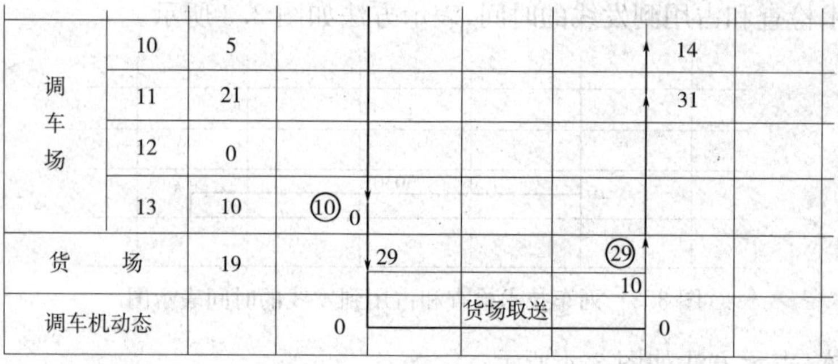

图 3.7　取送作业表示图

图 3.8　调车机动态表示图

②列车到发实际线:到、发旅客列车、出发货物列车为红铅笔线;其他货物列车为蓝铅笔线;

③列车实际到发正晚点情况:列车正点、早点到达和出发为红圈;列车晚点到达和出发为蓝圈。圈内注明早、晚点时分,晚点原因可用简明略号注明,如因编组晚点可只写“编”字。

④调车机车作业:计划线为黑直线;实际线为蓝直线。

⑤调车机车交接班:计划线为黑曲线;实际线为蓝曲线。

⑥调车机车非生产时间:吃饭为红曲线;其他为红直线。

⑦调车机车作业动态符号:

交接班(J),上水(S),上油(Y),机车故障(JG),信号故障(XG),吃饭(C),整备(ZB),解体(－),编组(＋),甩挂(－ ＋),取车(QC),送车(SC),待命(D),等信号(DX),等检(DJ),等装卸(ZX),等解体(DT),等编组(DB)等。

4. 阶段计划的编制方法

阶段计划的内容虽然有很多项,但在编制时主要是确定出发列车的车流来源、调车机车运用和到发线运用,这样三个互相联系的问题。

(1)确定出发列车的车流来源

出发列车车流来源必须按照调车场车流集结过程,而不能按车流集结过程确定。不能简单地按车辆接续时间来选择出发列车所需的车流,而只能把列车开始编组以前已解入调车场的车辆,作为出发列车的车流来源。其出发列车车流来源,只能从在其开始编组前能解体的待解车列和能取回的待取车辆中选择。

编组站衔接的方向多,出发列车的数量大,在选择每一列出发列车的车流来源的同时,应兼顾其他出发列车的集结过程,以确保本阶段和本班所有出发列车都有车流来源保证。

对于具有组织坐编作业条件的车站,当到达列车中有适宜组织坐编的车流时,应当先选为出发列车的车流来源,不足部分用调车场集结的车流补充,以减少调动的车数。

(2)调车机车运用计划

调车机车运用计划用于合理安排每台调车机车在本阶段必须完成的调车工作以及这些调车工作的时间,它是车站阶段计划中的关键内容。只有合理运用调车机车,正确组织编解取送,才能加速调车场的车辆集结过程,实现列车出发计划,并为完成装卸车任务和缩短货车停留时间创造条件。

调车机车运用计划就每台调车机车分别编制,但应尽可能使各台调车机车的作业在内容和时间方面相互配合。

①驼峰机车

驼峰机车的主要任务是解体车列,但在空闲时,也可安排其他作业,特别是协助牵出线进行车列编组。安排驼峰机车解体车列时,特别要注意与车列编组相配合,按照编组车列所需要的车流顺序解体车列。换言之,驼峰机车解体车列的顺序要适应牵出线机车编组车列的需要。

②牵出线机车

牵出线机车的主要任务是及时完成列车编组工作,以确保按照列车运行图规定的时刻发出列车。当某个到达站的车列已完成集结过程,且出发场又有空闲线路时,应及时安排机车进行编组作业,以便及时腾空调车线,保证驼峰不间断工作。摘挂列车编组所需时间较长,为了避免影响其他列车的编组,可以在调车机车空闲时安排预编摘挂列车。

③取送调车机车

取送调车机车运用计划主要是安排本阶段内取送车辆的地点和起讫时间。首先,应根据机车能力(可能的取送时间)、待送和待取车流及其用途,确定本阶段内取送的地点及次数。如果取送时间有限,而需取送的地点和车辆都较多时,应选择急需取回集结的车辆,以及送入大组车辆和卸后等用的车辆,并据此确定取车和送车的顺序和地点。一般情况下,取车时间应当在允许的时间范围内选择稍后一点的时间,以便取回更多的车辆。送车时间应选在使车辆等送时间小的时间,并保证不超过装卸后编入列车所容许的时间。

(3)到发线运用计划

到发线运用计划是规定本阶段内所有到发列车占用到、发场线路的计划。编制到发线运用计划时,主要应考虑下列因素:

①紧凑使用到发线

安排到、发列车占用到发线时,应充分利用每一条线路的能力,尽量减少空费时间,但是也应适当留有余地。为了充分挖掘到发线的潜力,增加到发线的通过能力和调整使用的机动性,必要时也可以安排长度较短且出发时刻相近的两列列车合用一条出发线,以及利用客车到发线或正线接发货物列车,但应以不影响客车到发和列车通过为原则。

②减少交叉干扰

编制到发线运用计划时,应当根据到发场咽喉布置情况,分析列车到发时间以及有关的编组或解体作业时间,合理地安排各次列车占用的到发线,以减免列车到发与调车作业进路的交叉干扰。

典型工作任务2　编制车站阶段计划

3.2.1　教学目标

1. 能力目标

通过学习,要求对车站的车流组织工作及调车工作有全面的认识,并要求:

(1)会设计车站技术作业图表。

(2)会铺画列车运行线并合理安排到发线的使用。

(3)会落实出发列车的车流来源。

(4)会合理安排调车机车的使用。

(5)当车流波动时,会采取合理的调整措施。

2. 知识目标

通过学习,要求:

(1)掌握车站技术作业图表的设计方法。

(2)掌握出发列车车流来源落实的方法。

(3)掌握车站固定设备使用的原则。

(4)掌握车流波动时,车站调度员采取的调整措施。

3. 素质目标

(1)养成细心、全面认识问题的学习态度。

(2)养成善于动脑,勤于思考,及时发现问题的学习习惯。

(3)养成全局的观念。

(4)养成确保作业安全的安全意识。

(5)培养与各部门、各工种协调配合的思想。

3.2.2 工作任务

(1)掌握车站技术作业图表的作用及设计方法。

(2)掌握编制阶段计划的相关技能。

3.2.3 相关配套知识

1. 乙站阶段计划编制资料

(1)乙站衔接区段及车站平面布置情况如图 3.9、图 3.10 所示。

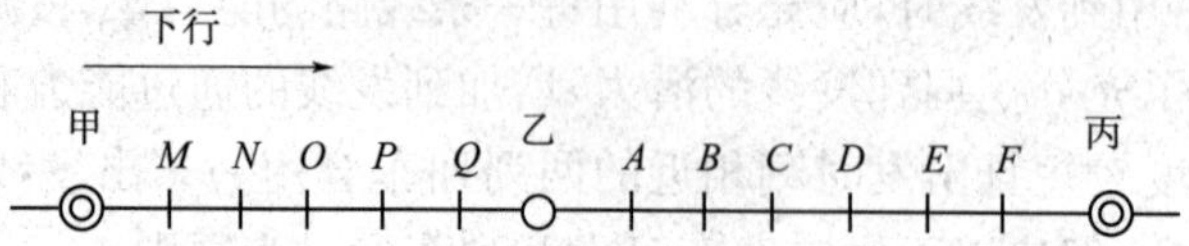

图 3.9 乙站衔接区段示意图

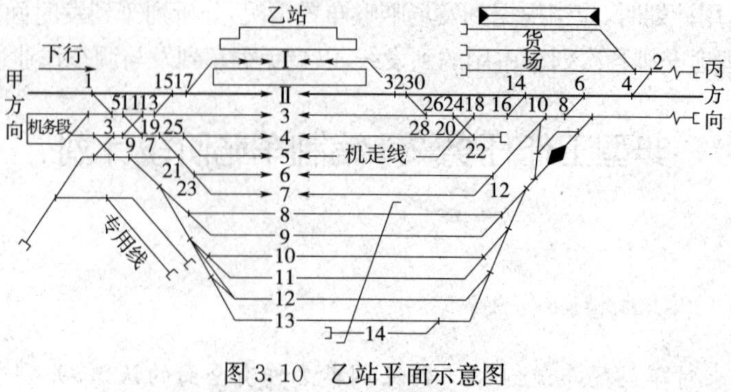

图 3.10 乙站平面示意图

(2)乙站线路固定使用方案见表 3.1。

表3.1 乙站线路固定使用方案

地点＼股道使用	股道	固定使用	容车数	地点＼股道使用	股道	固定使用	容车数
到发场	1	上下行旅客列车到发	65	调车场	8	甲及其以远	75
					9	乙—甲间	75
	2	正线	65		10	丙及其以远、空车	70
	3	无调中转列车到发	65		11	乙—丙间	70
	4	无调中转列车到发	65		12	特种车	65
	5	机车走行			13	本站卸车	60
	6	改编列车到发	70	牵出线	14	站修	35
	7	改编列车到发	70		Ⅰ牵		60

(3)18点车站结存车情况如下：

到发线4道:20112次甲/55

调车线：

8道甲/15

9道乙—甲/25

10道:丙/30,空/C15

11道:乙—丙/35

13道:P10(待送至货场卸车,卸空后41103挂运)

货场:甲/P5,乙—甲/P5,丙/P5(均为待取);空/C10(已卸空,装后装甲,挂运车次31302)

机务段:空/C5(已卸空)

(4)乙站配备调机1台,在Ⅰ牵作业。

(5)乙站各项作业时间标准

乙站《站细》规定的各项技术作业时间标准为:无调中转列车技术作业时间40 min,到达作业35 min,出发作业25 min,解体作业30 min,解编结合40～50 min,编组作业(区段列车)30 min,编组作业(摘挂列车)35 min,货场、机务段取送40 min,交接班30 min,吃饭30 min,卸车1 h,装车2 h。

(6)18:01～0:00到达列车确报见表3.2。

表3.2 乙站列车到达计划

方向	车次	到达时刻	编组内容
甲方向	20113	18:05	丁/55
	20115	19:50	丁/55
	30305	20:50	丙/25,乙—丙/15,乙/C15(货场)
	20117	21:40	丁/55
丙方向	30306	18:35	甲/25,乙—甲/20,乙/C10(货场)
	20114	19:35	甲/55
	20116	21:10	甲/55
	20118	22:40	甲/55
	40102	23:40	甲/30,乙—甲/15,乙/P10(货场)

(7)18:01—0:00 列车出发计划见表 3.3。

表 3.3 乙站列车出发计划

方向	车次	出发时刻	编组内容及车流来源
甲方向	20112	18:10	原列甲/55
	20114	20:15	原列甲/55
	40122	21:50	站存乙—甲/25,站装乙—甲/5,30306/20
	20116	22:10	原列甲/55
	20118	23:30	原列甲/55
	31302	0:05	站存甲/15,站装甲/15,30306/25
丙方向	20113	18:45	原列丁/55
	20115	20:35	原列丁/55
	31301	21:20	站存丙/30,站装丙/5,空/C20
	20117	22:45	原列丁/55
	41103	23:45	站存乙—丙/35,30305/10,卸空/P10

要求:编制 18:01—0:00 的阶段计划。

2. 列车到发及编组内容

(1)列车到发栏,填画到达和出发列车的运行线、车次及时分;

(2)编组内容栏,填记到达列车的编组内容。

根据班计划编制所给资料,填制阶段计划的列车到发栏和编组内容栏,如图 3.11 所示。

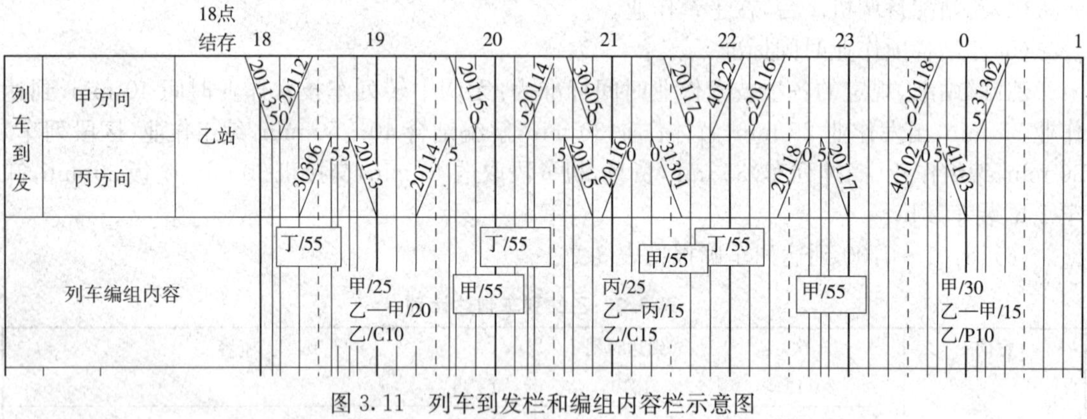

图 3.11 列车到发栏和编组内容栏示意图

(3)列车占用到发线的顺序及起止时间

到发场栏,填画列车占用到发线的顺序和起止时间。根据所给资料,填制阶段计划的列车到发线栏,如图 3.12 所示。阶段计划中的到发线运用计划,由车站调度员和车站值班员共同负责确定,由车站值班员亲自掌握。车站调度员或车站值班员必须变更到发线使用计划时,须征得对方同意并在技术作业图表中作鲜明标记。

车站调度员和车站值班员在确定和变更列车到发线运用计划互相矛盾时,应由车站值班站长决定。旅客列车到发线应固定使用。变更旅客列车到发线时,应通知客运组织部门;通过的旅客列车由正线变更为到发线接车及特快旅客列车遇特殊情况必须变更基本进路时，须取得铁路局调度员准许后，方能变更。

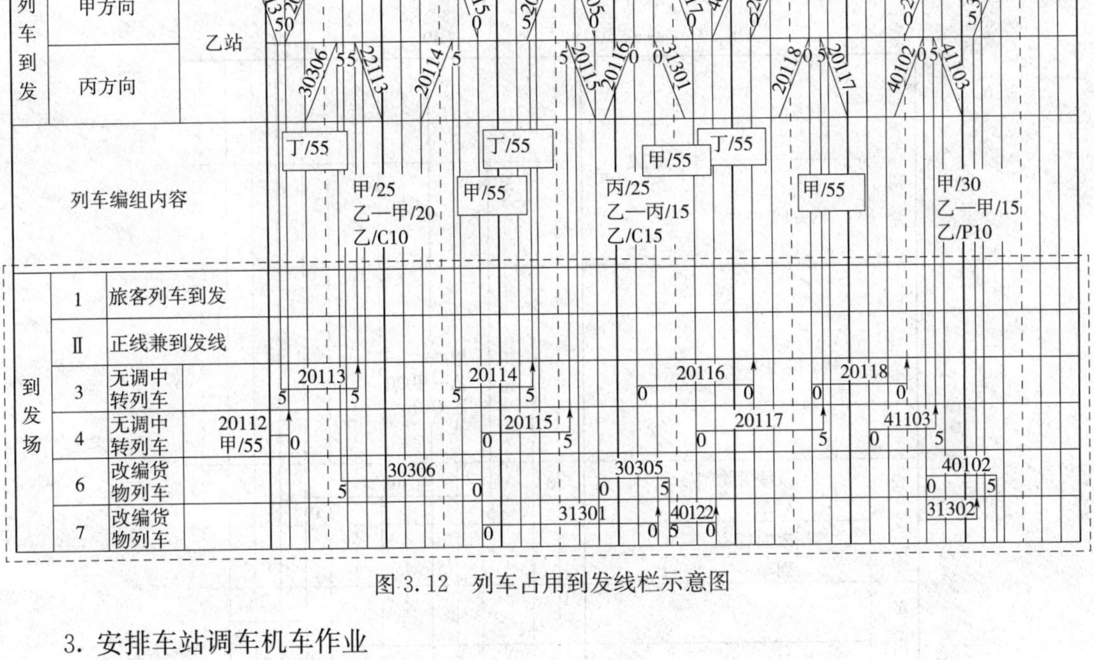

图3.12　列车占用到发线栏示意图

3. 安排车站调车机车作业

(1)填记调车场及装卸地点结存车数

根据“过表”的站存车及车站调度员或调车区长掌握的现在车数填记（如图3.13所示）。

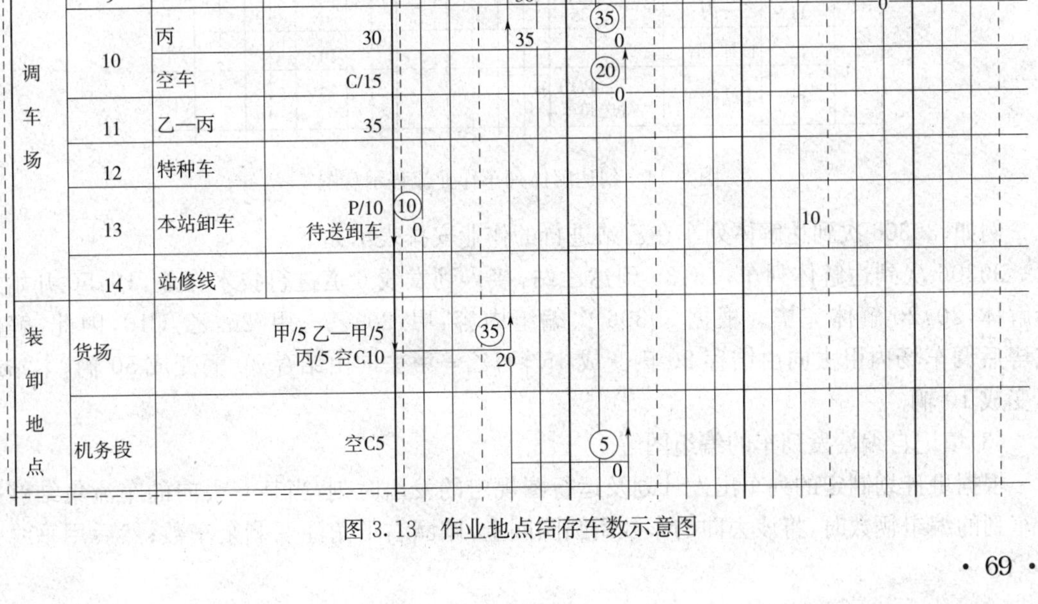

图3.13　作业地点结存车数示意图

(2)填记到达解体列车的解体图解

到达本站解体的列车,由计划解体时起,用垂线引入驼峰或牵出线栏,并记明解体的起止时分。解体完了,再用垂线引入调车场栏,按其编组内容,在调车场栏引线右侧分别记载解体后的累计车数,每小时结算一次,如图 3.14 所示。

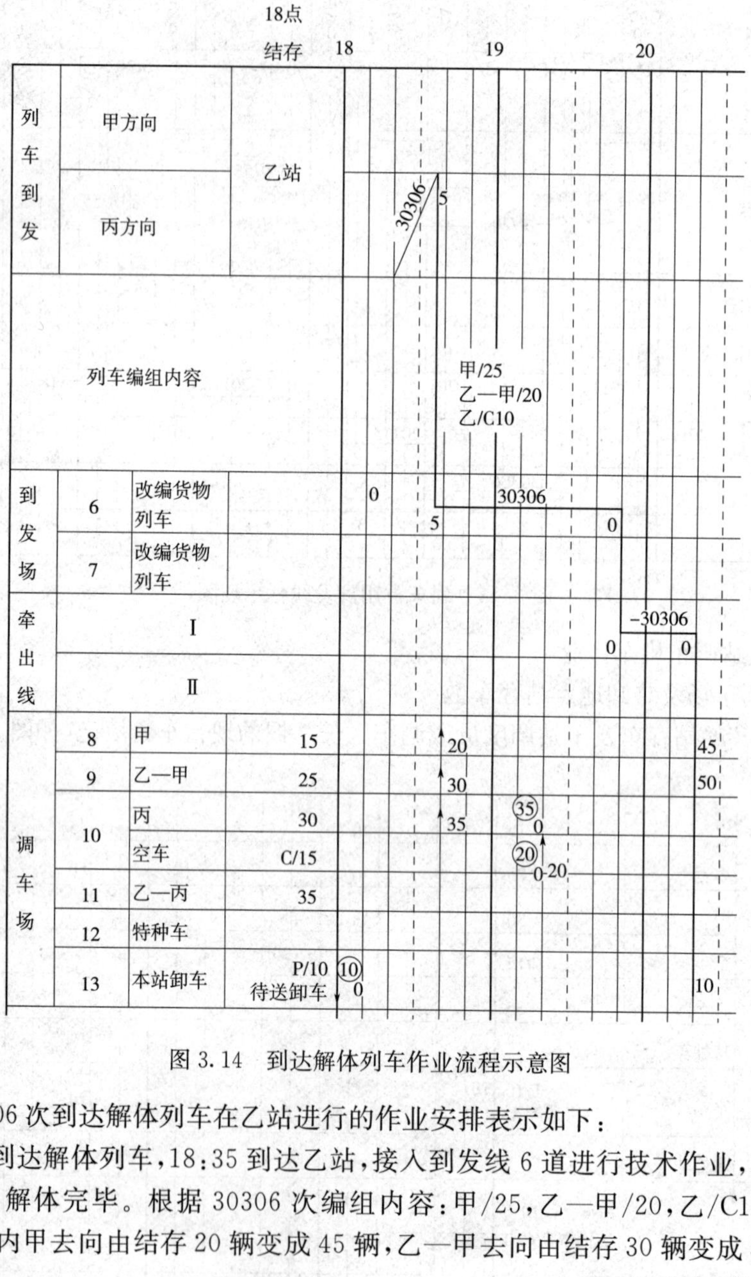

图 3.14　到达解体列车作业流程示意图

例如,30306 次到达解体列车在乙站进行的作业安排表示如下:

30306 次到达解体列车,18:35 到达乙站,接入到发线 6 道进行技术作业,19:50 开始进行解体,20:20 解体完毕。根据 30306 次编组内容:甲/25,乙—甲/20,乙/C10,因此,解体完毕后调车场内甲去向由结存 20 辆变成 45 辆,乙—甲去向由结存 30 辆变成 50 辆,本站卸车变成 10 辆。

(3)填记自编始发列车的编组图解

根据班计划制定的列车出发计划及运行图规定的发出时刻,当某一去向的车流集结够一个车列的编组辆数时,将该去向的车数用圆圈圈上,圆圈右下角注明剩余车数;然后用垂线引入牵出线栏，标明编组作业起止时分。编组完成后，引入出发线栏进行出发作业并按图定出发时刻发出列车，如图 3.15 所示。

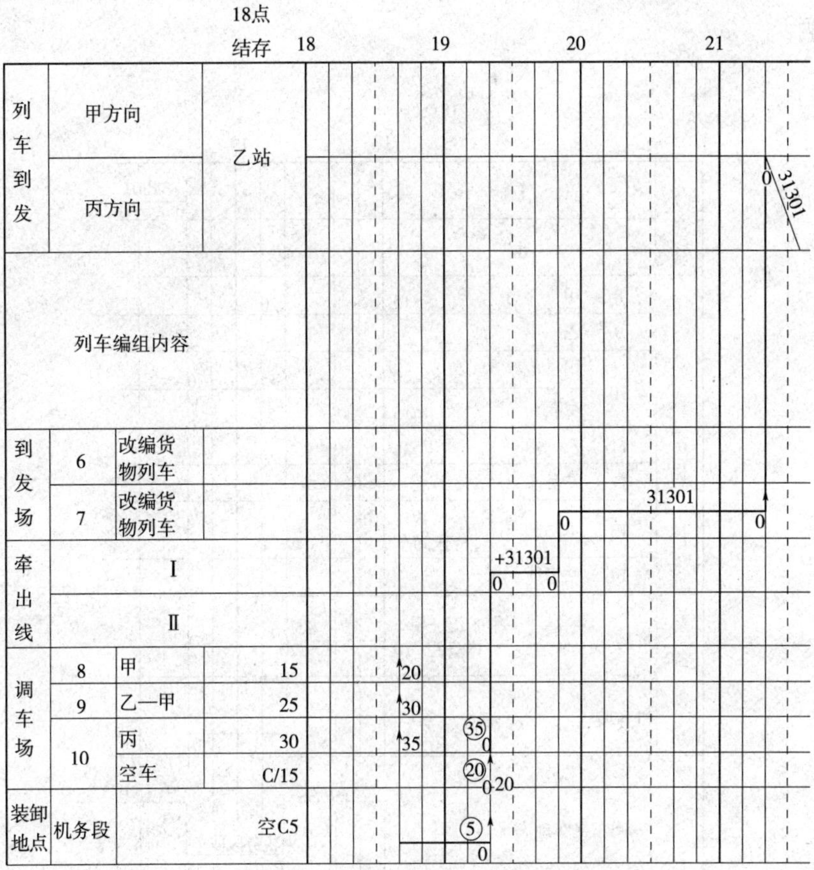

图 3.15 自编始发列车作业流程示意图

例如，31301 次自编始发列车在乙站进行的作业安排表示如下：

31301 自编始发列车是开往丙站的区段列车，编组内容为丙及其以远和空车共计 55 辆。图中，19:20 调车机车开始 31301 次编组，19:50 编组完毕转往出发线 7 道进行技术作业，作业后于 21:20 出发。编组开始时，将调车场内丙及其以远的 35 辆用圆圈圈上，20 辆空车用圆圈圈上，共 55 辆。

4. 填记取送调车的安排图解

送车，由送车开始时起，将待送车辆用圆圈圈上，圆圈右下角注明剩余车数，从调车场栏转入装卸地点栏；

取车，由取车完了，将待取车数用圆圈圈上，圆圈右下角注明剩余车数，从装卸地点转入调车场固定存放的股道内，并在引线右侧记载变化后的车数，如图 3.16 所示。

例如，18:00—18:40 取送车表示为：

乙站 18:00—18:40，调车机车将到达乙站的待送货物作业车 P 车 10 辆送往货场。送车时，将调车场内乙站的货物作业车 10 辆用圆圈圈上，送车结束时，在货场记载变化后的车辆数为 35 辆。送车完后，调车机车将货场 35 辆中的待取货物作业车 15 辆（甲/

5,乙—甲/5,丙/5)分别取至集结甲/5,乙—甲/5,丙/5 方向的调车场股道。取车开始时,将货场内的 35 辆车用圆圈圈上,圆圈右下角注明剩余车数为 20 辆,取车结束后,调车场内甲去向由原来 15 辆变为 20 辆;乙—甲去向由原来 25 辆变为 30 辆;丙去向由原来 30 辆变为 35 辆。

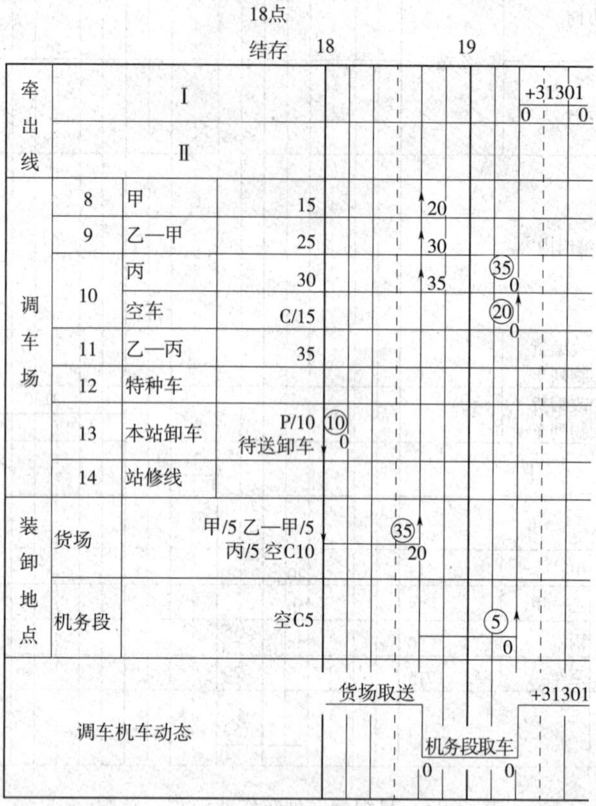

图 3.16 取送调车表示示意图

5. 绘制调车机车动态

填记每台调车机车作业和非生产时间。图中,编组"+"、解体"—"、交接班"J"、调车场整理"顶"、吃饭"C"、机车整备"机车整备"、取送作业"Q",如图 3.17 所示。

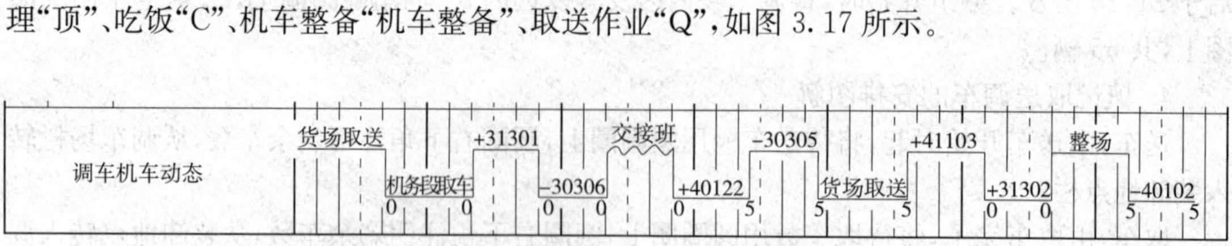

图 3.17 调车机车动态表示示意图

由此可见,合理安排调车机车运用计划是阶段计划的核心,编制调车机车运用计划可利用车站技术作业图表结合到发线使用情况同时进行编制,并按照车站技术作业图表的规定进行填记。不同的编制人员根据同样的条件编制的阶段计划并不一定完全相同,只需满足规定的条件，结合当时工作的实际进度，并考虑压缩中停时指标，保证各项任务的完成即可。

3.2.4　知识拓展

车站调度员主要通过编制阶段计划进行调度指挥。但是，由于客观情况的变化，例如车流到站和数量，列车到达时刻，机车供应情况都可能发生变化，而不能按照原来拟订的计划实现时，车站调度员应及时采取必要的调度调整措施。

(1)当空车来源不足，影响到排空和装车任务的完成时

空车来源不足，将影响本班排空任务和装车计划的完成。这时应组织本站作业车及时送车和及时卸车，并在可能的条件下，扩大双重作业车的比重，减少车辆调动次数和走行距离，以保证排车计划和装车计划同时实现。

(2)提高调度指挥水平和编制作业计划质量的方法

为了提高调度指挥水平和编制作业计划质量，车站还应做好如下几方面的工作。

①正确掌握现在车

现在车资料是编制作业计划的一项重要资料。车站调度员应随时掌握车站的现在车数及其停留地点，其中重车应分去向，空车应分车种。调车区长应掌握本调车区范围内各股道的现在车资料。

②加强预确报工作

及时收集到达列车预确报，可使车站调度人员及早掌握车流到达情况，以便更好地进行车站作业的计划和指挥。为此，直通列车和区段列车的电报确报应及时送达车站调度人员。摘挂列车由于在区段内甩挂车辆，编组内容发生变化。列车到达站的车号员应用电话向后方区段内指定的列车确报站了解摘挂列车由该站发出时的编组内容，向调度所了解以后的车辆甩挂情况，并将收集到的确报资料及时送交车站调度人员。铁路枢纽内各站也应按时交换资料。列车到达车站后，经过核对如发现列车确报与现车不符，车号员应及时通知车站调度员更正。

③加强联系报告制度

调车区长应将其掌握的调车机车作业进度及时向车站调度员汇报。货运员应将所负责区域车辆装卸作业进度及有关事项及时向货运调度员汇报，由货运调度员转告车站调度员。车站值班员应随时了解列车预计到达时刻及机车交路的变化情况等，并通知车站调度员。

④加强班与班之间的工作衔接

前一班车站调度员应为后一班的工作打下良好基础，创造有利条件。例如，应按计划完成规定的解体、编组、取送、装卸等作业，按照规定进行调车机车的整备作业等。

项目小结

阶段计划是班计划分阶段的具体安排，完成班计划的具体保证。本项目介绍了车站阶段计划的作用、内容、编制依据和编制方法，其中包括阶段计划填记的表示方法，编制阶段计划的关键环节，以及编制阶段计划时遇到车流波动应采取的调整措施。在编制阶

段计划的过程中围绕出发列车车流的落实而展开的调车作业安排,是整个阶段计划编制的核心。

复习思考题

1. 试述阶段计划的作用、主要内容、编制依据和编制方法。
2. 在编制阶段计划时,对于到达解体列车什么时机解体合适?
3. 在编制阶段计划时,对于自编始发列车什么时机编组合适?
4. 当车站运输工作的客观情况发生变化造成车流积压时,车站调度人员可采取哪些调整措施?
5. 当车站运输工作的客观情况发生变化造成车流不足时,车站调度人员可采取哪些调整措施?
6. 为提高车站作业计划的编制质量,可采取哪些措施?
7. 综合题

根据项目二中典型工作任务2中乙站班计划编制资料,编制乙站18:00—22:00、22:00—2:00、2:00—6:00的阶段计划,要求:

(1)设计出乙站技术作业图表,乙站设备使用如下:

乙站是一个横列式区段站,有到发线7条,其中1,Ⅱ道为旅客列车到发线,3、4道为无改编列车到发线,5道为机车走行线,6、7到为改编列车走行线;有调车线7条,其中8道集结甲及以远车流,9道集结乙—甲间车流,10道集结丙及以远车流和空车,11道集结乙—丙间车流,12道为本站作业车停放线,13道为特种车和禁溜车停放线,14道为站修线;有调车机车两台,其中调1在简易驼峰,主要承担解体和货场取送作业,调2在牵出线,主要承担编组和机务段取送作业。

(2)编制乙站阶段计划时,做到作业项目齐全、车流变化清晰、调车机车安排合理、确保作业安全。

项目 4　编制车站调车作业计划

项目描述

从调车的角度讲，班计划规定了一个班的总任务；阶段计划规定了每台调车机车解体、编组、取送作业顺序和每项作业的起止时间；调车作业计划是规定车列如何解体、编组、取送、甩挂等作业的具体行动安排，调车工作应根据调车作业计划进行。

调车作业计划由调车领导人(调车区长、车站调度员)根据阶段计划任务、到达确报和存车情况编制，并以调车作业通知单的形式下达给有关调车人员执行。

本项目主要介绍解体、编组、取送等调车作业计划的编制方法。

拟实现的教学目标

1. 能力目标

在学习本项目后，要求对车站调车作业计划的编制有全面的认识，并要求：

(1)会编制解体调车作业计划。

(2)会编制编组调车作业计划。

(3)会编制摘挂调车作业计划。

(4)会编制取送调车作业计划。

2. 知识目标

在学习本项目后，要求：

(1)掌握解体调车作业计划的编制方法。

(2)掌握编组调车作业计划的编制方法。

(3)掌握摘挂调车作业计划的编制方法。

(4)掌握取送调车作业计划的编制方法。

3. 素质目标

(1)养成细心、用心、吃苦耐劳的品德。

(2)养成善于动脑，勤于思考，及时发现问题的学习习惯。

(3)具有和车站行车工作各个工作环节的工作人员共事的团队意识，能进行良好的团队合作。

(4)养成作业安全的职业意识。

典型工作任务 1　编制解体调车作业计划

4.1.1　教学目标

1. 能力目标

通过学习,要求:

(1)会描述解体调车作业计划编制方法。

(2)会结合车场配置和调车机车位置编制解体调车作业计划。

2. 知识目标

通过学习,要求:

(1)能描述车站调车线使用方案。

(2)掌握分部解体的开口原则。

(3)能根据调车机车、调车场及待解车列的相对位置,编制解体调车作业计划。

3. 素质目标

(1)养成细心、用心、全面认识问题的学习态度。

(2)养成善于动脑,勤于思考,及时发现问题的学习习惯。

(3)养成全局的观念。

(4)养成作业安全的职业意识。

(5)培养与各部门、各工种协调配合的思想。

4.1.2　工作任务

(1)掌握整列解体调车作业计划编制方法。

(2)掌握分部解体的开口原则。

4.1.3　相关配套知识

1. 调车钩和调车程

调车作业通常由若干调车钩和调车程这两种基本因素组成。

(1)调车钩。机车完成连挂、摘解或溜放车辆等调车工作的基本单位,我国铁路车站编制的调车作业计划就是以调车钩为单位,按其先后顺序排列的。通常调车钩的多少表示调车工作量的大小,而完成某一调车钩所需的时分简称“钩分”,平均钩分则表示了调车效率的高低,平均钩分越小,表示调车效率越高。调车钩按其性质不同主要分为以下两种,如图 4.1 所示。

- 调车钩
  - 挂车钩
  - 摘车钩
    - 推送钩
    - 溜放钩

图 4.1　调车钩分类

挂车钩:机车(或挂有车辆)驶往线路内连挂车辆后牵出至开始进行下一项作业地点的调车钩,当到达场与调车场纵列配置时,调车机车由峰顶驶往到达场挂车并推至峰顶的调车钩。

摘车钩:指机车将车组摘解到指定线路内并返回至开始进行下一项作业地点的调车钩。

推送钩:机车将车组推送至线路的预定地点摘车后,返回至开始进行下一项作业地点的调车钩。

溜放钩：机车用溜放方法完成摘车作业的调车钩。

(2)调车程。是指调车机车不变更运行方向的一次调车移动。重程：挂有车辆的调车程；空程：单机完成的调车程。调车程按其行程的长短分为短调车程和长调车程两种，调车程的长短是衡量调车工作效率的基本因素。一般情况下，调车行程越长，机车消耗的燃料和时间越多，调车工作效率越低。因此，调车工作组织的主要任务是在保证安全的基础上，尽量减少调车钩数，缩短调车行程，压缩平均钩分，提高调车工作效率。

2. 调车作业通知单

调车领导人应正确及时地编制、布置调车作业计划。布置调车作业计划，应使用调车作业通知单，如图 4.2 所示。中间站利用本务机车调车，应使用有车站示意图的调车作业通知单(示意图可另附)，如图 4.3 所示。使用无线调车灯显设备的车站，调车作业计划布置方法，由铁路局规定。

——*—*—*—*—*—*—*—*—*—*—*—*

调车作业通知单

调 2(1234)N203

4 班 4 组

11:30—12:00

作业内容：25002 解体

———————————————————————————————

1	106＋50	－25002	3117419
2	421—2		
3	417—8	钢板注溜　空线	4940951
4	419—3	钢板注溜	
5	420—7	C	1621323
6	422—1	P	
7	420—3	C	
8	419—1	钢板注溜	
9	422—9	P	3301850
10	420—2	C	
11	419—1		
12	422—1	P	
13	420—3	C	
14	421—4		
15	429—4	有车 1　禁溜	
16	419—1	NX	

计划员：孙涛

2013—11—02　　10:43

图 4.2　调车作业通知单样张

______站调车作业示意图

年　月　日　　　　　　　　　　　　编制人______

停留车位置示意图：

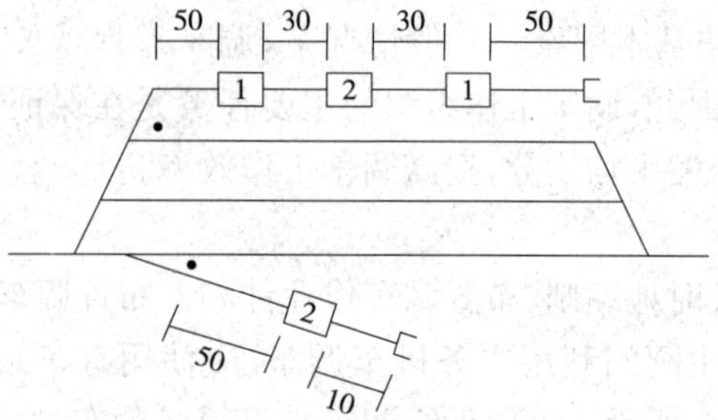

第　次车进　道计划由　时　分至　时　分完成

顺序	股道	作业方法	辆数	记事	顺序	股道	作业方法	辆数	记事
1					11				
2					12				
3					13				
4					14				
5					15				
6					16				
7					17				
8					18				
9					19				
10					20				

图 4.3　调车作业通知单(附示意图)

列车在到达线路内拉道口、对货位、直接后部摘车、本务机车(包括重联机车、补机)摘挂及转线、企业自备机车进入站内交接线整列取送作业,可不使用调车作业通知单。

自轮运转特种设备调车作业是否需要使用调车作业通知单由铁路局规定。

3. 调车作业计划的编制依据

(1)阶段计划规定的各项调车作业的顺序和起止时分;

(2)到达列车确报:包括车种、车号、品名、载重、到站、收货人和特殊标记等;

(3)调车场线路及货物作业地点线路的固定用途、容车数和停留车情况;

(4)调车区现在车及其分布情况。

调车作业计划由调车领导人根据阶段计划和现车分布状况、牵出线利用情况、调车机车工作动态、各装卸地点作业进度、到达列车确报等实际情况,按照《站细》及有关规定进行编制。编制调车作业计划,应有预见地掌握车流动态,做好线路固定使用和活用的安排,最大可能地实现解体照顾编组,使各项作业密切配合,综合运用各种调车作业方法,提高作业效率,保证调车工作人员的人身安全和行车安全,质量良好地完成调车作业任务。

2. 整列解体调车作业计划的编制

车列解体调车,一般是通过驼峰或牵出线,按车辆的去向或车种,将车列分解到调车场固定使用的股道内。

在纵列式车站,车列一般都是整列解体。列车解体作业一般按调车线的固定使用方法进行,分解车列时,应根据确报中记载的各车组的去向和车种,按照车站线路固定使用方案的规定,从离调车机车最远的车组开始,逐步向调车机车方向的车组摘钩。

【例题 4.1】 已知下列资料，试编制 35002 次解体调车作业计划。

设丁站衔接方向如图 4.4 所示，采用整列解体，解体调车机车在丁站的右边作业。丁站线路固定使用办法为：1～5 道为到发线，6～15 道为调车线，其中 6 道集结甲站车流，7 道集结乙站及甲—乙间车流，8 道集结丙站及乙—丙间车流，9 道集结丙—丁间车流，14 道集结本站作业车，其他股道使用办法略。若 35002 次到达解体列车停于 3 道，其编组内容见表 4.1。

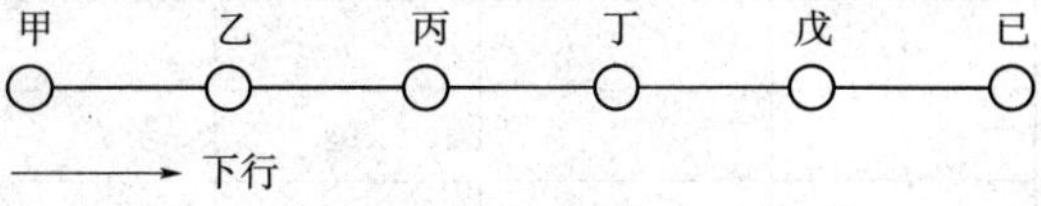

图 4.4　丁站衔接方向图

表 4.1　35002 次到达解体列车的编组内容

车组位置	车组到达	车组位置	车组到达
1～8	甲	25～28	丁
9～12	丙	29	甲
13～15	甲—乙	30～31	乙
16	丁	32～35	丙—丁
17～18	乙—丙	36～37	丙
19～24	乙	38～40	乙—丙

【解】 根据已知资料，列车是由戊方向开来，到达丁站的解体列车，从左到右，其车组位置及编组内容依次为甲/8，丙/4，甲－乙/3，丁/1，乙－丙/2，乙/6，丁/4，甲/1，乙/2，丙－丁/4，丙/2，乙－丙/3，见表 4.2。

表 4.2　列车编组内容

编组内容	甲/8	丙/4	甲—乙/3	丁/1	乙—丙/2	乙/6	丁/4	甲/1	乙/2	丙—丁/4	丙/2	乙—丙/3
车组到站	甲	丙	甲—乙	丁	乙—丙	乙	丁	甲	乙	丙—丁	丙	乙—丙
车辆数	8	4	3	1	2	6	4	1	2	4	2	3
线路固定使用	6	8	7	14	8	7	14	6	7	9	8	8

根据各去向车流的线路固定使用办法，以及调车机车在丁站右侧作业，采用“对号入座”的方法，即可编制出 35002 的解体调车作业计划，见表 4.3。

表 4.3　35002 次到达解体列车的解体作业计划

3 月 18 日	第 2 号		解体		35002 次	第 1 调车机车	
计划起讫时分：	自 19:00		至 19:30				
实际起讫时分：	自		至				
顺序	场别	股道	挂车数	摘车数	作业方法	记事	残存
1	到达场	3	40		+	全部	40
2	调车场	6		8	—		32
3		8		4	—		28
4		7		3	—		25
5		14		1	—		24

续上表

顺序	场别	股道	挂车数	摘车数	作业方法	记事	残存
6		8		2	—		22
7		7		6	—		16
8		14		4	—		12
9		6		1	—		11
10		7		2	—		9
11		9		4	—		5
12		8		5	—		0

3. 分部解体调车作业计划的编制

在横列式车站,由于可在两端牵出线上共同解体车列,或者由于牵出线长度不足,或为了减轻调动重量,通常采取分部解体的方法。因此编制解体作业计划时,应正确选定"开口"位置。选择"开口"位置的方法一般为(设调车场方向为"前"调车机车方向为"后"):

(1)在车列的大车组前开口,以便第一钩把大车组摘走,减轻车列的调动重量,如图 4.5 所示。

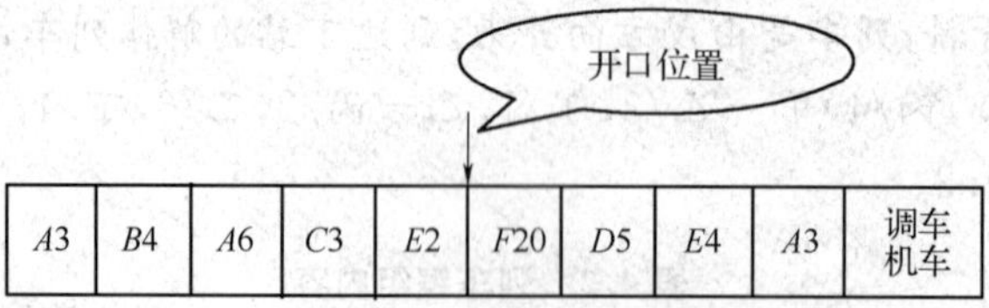

图 4.5　在大车组前开口的示意图

(2)在便于利用调车机车次位集结少量车组处开口,以便减少调车钩数,如图 4.6 所示。

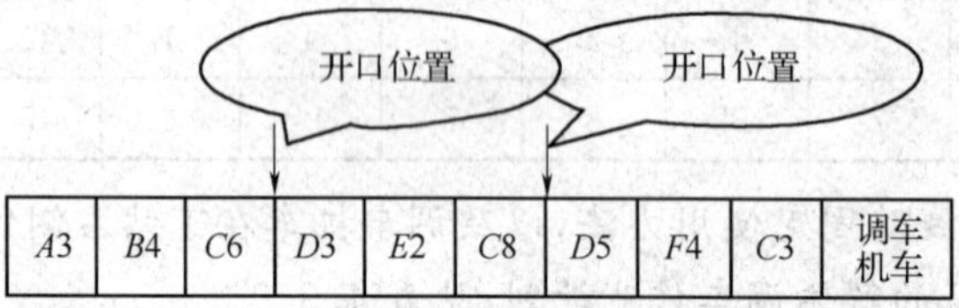

图 4.6　利用机车次位集结少量车组的开口示意图

(3)在车列内有禁溜车时,应在禁溜车之后开口,以便调车机车溜完其他车组后,再将禁溜车推送到固定线路内,避免带长大车组推送禁溜车,如图 4.7 所示。

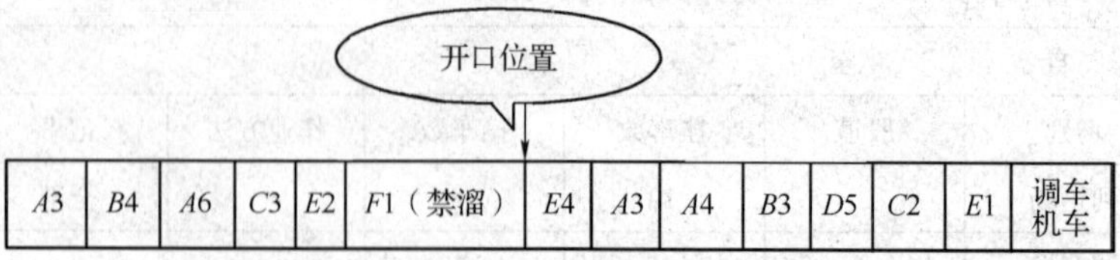

图 4.7　在禁溜车后开口的示意图

(4)两端牵出线共同解体一列车时,应考虑两台机车作业均衡、合理配合。例如使两部分车数大致相等或按"坐编"(将大车组留在到发线直接编组)要求开口等。

(5)当调车场内某股道已满线或有堵门车时,应避免开口后的第一车组为进入该线的车组,以免调车机车带着其他车组到该线顶送车辆。

典型工作任务2 编制编组调车作业计划

4.2.1 教学目标

1. 能力目标

通过学习,要求:

(1)会编制编组单组混编列车的调车作业计划。

(2)会编制编组摘挂列车的调车作业计划。

2. 知识目标

通过学习,要求:

(1)掌握货物列车编组计划的内容和要求。

(2)掌握单组混编列车编组调车作业计划的编制方法。

(3)掌握使用下落列方法编制摘挂列车编组调车作业计划的步骤和方法。

3. 素质目标

(1)养成细心、用心、全面认识问题的学习态度。

(2)养成善于动脑,勤于思考,及时发现问题的学习习惯。

(3)养成全局的观念。

(4)养成作业安全的职业意识。

(5)培养与各部门、各工种协调配合的思想。

4.2.2 工作任务

(1)掌握货物列车编组的相关规定。

(2)掌握编制单组混编列车的调车作业计划编制方法。

(3)掌握调车机车在调车场右端时摘挂列车编组调车作业计划的编制方法。

(4)掌握调车机车在调车场左端时摘挂列车编组调车作业计划的编制方法。

4.2.3 相关配套知识

车列编组调车,就是按照列车编组计划、列车运行图和《技规》的规定,将车辆选编成车列或车组的过程。

1. 货物列车编组的相关规定

(1)货物列车编组计划中规定的车辆编挂方法

编入货物列车的车辆去向、车辆编挂方法等应符合列车编组计划的规定。货物列车编组计划中规定的车辆编挂方法有以下几种:

①单组混编,即该列车到达站及其以远的车辆,不分到站、不分先后混合编挂。

②分组选编,即一个列车中分为两个及其以上的车组,属于同一组的车辆必须编挂在一起。对车组的排列,无特殊要求者,可以不按组顺编挂。

③到站成组,即在列车中同一到站的车辆必须编挂在一起。

④按站顺编组,在列车中除同一到站必须挂在一起外,还要求按车辆到站的先后顺序进行编挂。

以上各种列车编组方法,是根据各有关车站的能力、所需列车的性质分别确定的,其目的是达到加速车辆周转和货物送达。

(2)执行列车编组计划具体应做到的方面

①摘挂列车主要是为中间站服务的,其编组方法应按中间站的要求办理。其一,所挂车辆应以到达中间站的车辆为主,即技术站编开的摘挂列车应首先将到中间站的车辆挂走,不满轴时方可加挂其他车辆,为了中间站调车作业方便,到达中间站的车辆还应挂于列车前部。其二,需要时,摘挂列车应为中间站挂车留出空余吨数(留轴),留轴后仍有"余轴"时,方可加挂编组计划指定的车流(如区段车流)。

②编组一般货物列车时,车组的编挂位置除单独指定者外,不受车组组号顺序的限制。临时排送空车时,应单独选编成组(摘挂、小运转列车除外),按回送单据向指定到站回送的空车(特殊规定者除外),按该到站的重车办理。

③车辆应按规定经路运行。

④同一技术站编组数种不同到达站的列车或车组时,每一列车和车组均不包括另一种列车或车组的车流。

(3)执行列车运行图具体应做到的方面

①货物列车的重量和计长应符合列车运行图的规定。

②全国主要干线直通列车规定了统一的牵引重量和长度标准。直通列车原则上不准超重、超长或欠轴。

③摘挂列车、小运转列车、固定车底的循环列车、快运货物列车、军用列车、机械保温列车、限速列车、路用列车及"五定"货运班列等不受欠轴的限制,但超重或超长时,仍应按有关规定办理。

④线路坡度有12.5‰以上的区段,其牵引定数的尾数波动局管内的列车由铁路局自定,跨局的由有关局商定并经铁路总公司批准。

(4)执行《技规》具体应做到的方面

编入货物列车中的车辆技术条件、装载危险货物车辆的隔离、关门车的编挂、机车编入列车的条件等,均应符合《技规》的规定。

2. 编制单组混编列车的编组调车作业计划

由于车辆通常按列车编组计划的去向在调车场的固定线路上集结,所以单组混编列车的编组调车作业,只是进行车组的连挂(在一条调车线上连挂车组或将2~3条线上的车辆连结成车列)和转线(将车列从调车场转到出发场)。当车辆的编挂位置不符合《技规》等关于编组列车的要求时,才需进行分解调车作业。

【例题4.2】 编组31002次列车的编制资料如下:

丁站衔接方向如图4.4所示,调车机车解完35002次列车后要编组31002次丙去向列车。

(1)列车编组计划规定编往丙去向的区段列车的编组内容为:

丙站及乙—丙间车流为一组,挂于列车机车次位;

乙站及甲—乙间车流为另一组,挂于列车后部。

(2)列车编成车数为50辆。

(3)车辆连挂已符合《技规》要求。

(4)线路固定使用情况见表4.4。

表4.4　丁站线路固定使用情况表

到发场	1～5道	
调车场	6	集结甲站车流
	7	集结乙站及甲—乙间车流
	8	集结丙站及乙—丙间车流
	9	集结丙—丁间车流
	…	…
	14	本站作业车

(5)7道已集结乙站及甲—乙间车流20辆,8道已集结丙站及乙—丙间车流30辆。

(6)编成后列车转往出发线3道。

要求:编制31002次编组调车作业计划,并填记调车作业通知单。

【解】 根据以上资料:

(1)调车机车解完35002次列车(解体调车机车在丁站的右边作业)后要编组31002次丙去向列车。因此编组用的调车机车仍在丁站右端作业。

(2)编成后31002次列车是开往上行列车,因此编成后列车应该如图4.8所示。

图4.8　31002次编成后的示意图

(3)因为调车机车在右端作业,故应先连挂乙站及甲—乙间车流(7道车流),如图4.9所示。

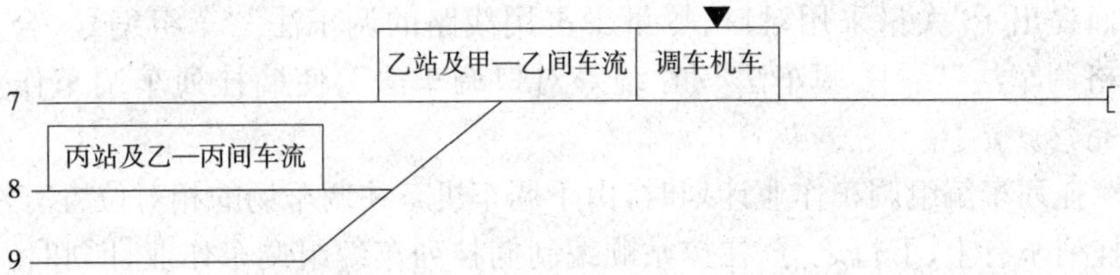

图4.9　调车机车第一次挂车示意图

(4)连挂完7道车流后,再连挂8道丙站及乙—丙间车流,如图4.10所示。

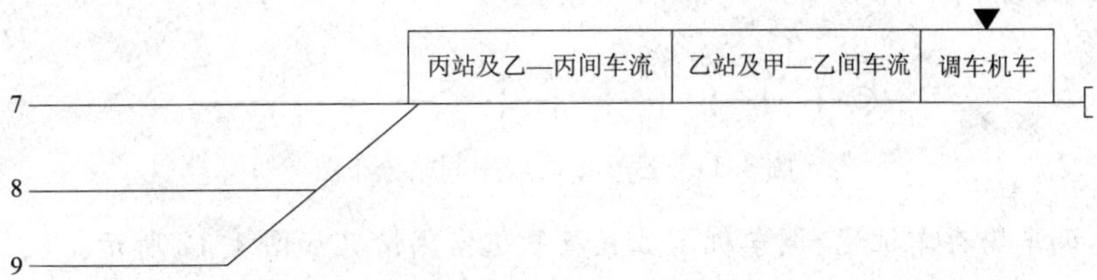

图4.10　调车机车第二次挂车示意图

车列连挂后由编组牵出线转至到发场3道。

根据以上分析,31002次列车的编组调车计划见表4.5。

表4.5　31002次编组调车作业计划

3月18日	第3号		编组		31002次		1调车机车
计划起讫时分:	自21:00		至21:25				
实际起讫时分:	自		至				
顺序	场别	股道	挂车数	摘车数	作业方法	记事	残存
1	调车场	7	20		+		20
2		8	30		+		30
3	到发场	3		50	—	全部	0
4							
5							
6							
7							
8							
9							
10							
11							
12							

3. 编制调车机车在调车场右端时摘挂列车的编组调车作业计划

对于摘挂列车,由于同一方向各中间站的车组混在一条线上集结,但要求按站顺或到站成组编组,因而编组摘挂列车是一项十分复杂的工作。为了提高编组摘挂列车的作业效率,减少调车钩数,特别是减少推送钩数,我国广大铁路工作者积累了许多丰富经验,并在理论研究方面提出了"大量采用对口、尽量少占用线路的调车法""车组编号、合并使用线路调车法""表格调车法""看图调车法"和"统筹对口调车法",使摘挂列车调车作业计划的编制原理日臻完善。

在编制摘挂列车编组调车作业计划时,由于调车机车在调车场的相对位置有左右之分,以及编组的摘挂列车有上、下行之分,在按站顺编制摘挂列车编组调车作业计划时,下落和收编顺序应作相应变化,下面就调车机车在调车场右端情况举例如下。

【例题4.3】 编制资料:

(1)乙—甲区段中间站分布如图4.11所示。

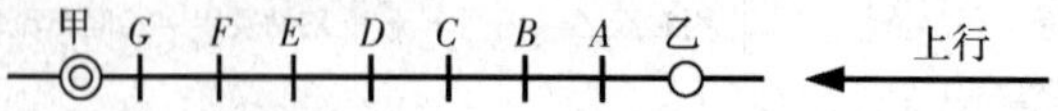

图4.11　乙—甲区段中间站分布图

(2)乙站调车场存车位置、调车机车位置及股道空闲情况如图4.12所示。

(3)41002次编成后,转往到发场7道。

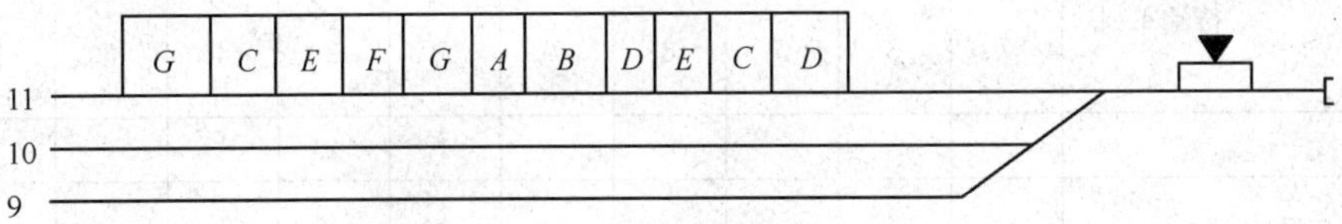

图 4.12　乙站调车场情况及存车位置

【解】　由于我国绝大多数中间站不设调车组，中间站不设调车组时，一般利用本务机车进行调车，利用本务机车进行调车时，被摘下的车组挂在机车后面作业往往比较方便，本例题中列车运行的方向是由乙站开往甲站，顺次到达的第一个中间站是 A 站，A 站作业后到达 B 站……因此，41002 次列车由乙站开出时的编组顺序是，如图 4.13 所示。

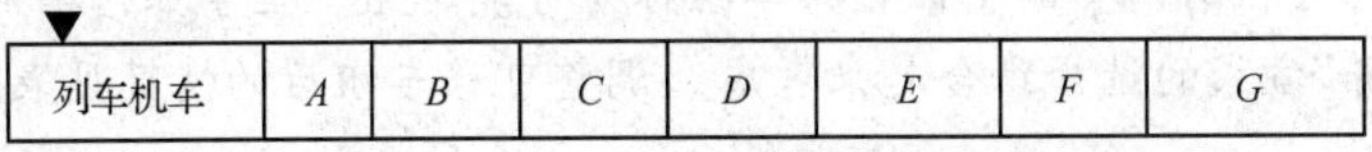

图 4.13　41002 次编成后的示意图

为了叙述方便，现用阿拉伯数字代替车组到站，并规定列车编组后距调车机车最远的车组到站为"1"，从远到近依次编为 2，3，…，调车机车在右端作业。

根据按站顺编组摘挂列车的编组要求，列车编成后各中间站车组的排列顺序及编号为：

A	B	C	D	E	F	G
1	2	3	4	5	6	7

故待编车列中各车组的编号为：

G	C	E	F	G	A	B	D	E	C	D
7	3	5	6	7	1	2	4	5	3	4

编制摘挂列车的调车计划可用调车表来进行，表格形式如表 4.5 所示。

表格实际上就是调车场的示意图，调车机车在右端作业，横格称为"列"，表示每条线路，竖格称为"行"，表示车组在待编车列中相互位置，"行"与"列"的交点，表示每个车组分解到那条线路。这样，通过在调车表上进行"下落""调整""合并"等步骤，就可把顺序杂乱的待编车列变成接连顺序的车列，从而实现摘挂列车的编组要求。

第一步，下落

在编组摘挂列车时，为了调转顺序，就需要把待编车列中的反顺序车组分解到不同线路上，这样的调车过程，反映在调车表上，即所谓车组下落。

车组下落的方法是：从左端起先找表格上部所填记的待编车列中的第一个"1"号车组，将其下落到第一列，然后向右找出全部 1 号车组，若无 1 号车组，则继续向右找出 2 号车组，并下落到第一列。如果 1 号车组的左方有 2 号车组，则在 1 号车组右方下落全部 2 号车组后，第一列下落工作即告完毕，否则，在第一列还可下落 3 号车组，如此类推。

第一列下落完毕后，再从左至右找第一列最后部车组的同号车组，无同号车组时找其大一号的车组，下落到第二列，并按第一列下落的规则填写完第二列，如此类推，直至全部车组下落完毕为止，见表 4.6。

表 4.6 调 车 表

待编车列 下落列	7	3	5	6	7	1	2	4	5	3	4
一						1	2			③	
二		3						④			4
三			⑤						5		
四				6	7						
五	7										

第二步,调整车组

有些车组在下落时不一定只有一个位置,而是可在两列之间移动的。如上例车组 5 既可落在第四列,也可落在第三列,若车组 5 落在第四列,则车组 4 也可落在第三列,车组 3 也可以落在第二列。这种可在两列中调整位置的车组称为可调车组。至于如何确定可调车组的有利位置,则应与“合并”方式的选择结合起来考虑。调整可移车组后的情况见表 4.7。

表 4.7 调 车 表

待编车列 下落列	7	3	5	6	7	1	2	4	5	3	4
一						1	2				
二		3								③	4
三								④	5		
四			⑤	6	7						
五	7										

第三步,合并使用线路

待编车列下落的每一下落列如果单独占用一条线路,则只需从最大列号开始,依次连挂各下落列便可编成符合顺序要求的车列。但这时将消耗下落列数相等的推送钩数。

研究发现,待编车列下落的各下落列中一部分下落列须各自占用一条线路,而另一部分下落列则可组成一个或几个暂合列合并使用线路,从而可减少编组列车的推送钩数。

第一、第三列单独,第二、第四、第五列暂时合并为一列,见表 4.8,则可少用两条线路,也减少了推送钩。

表 4.8 调 车 表

待编车列 下落列	7	3	5	6	7	1	2	4	5	3	4
一						1	2				
二	7	3	5	6	7					③	4
三								④	5		
四			$\boxed{5}$	$\boxed{6}$	$\boxed{7}$						
五	$\boxed{7}$										

注:带“□”者表示车组已合并他列。

合并使用线路，可以减少连挂车辆的推送钩数。但是，合并使用线路后，需要对暂合列进行重复分解，增加溜放钩数。因此，合并使用线路并非任意股道的车组都可以合并，现将下落4～6列合并使用线路的较优方案列于表4.9内。

第四步，填写调车作业通知单

题中，设第一、第三列车组分别使用9道、10道，第二、第四、第五列暂时合并在11道，调车作业计划为：

11 ＋6
9　－2
10 －2
11 ＋4
9　－1
10 －3
9　－2
11 ＋1
10 ＋5
9　＋5
DF7 －11

表4.9　合并使用线路的较优方案

下落列数	使用最少股道数	合并方式	附　注
四	三	四、二	一、三各占用一股道
五	三	五V四、二	一、三各占用一股道
五	三	三V五、二	一、四各占用一股道
五	三	一V三、五	二、四各占用一股道
六	三	五V四、二 六、三	一单独占用一股道
六	三	六、三V五、二 四	一、四单独占用一股道

以上所举例题调车机车在调车场右端，编成列车向左出发（上行）为前提条件的，如果编成列车向右出发（下行），则下落和收编顺序应怎样变化呢？

【例题4.4】 根据以下资料，编制摘挂列车编组调车作业计划。

（1）甲—乙区段车站位置如图4.14所示。

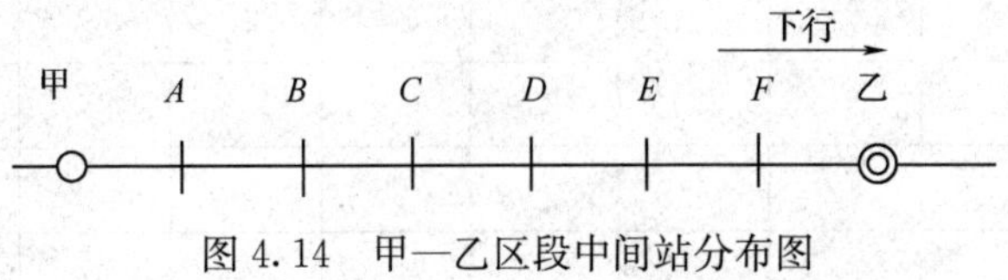

图4.14　甲—乙区段中间站分布图

（2）甲站调车场存车位置、调车机车位置及股道空闲情况如图4.15所示。

（3）将以上车辆按站顺编组一列下行摘挂列车40001次，转入到发场7道发车。

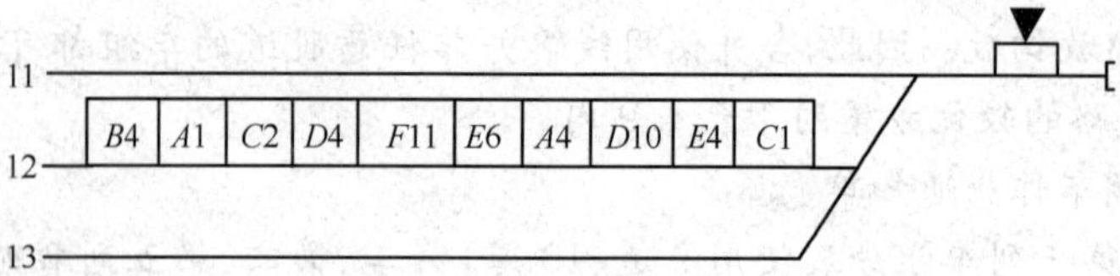

图 4.15　甲站调车场情况及存车位置

【解】　下行列车 40001 次运行的方向是由甲站开往乙站，顺次到达的第一个中间站是甲站，甲站作业后到达 B 站……

因此，40001 次列车由甲站开出时的编组顺序如图 4.16 所示。

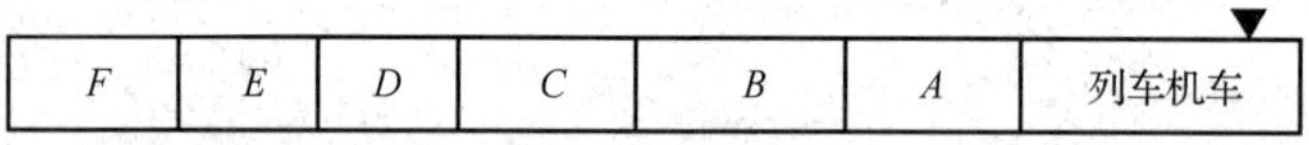

图 4.16　40001 次编成后的示意图

第一步，下落

根据按站顺编组摘挂列车的编组要求，列车编成后各中间站车组的排列顺序及编号为：

$$\begin{matrix} F & E & D & C & B & A \\ 1 & 2 & 3 & 4 & 5 & 6 \end{matrix}$$

故待编车列中各车组的编号为：

$$\begin{matrix} B4 & A1 & C2 & D4 & F11 & E6 & A4 & D10 & E4 & C1 \\ 5 & 6 & 4 & 3 & 1 & 2 & 6 & 3 & 2 & 4 \end{matrix}$$

从左端起先找表格上部所填记的待编车列中的第一个“1”号车组，将其下落到第一列，然后向右找出全部 1 号车组，若无 1 号车组，则继续向右找出 2 号车组，并下落到第一列。如果 1 号车组的左方有 2 号车组，则在 1 号车组右方下落全部 2 号车组后，第一列下落工作即告完毕，否则，在第一列还可下落 3 号车组，如此类推。

第一列下落完毕后，再从左至右找第一列最后部车组的同号车组，无同号车组时找其大一号的车组，下落到第二列，并按第一列下落的规则填写完第二列，如此类推，直至全部车组下落完毕为止。编制 41001 次摘挂列车调车计划的调车表，见表 4.10。

表 4.10　调　车　表

待编车列 / 下落列	5_4	6_1	4_2	3_4	1_{11}	2_6	6_4	3_{10}	2_4	4_1
一					1_{11}	2_6			2_4	
二				3_4				3_{10}		4_1
三			4_2							
四	5_4	6_1					6_4			

第二步，调整车组

通过观察，已经没有可调整的车组。

第三步，合并使用线路

第一、第三列单独，第二、第四暂时合并为一列，见表4.11，则可少用一条线路，也减少了推送钩。

表4.11　调　车　表

待编车列 / 下落列	5_4	6_1	4_2	3_4	1_{11}	2_6	6_4	3_{10}	2_4	4_1
一(11)					1_{11}	2_6			2_4	
二(12)	5_4	6_1		3_4			6_4	3_{10}		4_1
三(13)			4_2							
四	$\boxed{5_4}$	$\boxed{6_1}$					$\boxed{6_4}$			

第四步，填写调车作业通知单

题中，设第一、第三列车组分别使用11道、13道，第二、第四列暂时合并在12道(表4.10中下落列旁的数字)，调车作业计划为：

12 +42
13 −2
12 −4
11 −17
12 −14
11 −4
12 +23
13 −5
11 −4
13 −4
11 −11
13 +11
11 +36
DF7 −47

4. 编制调车机车在调车场左端时摘挂列车的编组调车作业计划

上述所举例题是调车机车在调车场右端，如调车机车在调车场左端作业，则下落和收编顺序应作怎样的变化呢？调车机车在调车场左端作业情况举例如下。

【例题4.5】 编制资料：

(1)乙站位置如图4.17所示。

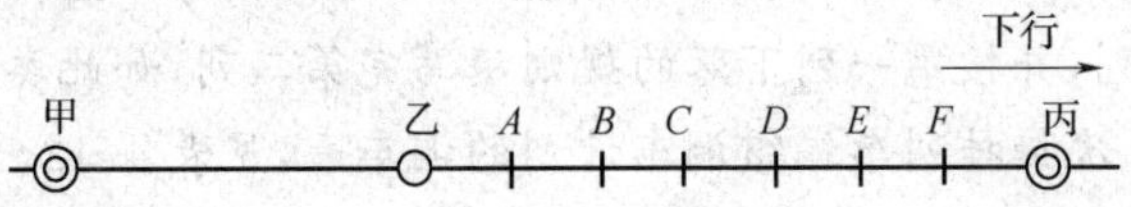

图4.17　乙—丙区段示意图

(2)乙站调车场示意图及调车机车位置、各股道存车情况,如图 4.18 所示。

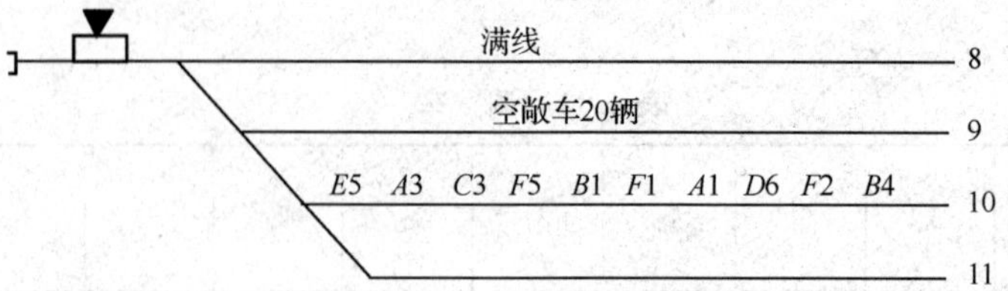

图 4.18　乙站调车场情况及存车位置

(3)待编车列在 10 道,编成后 41001 次送到发场 7 道。

(4)调度要求 41001 次给 D 站配空敞车 5 辆。

根据以上资料,按站顺编组编制乙站 41001 次摘挂列车调车作业计划。

【解】 列车运行的方向是由乙站开往丙站,顺次到达的第一个中间站是甲站,A 站作业后到达 B 站……

因此,41001 次列车由乙站开出时的编组顺序是,如图 4.19 所示。

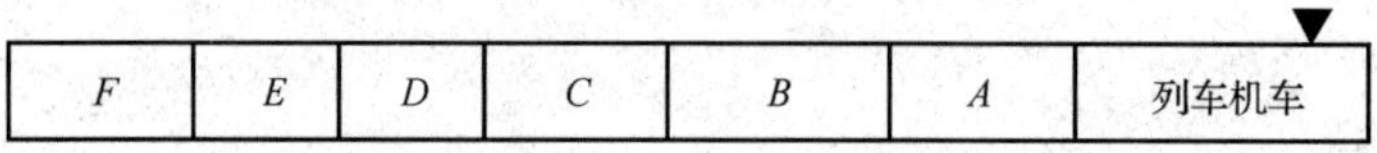

图 4.19　41001 次编成后的示意图

第一步,下落

规定列车编组后距调车机车最远的车组到站为"1",从远到近依次编为 2,3,…,调车机车在左端作业。

根据按站顺编组摘挂列车的编组要求,列车编成后各中间站车组的排列顺序及编号为:

F	E	D	C	B	A
6	5	4	3	2	1

故待编车列中各车组的编号为:

E5	A3	C3	F5	B1	F1	A1	D6	F2	B4
5	1	3	6	2	6	1	4	6	2

本题车组下落的方法是:从右端起先找表格上部所填记的待编车列中的第一个"1"号车组,将其下落到第一列,然后向左找出全部 1 号车组,若无 1 号车组,则继续向左找出 2 号车组,并下落到第一列。如果 1 号车组的右方有 2 号车组,则在 1 号车组左方下落全部 2 号车组后,第一列下落工作即告完毕,否则,在第一列还可下落 3 号车组,如此类推。

第一列下落完毕后,再从右至左找第一列最后部车组的同号车组,无同号车组时找其大一号的车组,下落到第二列,并按第一列下落的规则填写完第二列,如此类推,直至全部车组下落完毕为止。编制 41001 次摘挂列车编组调车计划的调车表,见表 4.12。

第二步,调整车组

通过观察,已经没有可调整的车组。

表 4.12 调 车 表

下落列 \ 待编车列	5_5	1_3	3_3	6_5	2_1	6_1	1_1	4_6	6_2	2_4
一		1_3					1_1			
二			3_3		2_1					2_4
三	5_5							4_6		
四				6_5		6_1			6_2	

第三步，合并使用线路

第一、第三列单独，第二、第四暂时合并为一列，见表 4.13，则可少用一条线路，也减少了推送钩。

表 4.13 调 车 表

下落列 \ 待编车列	5_5	1_3	3_3	6_5	2_1	6_1	1_1	4_6	6_2	2_4
一(11)		1_3					1_1			
二(10)			3_3	6_5	2_1	6_1			6_2	2_4
三(9)	5_5							4_6		
四				$\boxed{6_5}$		$\boxed{6_1}$			$\boxed{6_2}$	

第四步，填写调车作业通知单

题中，设第一、第三列车组分别使用 11 道、9 道，第二、第四列暂时合并在 10 道(表 4.12 中下落列旁的数字)，调车作业计划为：

10 +25
9 −6
11 −1
10 −10
11 −3
9 −5
10 +16
11 −4
9 −3
11 −1
9 −5
11 −3
9 +24
11 +12
DF7 −36

以上所举例题调车机车在调车场左端，编成列车向右(下行)出发为前提条件的，如果编成列车向左(上行)出发，则下落和收编顺序应怎样变化呢？

【例题 4.6】 根据下列资料,按站顺编组编制乙站 41002 次摘挂列车调车作业计划。已知:

(1)乙站位置及甲—乙区段示意图,如图 4.20 所示。

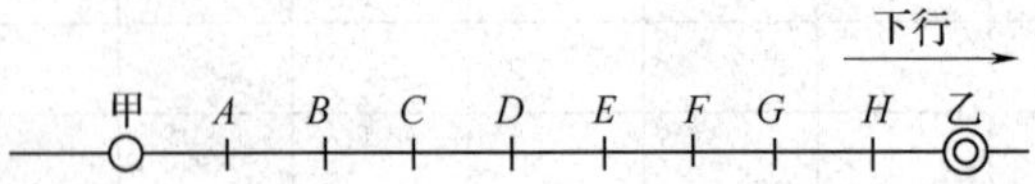

图 4.20 乙站位置及甲—乙区段示意图

(2)乙站调车场示意图及调车机车位置、各股道存车情况如图 4.21 所示。

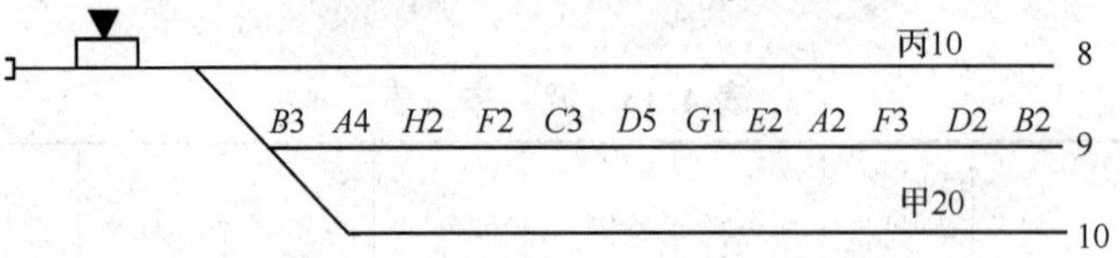

图 4.21 乙站调车场情况及存车位置

(3)待编车列在 9 道,编成后 41002 次送到发场 6 道。

【解】 上行列车 41002 次运行的方向是由乙站开往甲站,顺次到达的第一个中间站是 *H* 站,*H* 站作业后到达 *G* 站……

因此,41002 次列车由乙站开出时的编组顺序是(如图 4.22 所示):

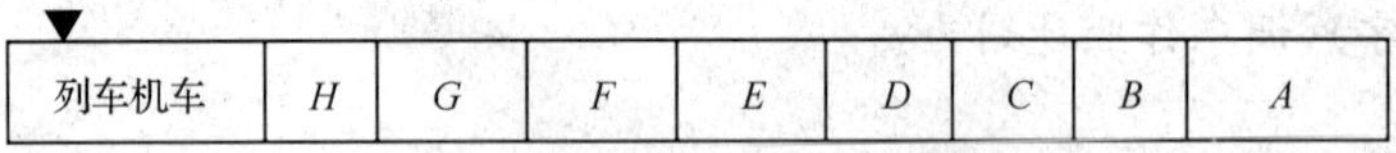

图 4.22 41002 次编成后的示意图

第一步,下落

根据按站顺编组摘挂列车的编组要求,列车编成后各中间站车组的排列顺序及编号为:

H	*G*	*F*	*E*	*D*	*C*	*B*	*A*
8	7	6	5	4	3	2	1

故待编车列中各车组的编号为:

*B*3	*A*4	*H*2	*F*2	*C*3	*D*5	*G*1	*E*2	*A*2	*F*3	*D*2	*B*2
2	1	8	6	3	4	7	5	1	6	4	2

从右端起先找表格上部所填记的待编车列中的第一个"1"号车组,将其下落到第一列,然后向左找出全部 1 号车组,若无 1 号车组,则继续向左找出 2 号车组,并下落到第一列。如果 1 号车组的右方有 2 号车组,则在 1 号车组左方下落全部 2 号车组后,第一列下落工作即告完毕,否则,在第一列还可下落 3 号车组,如此类推。

第一列下落完毕后,再从右至左找第一列最后部车组的同号车组,无同号车组时找其大一号的车组,下落到第二列,并按第一列下落的规则填写完第二列,如此类推,直至全部车组下落完毕为止。编制 41002 次摘挂列车编组调车计划的调车表,见表 4.14。

表4.14　调　车　表

待编车列 下落列	2_3	1_4	8_2	6_2	3_3	4_5	7_1	5_2	1_2	6_3	4_2	2_2
一	2_3	1_4							1_2			
二					3_3							2_2
三						4_5					4_2	
四				6_2				5_2				
五			8_2				7_1			6_3		

第二步，调整车组

通过观察，已经没有可调整的车组。

第三步，合并使用线路

第一、第三列单独，第二、第四、第五暂时合并为一列，见表4.15，则可少用两条线路，也减少了推送钩。

表4.15　调　车　表

待编车列 下落列	2_3	1_4	8_2	6_2	3_3	4_5	7_1	5_2	1_2	6_3	4_2	2_2
一(8)	2_3	1_4							1_2			
二(9)			8_2	6_2	3_3		7_1	5_2		6_3		2_2
三(10)						4_5					4_2	
四				6_2				5_2				
五			8_2				7_1			6_3		

第四步，填写调车作业通知单

题中，设第一、第三列车组分别使用8道、10道，第二、第四、第五列暂时合并在9道（表4.14中下落列旁的数字），调车作业计划为：

9＋29

10－2

9－3

8－2

9－3

10－5

9－7

8－7

9＋15

8－2

9－3

10－2

9－1

8 －3
10－2
9 ＋4
10＋11
8 ＋14
DF6－31

典型工作任务3　编制取送调车作业计划

4.3.1　教学目标

1. 能力目标

通过学习,要求:

(1)会安排调车机车去货场、专用线、机务段、车辆段等作业地点作业。

(2)会结合调车机车、调车场及作业地点的相对位置,编制取送调车作业计划。

2. 知识目标

通过学习,要求:

(1)能描述货场、专用线、机务段、车辆段等作业地点在站场的相对位置。

(2)能根据调车机车、调车场及作业地点的相对位置,分析取送调车作业计划的编制方法。

3. 素质目标

(1)养成细心、用心、全面认识问题的学习态度。

(2)养成善于动脑,勤于思考,及时发现问题的学习习惯。

(3)养成全局的观念。

(4)养成作业安全的职业意识。

(5)培养与各部门、各工种协调配合的思想。

4.3.2　工作任务

掌握取送调车作业计划编制方法。

4.3.3　相关配套知识

取送调车是指为装卸货物或检修车辆,向装卸线、检修线送车或取回车辆。

取送调车作业计划也是以调车作业计划下达的。根据调车场内待送车辆和装卸地点的待取车辆停留等情况进行编制,编制时要注意货场或专用线内有无机车调头设备,从而确定送车时调车机车连挂位置(牵引或推进),以及选编待送车辆时,调车机车在调车场哪一端作业比较方便。

【例题4.7】 按下述资料编制的乙站取送调车作业计划。

(1)乙站车站平面示意图如图4.23所示。

(2)乙站货场存车情况如图4.24所示,要求18:30—19:00从调车场13道挂10车送货1,从货1、货2取回装往丙站的10辆至10道集结,从货3取回装往乙甲间的9车至9道集结。

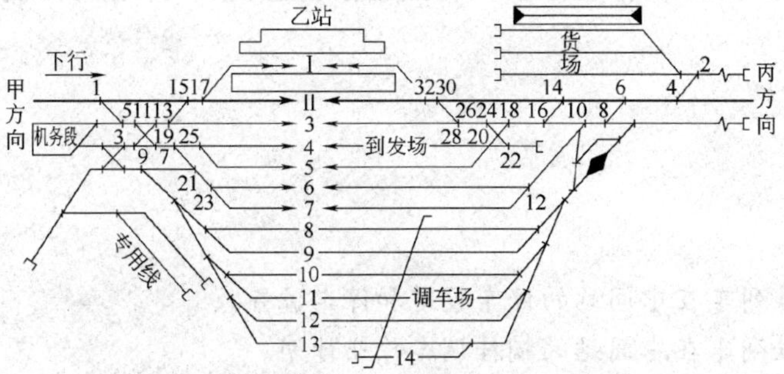

图 4.23　乙站平面示意图

【解】　本题可以这样考虑：

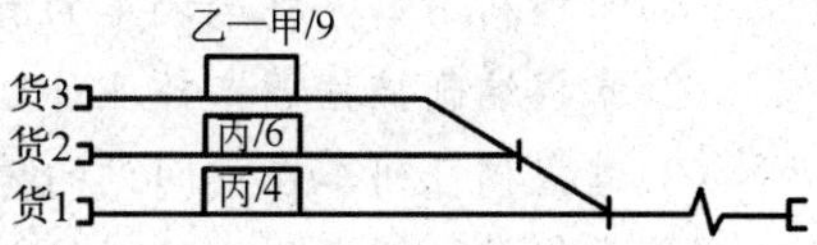

图 4.24　乙站货场存车示意图

(1)调车机车从调车场13道挂10个送货场1的车到货场。

(2)调车机车将货1的待取丙的4个车拉出，暂时和货2待取丙的6个车放在一起。

(3)调车机车将送货1的10车送到货1，并对好货位。

(4)调车机车将货2待送丙的10车和货3待送乙—甲间的9车取出。

(5)调车机车将货2待送丙的10车和货3待送乙—甲间的9车分解到调车场固定股道内。

根据以上乙站取送调车作业计划编制的分析，取送调车作业通知单填写，见表4.16。

表 4.16　调车作业通知单

5月1日		第1号		货场取送		调1机车	
计划起讫时分：	自18:30		至19:00				
实际起讫时分：	自		至				
顺序	场别	股道	挂车数	摘车数	作业方法	记事	残存
1	调车场	13	10			全部	
2	货场	货1	4				
3	货场	货2		4			
4	货场	货1		10		对货位	
5	货场	货2	10				
6	货场	货3	9				
7	调车场	9		9			
8	调车场	10		10			

调车长：李广利　　　　填单人：王兵

典型工作任务 4　编制摘挂调车作业计划

4.4.1　教学目标

1. 能力目标

通过学习,要求:

(1)会确定摘挂列车在中间站的停车股道和停车位置。

(2)会编制摘挂列车在中间站的摘挂调车作业计划。

2. 知识目标

通过学习,要求:

(1)掌握利用本务机车调车的有关规定。

(2)掌握编制摘挂调车作业计划所需要的资料。

(3)掌握摘挂列车在中间站的停车股道和停车位置确定的方法。

(4)掌握摘挂调车作业计划编制方法。

3. 素质目标

(1)养成细心、用心、全面认识问题的学习态度。

(2)养成善于动脑,勤于思考,及时发现问题的学习习惯。

(3)养成全局的观念。

(4)养成作业安全的职业意识。

(5)培养与各部门、各工种协调配合的思想。

4.4.2　工作任务

掌握摘挂调车作业计划编制方法。

4.4.3　相关配套知识

摘挂调车是指为列车补轴、减轴、换挂车组或摘挂车辆的作业。本模块主要介绍摘挂列车在中间站利用本务机车进行调车的摘挂调车作业计划的编制。

1. 摘挂列车调车作业计划的编制分工

中间站利用本务机车进行调车时,调车领导人为车站值班员,调车作业计划由车站值班员编制。

2. 摘挂列车调车作业计划的编制要求

编制摘挂列车调车作业计划,要力求做到钩数少、行程短、带车数少、作业方便。

3. 摘挂列车调车作业计划的编制依据

(1)列车调度员下达的摘挂车计划:如摘车数、挂车数、预计列车到站时间及作业要求

(2)摘车确报:摘车数、车种、吨位、品名和收货人,以及所摘车辆在列车中的位置。

(3)车站线路占用及现在车分布情况,待挂车数(重车分去向、空车分车种)及其停留位置。

(4)装卸人力、机具、装卸作业进度和货位使用情况。

4. 摘挂列车调车作业计划的编制方法

车站值班员编制摘挂列车的调车作业计划时，一般使用附有示意图的调车作业通知单，作为布置和传达计划的依据。为使机车乘务员熟悉车站停留车分布、送车和挂车地点，图中应标明线路容车数和停留车位置。计划的内容包括摘挂列车的车次、调车作业的起止时分、作业股道、作业方法、摘挂车数和编制人姓名等。

如为电气化铁路区段，还应标明接触网终点标、分相绝缘器与有关调车信号机或最外方道岔尖轨尖端之间的距离，以便司机掌握。

【例题 4.8】 根据下列资料，确定 40002 次摘挂列车的接车股道，并编制摘挂列车 40002 次在 B 站利用本务机车调车的摘挂调车作业计划。已知：

(1)40002 次列车编组内容顺序，如图 4.25 所示。

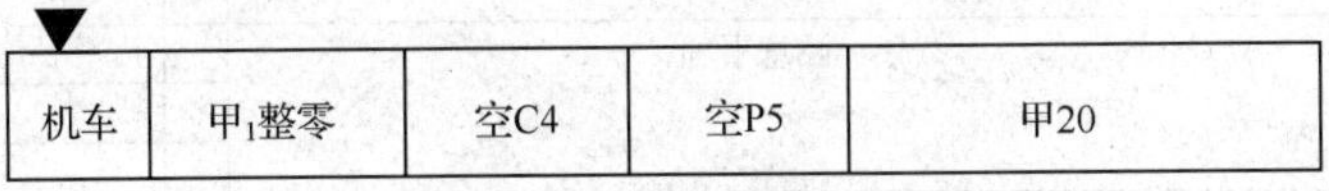

图 4.25　40002 次列车编组内容顺序

(2)B 站线路示意图如图 4.26 所示，7 道停有装往甲站的待挂重车 2 辆，40002 次列车在 B 站甩空车 9 辆，其中 4 辆空敞车装棉花，5 辆空棚车装粮食。

【解】 第一步，确定摘挂列车的接车线路和停留位置。

确定摘挂列车的接车股道，应选择调车行程短、作业方便的接车线路和停车位置。这样可以减少调车作业与接发列车进路的干扰，缩短调车行程。因此，本站上下行摘挂列车均应接入靠近货物线的 5 道，如图 4.26 所示。

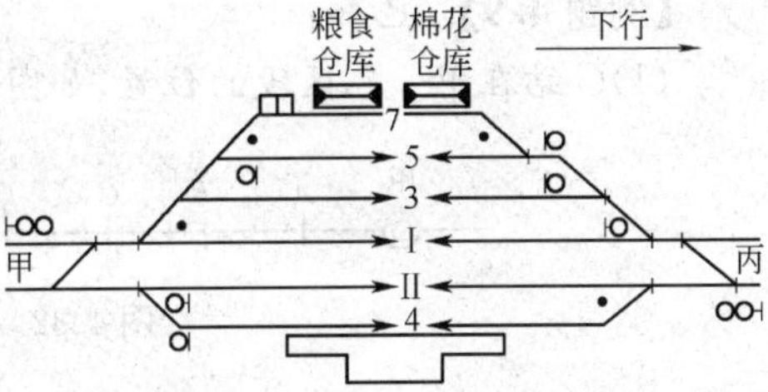

图 4.26　B 站线路示意图

第二步，编制摘挂调车作业计划的分析。

40002 次接入 5 道后，可以这样考虑：

(1)列车机车先到货物线 7 道连挂装往甲站的重车 2 辆，如图 4.27 所示。

(2)列车机车将空敞车 4 辆送往 7 道装棉花的货位上，如图 4.28 所示。

图 4.27　列车机车 7 道挂车示意图

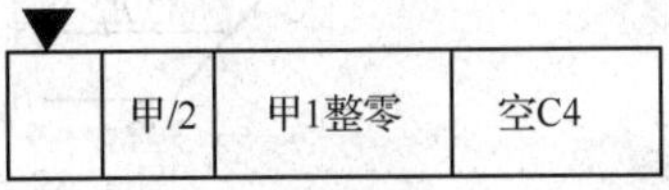

图 4.28　列车机车 5 道挂 5 车后的示意图

(3)列车机车再将空棚车 5 辆送往 7 道装粮食的货位上，如图 4.29 所示。

(4)列车机车最后返回 5 道连挂本列，如图 4.30 所示。

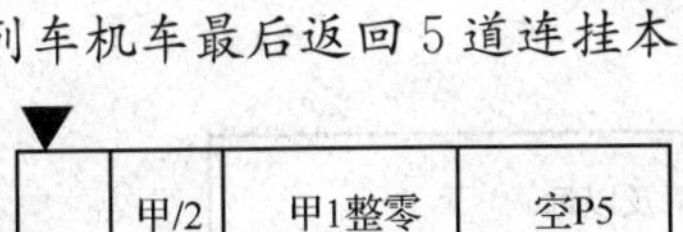

图 4.29　列车机车 5 道又挂 5 车后的示意图

图 4.30　机车返回 5 道连挂本列后的示意图

第三步，填写调车作业通知单

调车作业计划编制完后，填写附有车站平面示意图的调车作业通知单，如图 4.31 所示。

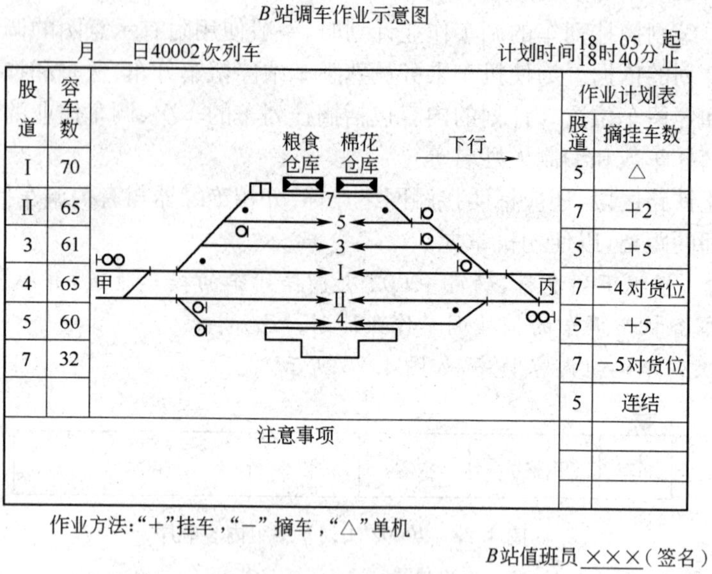

图 4.31　40002次调车作业通知单示意图

【例题 4.9】 已知:

(1)C站在甲—乙区段的位置,如图 4.32 所示。

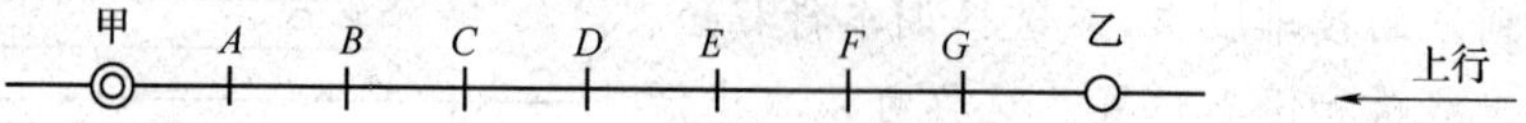

图 4.32　C站在甲—乙区段的位置

(2)C站线路示意图,如图 4.33 所示。

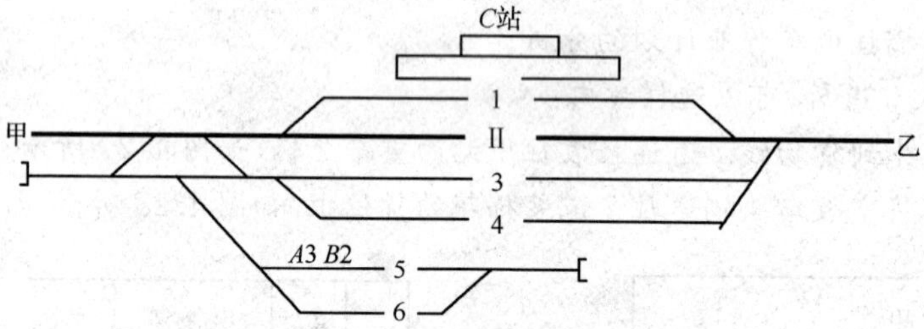

图 4.33　C站线路示意图

(3)C站货物线 5 道停有装好重车 5 辆(3 辆往 A,2 辆往 B)待挂上行 41042 次摘挂列车,41042 次列车编组内容,如图 4.34 所示。

图 4.34　41042次列车编组内容

到达C站的化肥 2 辆须在 6 道卸车,煤 4 辆在 5 道卸车。

要求:确定C站 41042 次摘挂列车的接车线,编制 41042 次调车作业计划。

【解】

(1)确定摘挂列车的接车线路。确定摘挂列车的接车股道,应选择调车行程短、作业方便的接车线路和停车位置。这样可以减少调车作业与接发列车进路的干扰,缩短调车行程。因此,本站上行摘挂列车接入 4 道。

(2)编制调车作业计划的分析。

①列车机车先摘下 C 站化肥/2、煤/4 共 6 辆车至 6 道。4～6 道现车情况,如图 4.35 所示。

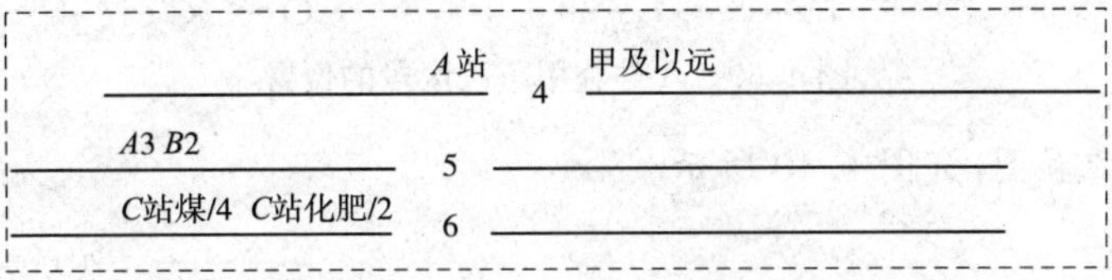

图 4.35　4～6 道现车情况 1

②列车机车 5 道连挂 A 3,摘车至 4 道。4～6 道现车情况,如图 4.36 所示。

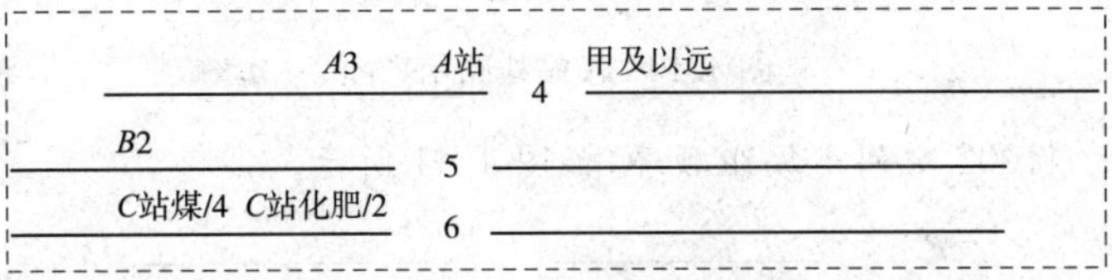

图 4.36　4～6 道现车情况 2

③列车机车 5 道连挂 B 2,再去 6 道连挂 C 站煤/4,摘车至 5 道。4～6 道现车情况,如图 4.37 所示。

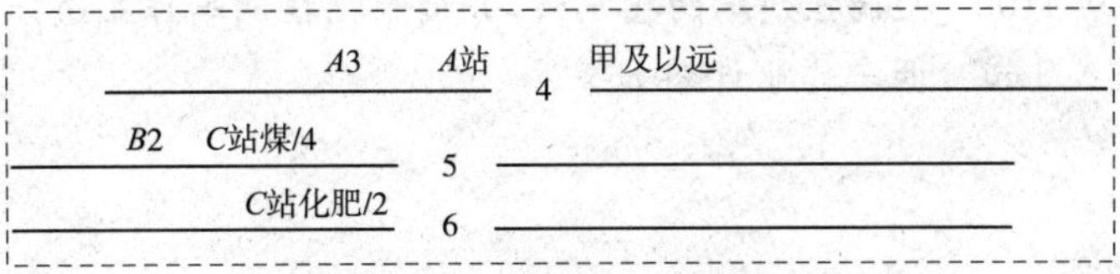

图 4.37　4～6 道现车情况 3

④列车机车带车 B 2,返回 4 道连挂本列。4～6 道现车情况,如图 4.38 所示。

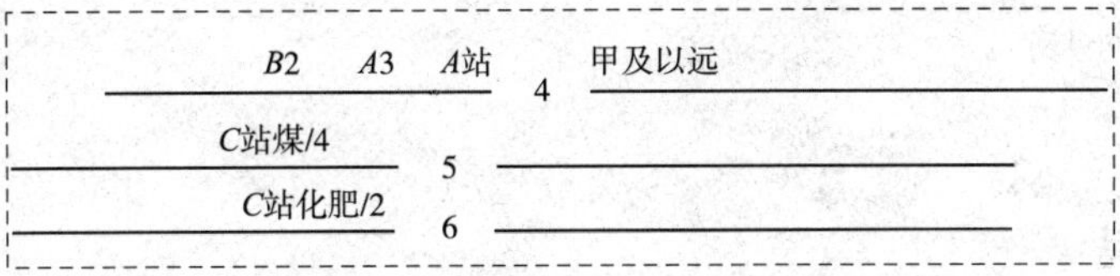

图 4.38　4～6 道现车情况 4

(3)编制 41042 次调车作业计划:

4 +6

6 −6(对货位)

5 +3

4 −3

5 +2

6 +4

5 −4

4 连结

【例题 4.10】 已知资料:

(1)A 站在甲—乙区段中的位置,如图 4.39 所示。

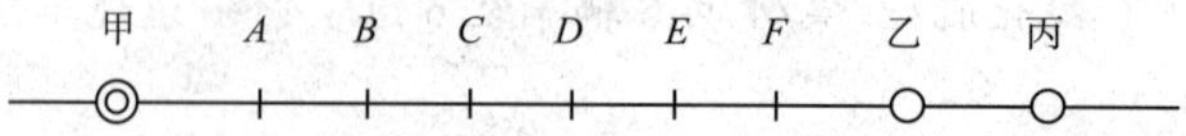

图 4.39 A 站在甲—乙区段的位置

(2)A 站线路配置图,如图 4.40 所示。

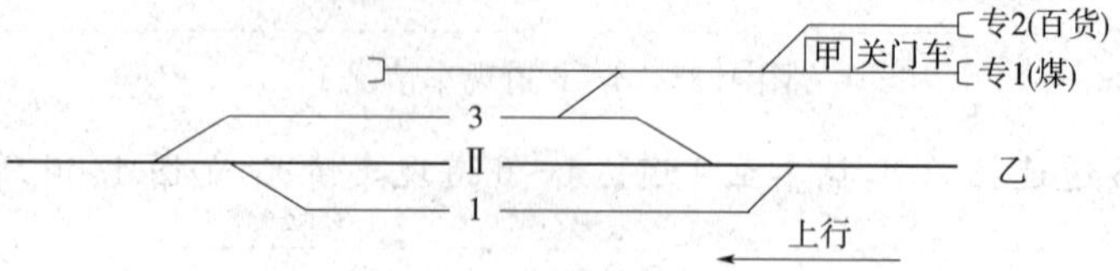

图 4.40 A 站线路示意图

(3)车站收到的 41002 次列车编组顺序,如图 4.41 所示。

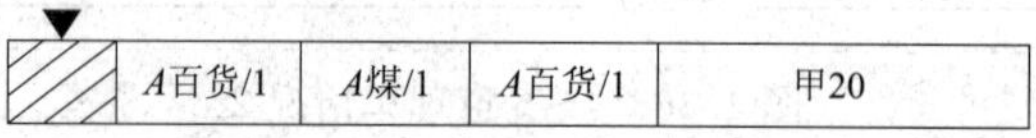

图 4.41 41002 次列车的编组内容及顺序图

到 A 站百货 2 辆送专 2 道卸车,煤 1 辆送专 1 卸车,而专 1 有待发甲(关门车)1 辆须挂走。要求:确定 A 站 41002 次摘挂列车的接车线,并编制摘挂调车作业通知单。

【解】 列车接入 1 道,调车作业计划如下:

1 +6

专1+1

1 −4

专2−1(对货位)

专1−1(对货位)

专2−1(对货位)

1 道连结

项目小结

本项目介绍了实现阶段计划、指挥调车机车作业的具体行动计划——调车作业计划的编制方法。其中解体调车作业计划的编制要考虑调车场、调车机车和待解车列的相对位置;编组调车作业计划的编制介绍了单组混编列车编组调车作业计划的编制和按站顺编组摘挂列车调车作业计划的编制。单组混编列车编组调车作业计划的编制主要有连挂和转线两项,连挂时注意连挂顺序,按站顺编组摘挂列车调车作业计划的编制,要求在考虑调车机车位置和编成后列车运行方向的基础上采用下落列的方法;取送调车作业计划的编制要考虑到取送作业时间的安排，调车场、调车机车和作业地点的相对位置；中间站利用本务机车进行的摘挂调车作业计划编制则要考虑到摘挂列车的停车股道和停车地点，需采用附中间站平面示意图的调车作业通知单。

复习思考题

1. 分部解体时，选择开口位置的原则有哪些？为什么？

2. 列车编组要符合哪些方面的规定？

3. 单组混编列车的编组有哪些步骤？

4. 下落列方法按站顺编制摘挂列车编组调车作业计划一般有哪几步？需要考虑哪些因素？

5. 取送调车作业计划的编制要考虑哪些方面？

6. 中间站利用本务机车进行的摘挂调车作业计划编制时要考虑哪些因素？

7. 根据下列资料，编制 B 站解体与编组调车作业计划：

(1) B 站衔接方向示意图如图 4.42。

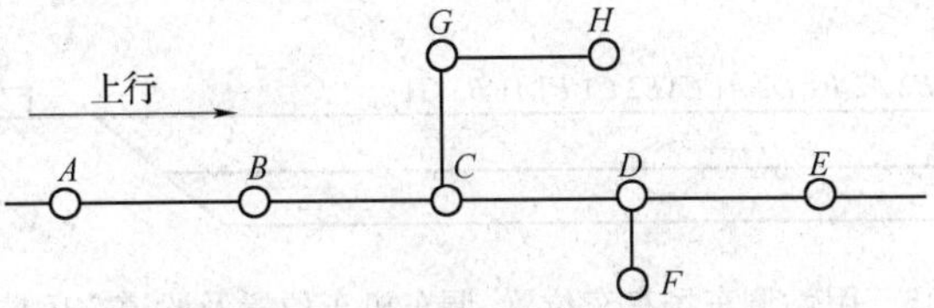

图 4.42 B 站衔接方向示意图

(2) B 站为横列式编组站，线路固定使用办法如下：1～5 道为到发线，6～10 道为调车线，其中 6 道集结空敞车，7 道集结 D 及其以远（即 D、D—E、E、D—F、F）车流，8 道集结 C 及其以远（即 C、C—D、C—G、G、G—H、H）车流，9 道集结 B—C 车流，10 道集结到达的本站作业车。第一牵出线在 C 方向一端，第二牵出线在 A 方向一端。

(3) 摘录 B 站上行方向列车编组计划如下：

D 方向，编组内容为①D 及其以远（在机车次位）②空敞车，列车种类为直通列车。

(4) 若由 A 方向到达的解体列车 41002 次接入到发场 3 道，其编组内容见表 4.17。

表 4.17 41002 次编组内容表

去向	F	D—E	D	B—C	空敞	C—D	E	B	F	D	G	D	G
车数	2	2	2	3	4	3	2	1	2	1	1	3	2

(5) 41002 次解体前，调车场 6 道已有空敞车 35 辆，7 道有重车 6 辆。其他股道为空线。

(6) D 方向列车编成辆数 $m=50$ 车。直通列车车次为 22004 次。

要求：

整列解体 41002 次后，紧接编组 D 方向 22004 次列车，试写出调车机车分别在一、二牵出线作业的解体和编组调车作业计划（22004 次定于到发场 4 道发车）。

8. 根据下列资料编制 41002 次摘挂列车调车作业计划，并写出调车作业通知单。

(1) 乙—甲区段中间站分布图如图 4.43 所示。

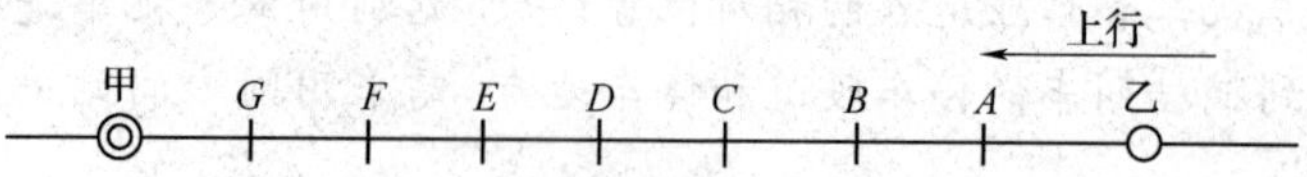

图 4.43　乙—甲区段中间站分布图

(2)乙站调车场存车位置、调车机车位置及股道空闲情况如图 4.44 所示。

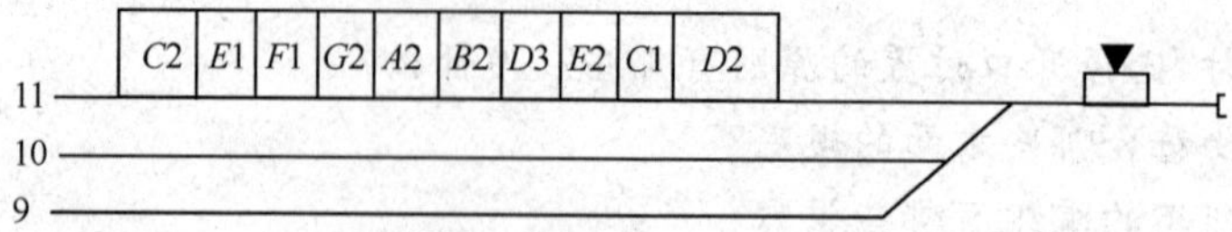

图 4.44　乙站调车场存车位置、调车机车位置及股道空闲情况图

(3)41002 次编成后,转往到发场 7 道。

9. 根据下列资料按站顺编组甲站始发的 41001 次列车,编好后转出发线 3 道。试写出调车作业通知单。

(1)甲—乙区段车站位置如图 4.43 所示。

(2)甲站调车场存车位置、调车机车位置及股道空闲情况如图 4.45 所示。

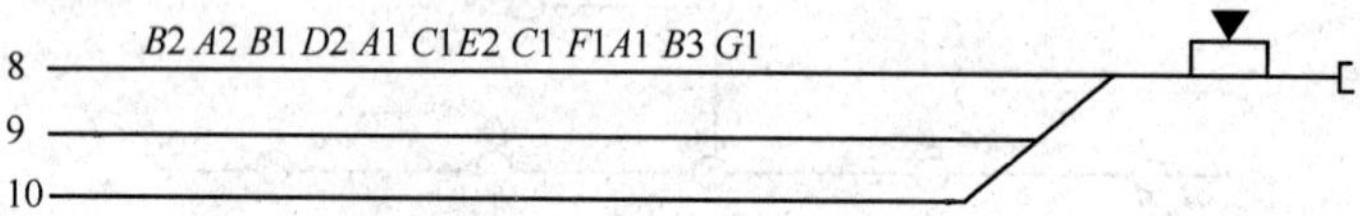

图 4.45　甲站调车场存车位置、调车机车位置及股道空闲情况图

10. 根据下列资料编制摘挂列车调车作业计划。已知:

(1)乙站位置如图 4.46 所示。

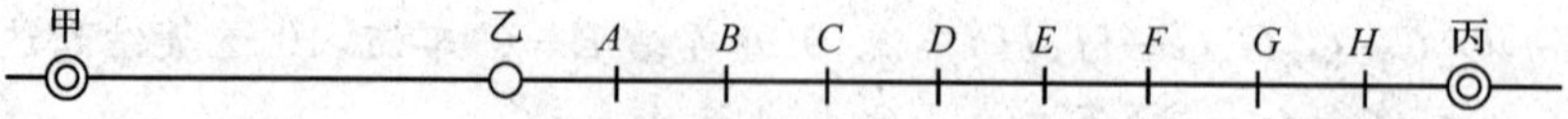

图 4.46　乙站位置示意图

(2)乙站毛玻璃板记录,乙—丙间摘挂车流见表 4.18。

表 4.18　乙—丙间摘挂车流表

股道	10	11	12
现车(由东至西)	F10 E1 B1 D8 A5 C1 D1 G1 A6 B5 H1	乙—甲/3	甲及以远/10

(3)调车机车在西端(即调车机车在左端)。

要求:按站顺编组,编制 41035 次摘挂列车调车作业计划,41035 次在出发线 5 道。

11. 根据下列资料编制摘挂列车调车作业计划。

已知:丙站 7 道为编发线,利用 7、8、9 三条线编组 40002 次列车,将三股道上的车全部挂走,乙站车流挂尾部,整装零担车挂乙站车前,空平车给 A 站配车,编成后转出发线 5 道,写出调车作业通知单。

(1)乙—丙区段中间站分布图如图 4.47 所示。

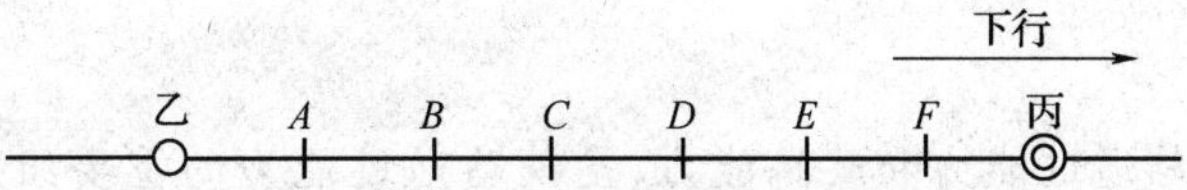

图 4.47　乙—丙区段中间站分布图

(2)丙站调车场存车位置、调车机车位置如图 4.48 所示。

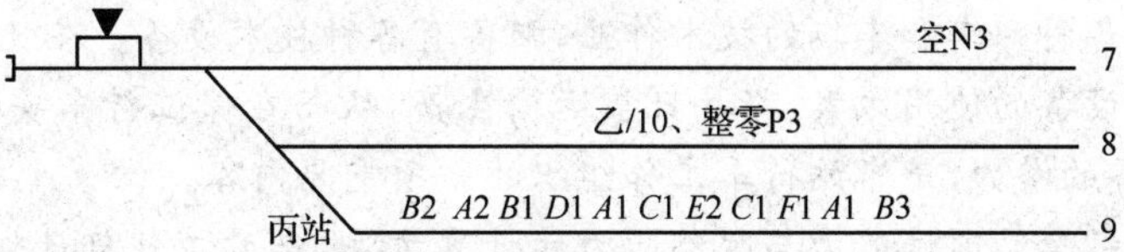

图 4.48　丙站调车场存车位置、调车机车图

项目5　计算车站能力

项目描述

车站能力包括车站通过能力和改编能力，是铁路通过能力的重要组成部分。为了适应运量的需求，协调车站各项设备之间的作业，查出车站设备和作业组织上的薄弱环节，科学合理地运用各项技术设备组织运输生产，必须查实和计算车站通过能力与改编能力。这是车站技术管理的一项重要内容，也是车站行车组织工作的一项重要任务。

车站为了办理各种列车和车辆的技术作业，配备有各种技术设备。在既有设备的前提下，合理制定车站技术设备的使用方案，指导日常运输生产，从而在保证行车安全的基础上，提高运输效率，挖掘设备的潜力，是车站行车工作组织的一项重要内容。

本项目主要介绍车站通过能力与改编能力的计算方法，车站工作日计划图的绘制方法等内容。

拟实现的教学目标

1. 能力目标

在学习本项目后，要求对车站的能力计算及设备固定使用有全面的认识，并要求：

(1)会计算车站通过能力。

(2)会计算车站改编能力。

(3)会提出提高车站能力的措施。

(4)会分析车站到发车流及其特征。

(5)会合理安排车站的各项技术设备的使用。

(6)会绘制车站工作日计划图。

(7)会计算车站日计划指标。

2. 知识目标

在学习本项目后，要求：

(1)掌握车站能力的概念及计算方法。

(2)掌握提高车站能力的相关措施。

(3)掌握车站各项技术设备的使用方法。

(4)掌握车站工作日计划图的绘制方法及指标计算方法。

3. 素质目标

(1)养成诚实、细心、吃苦耐劳的品德。

(2)养成善于动脑、勤于思考、全面认识问题和及时发现问题的学习习惯。

(3)具有和车站行车工作各个工作环节的工作人员共事的团队意识,能进行良好的团队合作。

(4)养成作业安全的职业意识。

典型工作任务1 计算车站通过能力

5.1.1 教学目标

1. 能力目标

通过学习,要求对车站通过能力有全面的认识,并要求:

(1)会计算车站咽喉通过能力。

(2)会计算车站到发线通过能力。

2. 知识目标

通过学习,要求:

(1)掌握车站通过能力的概念。

(2)掌握车站咽喉通过能力的计算方法。

(3)掌握车站到发线通过能力的计算方法。

3. 素质目标

(1)养成细心、全面认识问题的学习态度。

(2)养成善于动脑、勤于思考、及时发现问题的学习习惯。

5.1.2 工作任务

(1)梳理车站能力计算的相关知识。

(2)学习车站咽喉通过能力的计算方法。

(3)学习车站到发线通过能力的计算方法。

5.1.3 相关配套知识

1. 车站能力计算的相关知识

(1)定义

车站通过能力,是指车站在现有设备条件下,采用合理的技术作业过程,一昼夜能够接发各方向的货物列车数和运行图规定的旅客列车数(客运站通过能力是旅客列车数和运行图规定的货物列车数)。它包括咽喉通过能力和到发线通过能力两部分。

车站改编能力是指在合理使用技术设备条件下,车站的固定调车设备一昼夜内所能解体和编组各方向的货物列车数或车数。

(2)查定和计算车站能力的目的

① 为了有效利用现有的技术设备,正确地组织列车接发,合理分配列车解编任务。

② 查明车站工作组织和技术设备中的薄弱环节,采取相应措施,挖掘设备潜力,提高作业效率,加强车站能力。

③ 为了加强车站技术管理,为编制列车编组计划和列车运行图以及对现有技术设备进行

改建或扩建提供依据。

(3)影响车站能力的主要因素

① 车站现有设备情况,如站场类型和咽喉进路布置、到发线数量和有效长、调车设备类型和数量、信号联锁闭塞设备类型等,货运站还涉及货物线、装卸站台长度,货场、仓库的面积和货物装卸能力等。

② 车站作业组织情况,如各种列车的技术作业过程,所采用的先进工作方法,各项作业占用设备的时间标准,各车场分工和线路固定用途等。

③车站办理各方向的列车种类和数量,计划行车量的分配方案等。

(4)占用车站设备的各种作业

上述各种因素对车站能力的影响,基本上可以集中表现在各项作业占用设备的次数和每次占用的时分两项数字上。这两项数字是计算车站能力的原始数据,为了计算车站能力,应将占用设备的全部作业划分为主要作业和固定作业两类。

① 主要作业

主要作业的内容包括各种列车(旅客列车和摘挂列车编组除外)的到达、解体、编组、出发和机车出入段等作业。这一类作业占用设备次数较多,随着行车量的变化其数量增减也较大。

② 固定作业

固定作业是指与行车量增减无关的作业。计算车站(客运站除外)通过能力与改编能力时,以下各项按固定作业计算:

a. 旅客列车到、发、调移及其本务机车出入段等作业。

b. 摘挂列车编组作业(一般仅限于列车运行图中规定的作业次数,随运量变化而有显著变化者除外)。

c. 向车辆段、机务段和货物装卸地点定时取送车辆的作业。

d. 调车组和机车乘务组交接班、吃饭及调车机车整备作业。

计算客运站通过能力时,运行图规定的货物列车到发及其本务机出入段等作业应按固定作业计算。

(5)计算方法

计算车站通过能力和改编能力的方法,有直接计算法和利用率计算法两种。

① 直接计算法

直接计算法是根据每一列车到发作业或改编作业占用某项技术设备的平均时间,利用公式直接算出该设备的能力。当某项技术设备担当的作业种类比较单一时,可采用直接计算法。例如某驼峰只担当解体作业,可采用直接计算法计算驼峰的解体能力。

② 利用率计算法

利用率计算法是以列车、机车、车辆不间断地均衡占用技术设备为前提,并考虑设备占用有一定空费时间或妨碍时间,先求出该项设备能力的利用率,再用利用率求出车站能力。这是计算车站能力最常用的方法,它能反映出在完成规定任务的情况下,车站各项设备的利用程度,计算方法简便,但计算结果有一定的误差。

当车站通过能力利用率达到85%,改编能力利用率达到90%时,应按阶段或小时计算能力并作图解验算分析,采取加强能力的措施。图解计算分析的方法如本项目典型工作任务5

编制车站工作日计划图。

(6)计算精度要求

① 能力利用率 K,保留小数点后两位,第三位四舍五入。

② 作业时间标准,保留小数点后一位,第二位四舍五入。

③ 按方向别和列车种类别计算的能力值,以列数表示时,保留小数点后一位,第二位四舍五入;以辆数表示时,小数点后舍去不计。

2. 咽喉道岔组通过能力

咽喉道岔组通过能力,是指某方向接、发列车进路上最繁忙的道岔组一昼夜能够接、发该方向的货物列车数和运行图规定的旅客列车数。

咽喉通过能力,为咽喉区各进路咽喉道岔组通过能力之和。计算咽喉通过能力,应首先计算咽喉道岔组通过能力。

(1)占用咽喉道岔组的时间标准

占用咽喉道岔组的时间按作业性质不同,可归纳为接车、发车和调车占用三种。

① 接车占用咽喉道岔组的时间($t_{接车}$)

$$t_{接车}=t_{准}+t_{进}\quad (\text{min}) \tag{5.1}$$

式中 $t_{准}$——准备接车进路(包括开放信号)的时间,电气集中设备为0.1~0.15 min;

$t_{进}$——列车通过进站距离的时间,是自接车进路准备完毕时起至列车腾空该咽喉道岔组或该进路解锁时止的一段时间,min。

列车通过进站距离($L_{进}$)如图5.1所示。$t_{进}$可采用写实查定方法或按下式计算:

$$t_{进}=\frac{L_{进}}{v_{进}}\times 0.06=\frac{l_{确}+l_{制}+l_{进}+0.5l_{列}}{v_{进}}\times 0.06\quad (\text{min}) \tag{5.2}$$

式中 $l_{确}$——司机确认预告信号的时间内,列车所走的距离,m;

$l_{制}$——列车制动距离,m;

$l_{进}$——进站信号机至车站中心线的距离,m;

$l_{列}$——列车长度,m;

$v_{进}$——列车进站平均速度,km/h;

0.06——km/h换算为m/min的单位换算系数。

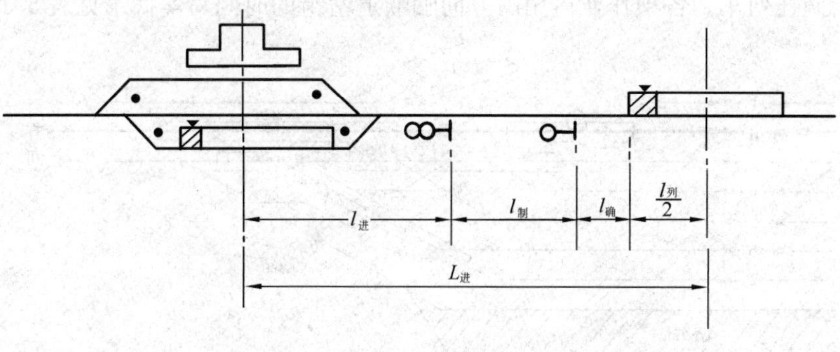

图5.1 列车进站走行距离示意图

② 发车占用咽喉道岔组的时间($t_{发车}$)

$$t_{发车}=t_{准}+t_{出}\quad (\text{min}) \tag{5.3}$$

式中 $t_{出}$——列车通过出站距离的时间,是自发车进路准备完毕后列车起动时起至列车尾部离开该发车进路最外方道岔或该进路解锁时止的一段时间,min。

列车通过出站距离($L_{出}$)如图 5.2 所示。$t_{出}$ 可采用写实查定方法或按下式计算:

$$t_{出}=\frac{L_{出}}{v_{出}}\times 0.06=\frac{l_{出}+l_{列}}{v_{出}}\times 0.06\quad (\text{min}) \tag{5.4}$$

式中 $l_{出}$——由出站信号机起至发车进路最外方道岔或咽喉道岔联锁区段轨道绝缘节止的距离,m;

$v_{出}$——列车出站平均速度,km/h。

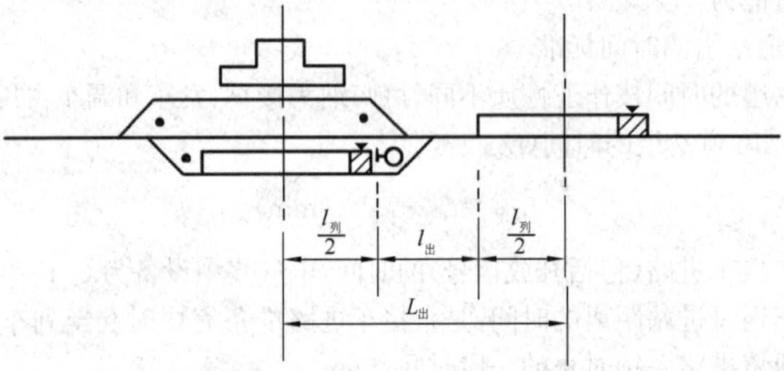

图 5.2 列车出站走行距离示意图

③ 调车占用咽喉道岔组的时间($t_{调}$)

调车作业包括机车出入段、车列牵出或转线、编组、解体或车辆取送等,各单项作业时间标准,多采用写实法确定。

采用写实法查定接车、发车和调车作业占用咽喉道岔组的时间标准,一般分为写实、资料汇总和定标三个步骤。

第一步,写实。

写实一般连续三昼夜进行作业时分统计,例如,乙站丙端咽喉区如图 5.3 所示,《站细》规定到发线固定使用为:1、Ⅱ道接发旅客列车,3、4 道接发直通货物列车,5 道为机车走行线,6、7 道接发区段、摘挂列车。各项作业占用丙方向咽喉道岔组的时间写实摘录见表 5.1。

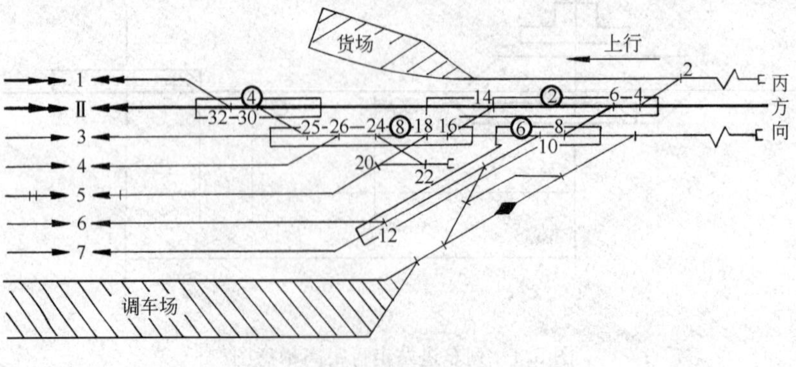

图 5.3 乙站丙方向咽喉区示意图

表5.1　乙站丙方向咽喉道岔组占用时间写实表(摘录)

7 月 8 日18时01分——7 月11日18时00分

作业项目	准备进路	开始占用	道岔解锁	占用咽喉道岔组号码				备　注
				②	④	⑥	⑧	
Ⅰ	Ⅱ	Ⅲ	Ⅳ	Ⅴ				Ⅵ
接32008	18:08	18:10	18:15	√		√		
货场送车	18:12	18:15	18:20			√		
发20111	18:23	18:25	18:30	√			√	
货场取车	18:38	18:40	18:45	√		√		
接20114	19:23	19:25	19:30	√			√	
发20113	19:48	19:50	19:53	√			√	
接K302	20:38	20:41	20:45	√	√			
…	…	…	…	…	…	…	…	…

表5.1第Ⅰ栏“作业项目”,简单记明有关作业名称。第Ⅱ栏“准备进路”,记录扳道员开通进路或控制台上该进路亮白色光带的时刻。第Ⅲ栏“开始占用”,接车时记录列车接近或进入预告信号机的时刻;发车时记录列车起动时刻;调车时记录车列或机车启动时刻。第Ⅳ栏“道岔解锁”,记录道岔占用表示灯(光带)熄灭或解除进路锁闭的时刻。第Ⅴ栏“占用咽喉道岔组号码”,为作业实际占用的道岔,写实时,可在各该进路经过的咽喉道岔组的空格内记录“√”。第Ⅵ栏“备注”,填记需要说明的情况。例如,因站内办理调车作业致使进站信号开放过晚造成机外停车,或因列车起动多次(或其他原因)使发车占用时间过长等等情况,均应在该栏内简要注明。

第二步,资料汇总。

采点写实结束后,应对写实表中各项数字进行分析,保留其中合理部分,剔除不合理部分,然后按不同作业项目(接车、发车、调车)分别汇总。接车和发车还应按车站衔接方向、客货列车分别汇总。

例如,7月8日18:01至11日18:00乙站丙方向货物列车接车占用咽喉道岔组时间汇总摘录见表5.2。

表5.2　乙站丙方向接车占用咽喉道岔组时间汇总表(摘录)

列车车次	准备进路	开始占用	道岔解锁	实际占用(min)	最小占用(min)	备　注
Ⅰ	Ⅱ	Ⅲ	Ⅳ	Ⅴ	Ⅵ	Ⅶ
32008	18:08	18:10	18:15	7	5	
20114	19:23	19:25	19:30	7	5	
20116	21:23	21:24	21:30	7	6	
41002	22:23	22:25	22:31	8	6	
…	…	…	…	…	…	…
合计:69列				489	379	
每次平均				7.1	5.5	

表 5.2 中第Ⅰ～Ⅳ栏是由写实表 5.1 中转抄过来的;第Ⅴ栏“实际占用”咽喉道岔组的时分,等于第Ⅳ栏减第Ⅱ栏;第Ⅵ栏“最小占用时分”,等于第Ⅳ栏减第Ⅲ栏。

第三步,定标。

将连续三昼夜的写实表资料填入汇总表内,检查核对无误后,即可求出接车、发车和调车一次占用咽喉道岔组的平均时间。经过进一步分析研究,参考作业中经常出现的、符合安全操作要求的时分标准,最后确定平均时间标准,这项工作称为定标。

例如,从表 5.2 可知,乙站丙方向 3 d 共接入货物列车 69 列,实际占用咽喉道岔组的总时间为 489 min,平均每列为 7.1 min;最小占用的总时间为 379 min,平均每列占用 5.5 min。两者相差 1.6 min,应如何定标呢?

如按最小占用时间定标,必须在列车接近预告信号机时开放进站信号,这是很难实现的,故不宜采用。如按实际占用时间定标,则数值偏大,浪费车站通过能力,故亦不宜采用。因此,一般采用两者的平均值,作为接车占用咽喉道岔组的时间标准,即

$$t_{接车}=t_{准}+t_{进}=0.15+\frac{7.1+5.5}{2}=6.5(\text{min})$$

在电气集中设备的车站,准备接车进路的时间一般采用 0.15 min。计算结果保留小数点后一位。定标时一般采用 7 min。

(2)咽喉道岔组的确定

咽喉道岔组,是指某方向某接发列车进路上作业最繁忙(作业占用时间最长)的一组道岔。为避免逐个道岔进行计算,减少计算工作量,可将咽喉区的许多道岔划分为若干个道岔组,通过计算比较,找出各方向各接发列车进路上的咽喉道岔组。

道岔分组的基本原则是:

① 不能被两条进路同时分别占用的道岔,应合并为一组。如图 5.4(a)所示,当其中任何一副道岔被占用时,其余道岔均无法同时开通其他进路,这些道岔应划为一组。

② 两条平行进路上的道岔和渡线两端的道岔不能并为一组,如图 5.4(b)所示。

③ 可以被两条进路同时分别占用,以及辙叉尾部相对且分布在线路两侧的相邻道岔不能并为一组,如图 5.4(c)所示。

④ 交叉渡线一端的道岔应合并为一组,如图 5.4(d)所示。

现以乙站丙方向咽喉为例,根据道岔分组的原则和方法,可将该咽喉区的道岔划分为四个道岔组,如图 5.3 所示。

咽喉区道岔分组后,应编制咽喉区道岔组占用时间计算表,见表 5.3。将各组道岔号填入第Ⅵ栏,根据车站技术作业过程、线路固定使用的规定,将该咽喉区全部作业进路依次填入第Ⅱ栏,将作业次数、每次占用的时间标准填入第Ⅲ、Ⅳ栏,第Ⅲ栏和第Ⅳ栏的乘积填入第Ⅴ栏和第Ⅵ栏被占用的有关道岔组内。最后将各道岔组被占用的时间分别加总,其中被占用总时分最长的道岔组为该方向接发列车进路上的咽喉道岔组。

例如,根据乙站车流汇总表,该站甲、丙方向行车量均为:直通货物列车 15 对、区段列车 6 对、摘挂列车 2 对;固定旅客列车 10 对;按上述写实查定法,各项作业占用道岔组的时间标准如表 5.3 第Ⅳ栏所示。该站丙端咽喉区道岔组占用时间计算如表 5.3 所示。

表 5.3 第Ⅴ、Ⅵ栏括号内的数字表示固定作业占用时间,“□”内的数字表示妨碍作业时分。由于固定作业而产生的妨碍时间,计入固定作业时间内。

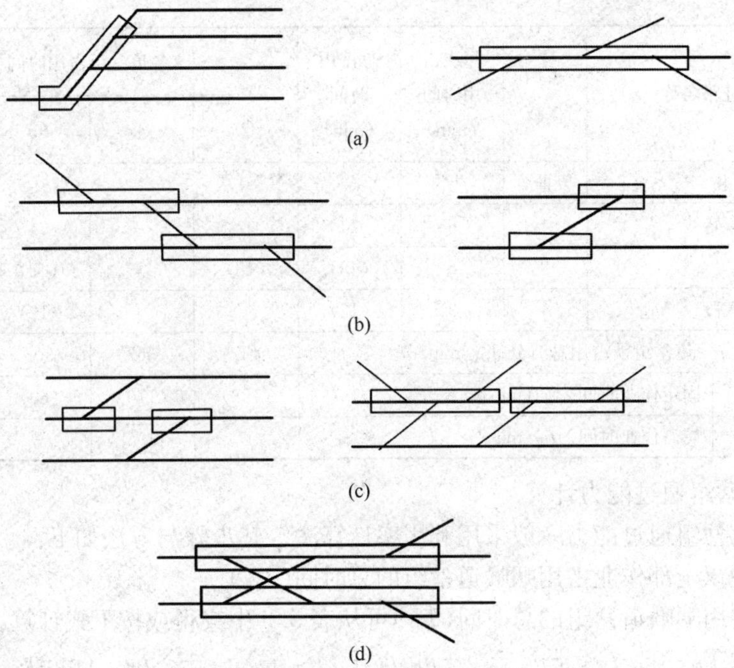

图5.4 道岔分组

从表5.3可以看出，第②号道岔组（包括4、6、14号道岔）被占用的总时分最长，其利用率也最高。因此确定②号道岔组为乙站丙方向咽喉道岔组。

表5.3 乙站丙方向咽喉区道岔组占用时间计算表

顺序	作业进路名称	占用次数	每次占用时间(min)	总占用时间(min)	各道岔组占用时间(min)				
					②	④	⑥	⑧	
Ⅰ	Ⅱ	Ⅲ	Ⅳ	Ⅴ	Ⅵ				
1	下行旅客列车出发	10	5	(50)	(50)	(50)			
2	上行旅客列车到达	10	6	(60)	(60)	(60)			
3	下行直通列车出发	15	6	90	90	90		90	
4	上行直通列车到达	15	7	105	105	105		105	
5	下行区段列车出发	6	6	36	36		36		
6	上行区段列车到达	6	7	42	42		42		
7	下行摘挂列车出发	2	6	12	12		12		
8	上行摘挂列车到达	2	7	14	14		14		
9	下行旅客列车机车出入段	20	3	(60)		(60)		(60)	
10	下行直通列车机车出入段	30	3	90				90	
11	下行区段列车机车出入段	12	3	36			36	36	
12	下行摘挂列车机车出入段	4	3	12			12	12	
13	解体区段列车转线	12	6	72			72		

续上表

顺序	作业进路名称	占用次数	每次占用时间(min)	总占用时间(min)	各道岔组占用时间(min)				
					②	④	⑥	⑧	
Ⅰ	Ⅱ	Ⅲ	Ⅳ	Ⅴ	Ⅵ				
14	解体摘挂列车转线	4	6	24			24		
15	货场取送车	8	6	(48)	(48)		(48)		
16	调车机车出入段	4	3	(12)			(12)	(12)	
合计	道岔组被占用总时分 $T_{总}$(min)				457	365	308	405	
	其中	固定作业时间 $\sum t_{固}$(min)			(158)	(170)	(60)	(72)	
		妨碍作业时间 $\sum t_{妨}$(min)				195			

(3)咽喉道岔组通过能力计算

计算咽喉道岔组通过能力一般采用利用率计算法。其步骤与方法如下:

①计算一昼夜全部作业占用咽喉道岔组的总时间($T_{总}$)

各项作业占用咽喉道岔组的总时间($T_{总}$)可从表5.3中查得或按下式计算:

$$T_{总}=n_{接}\ t_{接车}+n_{发}\ l_{发车}+n_{机}\ t_{机}+\sum t_{调}+\sum t_{妨}+\sum t_{固} \quad (\text{min}) \tag{5.5}$$

式中 $n_{接}$、$n_{发}$——接入、发出占用咽喉道岔组的货物列车数;

$n_{机}$、$t_{机}$——占用咽喉道岔组的单机数及每次占用时间(包括在$\sum t_{固}$中的除外),min;

$\sum t_{调}$——调车作业占用咽喉道岔组的总时分(包括在$\sum t_{固}$中的除外),min;

$\sum t_{妨}$——由于列车、调车和机车占用与咽喉道岔组有关进路上的道岔,而需要停止使用该咽喉道岔组的总时间,min;

$\sum t_{固}$——固定作业占用咽喉道岔组的总时间,min。

② 计算咽喉道岔组通过能力利用率(K)

咽喉道岔组通过能力利用率应按方向、接车与发车进路分别计算。i方向、j接车或发车进路咽喉组利用率K_{ij}为:

$$K_{ij}=\frac{T_{总}-\sum t_{固}}{(1\,440-\sum t_{固})(1-\gamma_{空})} \tag{5.6}$$

式中 $\gamma_{空}$——咽喉道岔组空费系数,其值取0.15~0.20。

③ 计算咽喉道岔组通过能力

咽喉道岔组通过能力应按方向、接车与发车进路分别计算。各进路咽喉道岔组通过能力之和,即为该方向咽喉通过能力。i方向、j接车或发车进路咽喉道岔组通过能力计算公式为:

$$N_{接}^{ij}=\frac{n_{接}^{ij}}{K_{ij}} \quad (列) \tag{5.7}$$

$$N_{发}^{ij}=\frac{n_{发}^{ij}}{K_{ij}} \quad (列) \tag{5.8}$$

式中 $n_{接}^{ij}$、$n_{发}^{ij}$——i方向、j进路上接入、发出的货物列车数。

【例5.1】 以图5.3所示乙站丙方向咽喉区为例,按表5.3资料及计算结果,$\gamma_{空}=0.20$。试计算该方向咽喉道岔组通过能力。

【解】 根据表5.3计算结果,②号道岔组为乙站丙方向接发车进路上的咽喉道岔组,采用利用率计算法计算其通过能力。

① 计算丙方向咽喉道岔组通过能力利用率

$$K_{丙}=\frac{T_{总}-\sum t_{固}}{(1\,440-\sum t_{固})(1-\gamma_{空})}=\frac{457-158}{(1\,440-158)(1-0.2)}=0.29$$

② 计算丙方向咽喉道岔组通过能力

丙方向一昼夜所能接、发的货物列车数为:

$$N_{接}^{丙}=\frac{n_{接}^{丙}}{K_{丙}}=\frac{15+(6+2)}{0.29}=51.7+27.6=79.3(列)$$

$$N_{发}^{丙}=\frac{n_{发}^{丙}}{K_{丙}}=\frac{15+(6+2)}{0.29}=51.7+27.6=79.3(列)$$

上述接发车能力中,无调中转列车51.7列,改编列车27.6列。

3. 到发线通过能力

到发线通过能力,是指到达场、出发场、直通场或到发场中办理列车到发作业的线路,于一昼夜所能够接、发各方向的货物(旅客)列车数和运行图规定的旅客(货物)列车数。

到发线通过能力包括货物列车到发线和旅客列车到发线通过能力。技术站、货运站主要计算货物列车到发线通过能力;客运站主要计算旅客列车到发线通过能力。

(1)货物列车占用到发线时间标准

① 无调中转列车占用到发线时间标准($t_{中占}$)

$$t_{中占}=t_{接车}+t_{停}+t_{出}\quad(\text{min})\tag{5.9}$$

式中 $t_{停}$——无调中转列车在到发线上停留时间(图定或查定),自列车到达停妥时起,至列车出发起动时止,min;

$t_{出}$——列车出发占用到发线的时间,自列车起动时起至腾空该到发线时止,min。

② 部分改编中转列车占用到发线时间标准($t_{部占}$)

$$t_{部占}=t_{接车}+t'_{停}+t_{出}\quad(\text{min})\tag{5.10}$$

式中 $t'_{停}$——部分改编中转列车在到发线上停留时间,自列车到达停妥时起,至列车出发起动时止,min。

③ 解体列车占用到发线时间标准($t_{解占}$)

$$t_{解占}=t_{接车}+t''_{停}+t_{转}\quad(\text{min})\tag{5.11}$$

式中 $t''_{停}$——解体列车在到发线上停留时间,自列车到达停妥时起,至列车转线或推峰起动时止的一段时间,min;

$t_{转}$——解体列车转线或推峰占用到发线时间,自车列转线或推峰起动时起,至腾空该到发线时止的一段时间,min。

④ 始发列车占用到发线时间标准($t_{编占}$)

$$t_{编占}=t'_{转}+t'''_{停}+t_{出}\quad(\text{min})\tag{5.12}$$

式中 $t'_{转}$——编组转线占用到发线时间,自准备转线调车进路时起,至整个车列转入发车线警冲标内方停妥时止的一段时间,min;

$t'''_{停}$——始发列车在到发线上的停留时间,自车列转入出发线停妥时起,至列车出发起动时止的一段时间,min。

(2)货物列车到发线通过能力计算

计算货物列车到发线通过能力一般采用利用率计算法,其步骤与方法如下:

① 计算一昼夜全部作业占用到发线的总时间($T_{总}$)

$$T_{总}=n_{中}\ t_{中占}+n_{部}\ t_{部占}+n_{解}\ t_{解占}+n_{编}\ t_{编占}+n_{机}\ t_{机占}+\sum t_{固}+\sum t_{其他}\quad (\text{min})\tag{5.13}$$

式中 $n_{中}$、$n_{部}$、$n_{解}$、$n_{编}$、$n_{机}$——占用到发线的无调、部分改编、解体、始发列车数及单机数;

$t_{机占}$——图定接、发单机占用到发线的时间,min;

$\sum t_{固}$——固定作业占用到发线的总时间,min;

$\sum t_{其他}$——其他作业占用到发线的总时间,包括机车走行线能力不足或未设走行线时机车出入段占用、合理的坐编占用时间等,min。

② 计算货物列车到发线通过能力利用率(K)

$$K=\frac{T_{总}-\sum t_{固}}{(1\,440m_{到发}-\sum t_{固})(1-\gamma_{空})}\tag{5.14}$$

式中 $m_{到发}$——扣除机车走行线后可用于接发货物列车的线路数;

$\gamma_{空}$——到发线空费系数,其值取 0.15~0.20。

③ 计算货物列车到发线通过能力

货物列车到发线通过能力应按方向别分别计算接车和发车能力。到发场接、发 i 方向货物列车到发线通过能力为:

$$N^{i}_{接}=\frac{n^{i}_{接}}{K}\quad (列)\tag{5.15}$$

$$N^{i}_{发}=\frac{n^{i}_{发}}{K}\quad (列)\tag{5.16}$$

式中 $n^{i}_{接}$、$n^{i}_{发}$——列入计算中 i 方向接入、发出的货物列车数。

【例 5.2】 仍以乙站为例,到发场线路固定使用和行车量与咽喉通过能力计算举例相同。各项作业占用到发线的时间标准见表 5.4,$\gamma_{空}=0.15$。试计算乙站丙方向货物列车到发线通过能力。

表 5.4 各项作业占用到发线时间标准(min)

时间标准 / 列车种类	$t_{接车}$	$t_{停}$	$t_{出发}$	$t_{转}$	合 计
无调中转列车	7	45	5		57
解体列车	7	40		6	53
始发列车		30	5	6	41
旅客列车	6	12	5		23

【解】 采用利用率计算法。

① 计算一昼夜占用到发线的总时间

$$T_{总}=n_{中}\ t_{中占}+n_{部}\ t_{部占}+n_{解}\ t_{解占}+n_{编}\ t_{编占}+n_{机}\ t_{机占}+\sum t_{固}+\sum t_{其他}$$

$$=30\times57+0+16\times53+16\times41+0+0+0=3\ 214(\text{min})$$

② 计算货物列车到发线通过能力利用率

$$K=\frac{T_{总}-\sum t_{固}}{(1\ 440m_{到发}-\sum t_{固})(1-\gamma_{空})}=\frac{3\ 214-0}{(1\ 440\times4-0)(1-0.15)}=0.67$$

③ 计算货物列车到发线通过能力

乙站一昼夜接、发丙方向货物列车到发线通过能力：

$$N_{接}^{丙}=\frac{n_{接}^{丙}}{K}=\frac{15+(6+2)}{0.67}=22.4+11.9=34.3(列)$$

$$N_{发}^{丙}=\frac{n_{发}^{丙}}{K}=\frac{15+(6+2)}{0.67}=22.4+11.9=34.3(列)$$

上述接发车能力中，无调中转列车22.4列，改编列车11.9列。

典型工作任务2 计算车站改编能力

5.2.1 教学目标

1. 能力目标

通过学习，要求对车站改编能力有全面的认识，并要求：

(1)会计算车站解体能力。

(2)会计算车站编组能力。

(3)会最终确定车站改编能力。

2. 知识目标

通过学习，要求：

(1)掌握车站改编能力的概念。

(2)掌握车站解体能力的计算方法。

(3)掌握车站编组能力的计算方法。

(4)掌握车站改编能力的确定方法。

3. 素质目标

(1)养成细心、全面认识问题的学习态度。

(2)养成善于动脑、勤于思考、及时发现问题的学习习惯。

5.2.2 工作任务

(1)学习车站解体能力的计算方法。

(2)学习车站编组能力的计算方法。

(3)学习车站改编能力的确定方法。

5.2.3 相关配套知识

车站改编能力应按驼峰或牵出线分别计算。当驼峰或牵出线担当的调车作业比较单一时，多采用直接计算法；反之，多采用利用率计算法。

1. 现代化驼峰解体能力

驼峰在现有技术设备、作业组织方法及调车机车数量条件下,一昼夜能够解体的货物列车数或车数,称为驼峰解体能力。

主要担当解体作业的驼峰,其解体能力可根据不同的作业方案,采用直接计算法进行计算。

(1)使用一台调车机车实行单推单溜的解体能力($N'_{解}$)

$$N'_{解}=\frac{(1\ 440-\sum t'_{固})(1-\alpha_{空})}{t_{解占}^{单单}}\quad (列) \tag{5.17}$$

$$B'_{解}=N'_{解}m_{解}\quad (辆) \tag{5.18}$$

式中 $\sum t'_{固}$——一台调车机车单推单溜固定作业时间,其计算公式为:

$$\sum t'_{固}=\sum t_{交接}+\sum t_{吃饭}+\sum t_{整备}+\sum t_{客妨}+\sum t_{取送}^{占}\quad (\min) \tag{5.19}$$

其中 $\sum t_{交接}$、$\sum t_{吃饭}$——调车组和乘务组一昼夜的交接班、吃饭时间,min,

$\sum t_{整备}$——一台调车机车一昼夜的整备时间,min,

$\sum t_{客妨}$——一昼夜旅客列车横切峰前咽喉妨碍驼峰解体的时间,min,

$\sum t_{取送}^{占}$——列入固定作业的取送等调车作业占用或中断驼峰使用的时间,min;

$t_{解占}^{单单}$——采用单推单溜作业方案时解体一个车列平均占用驼峰的时间,min;

$\alpha_{空}$——驼峰空费系数,一般可采用0.03~0.05;

$m_{解}$——解体车列的平均编成辆数;

$B'_{解}$——使用一台调车机车实行单推单溜的解体能力,辆。

(2)使用两台调车机车实行双推单溜的解体能力($N''_{解}$)

$$N''_{解}=\left(\frac{1\ 440-\sum t''_{固}}{t_{解占}^{双单}}+\frac{2\sum t_{整备}+\sum t_{取送}^{未占}}{t_{解占}^{单单}}\right)(1-\alpha_{空})\quad (列) \tag{5.20}$$

$$B''_{解}=N''_{解}m_{解}\quad (辆) \tag{5.21}$$

式中 $\sum t''_{固}$——两台调车机车双推单溜固定作业时间,其计算公式为:

$$\sum t''_{固}=\sum t_{交接}+\sum t_{吃饭}+2\sum t_{整备}+\sum t_{客妨}+\sum t_{取送}^{占}+\sum t_{取送}^{未占}\quad (\min) \tag{5.22}$$

其中 $\sum t_{取送}^{未占}$——驼峰调车机车应担当的取送调车作业中未占用或未中断使用驼峰的时间,min;

$t_{解占}^{双单}$——采用双推单溜的作业方案时解体一个车列平均占用驼峰的时间,min;

$B''_{解}$——使用两台调车机车实行双推单溜的解体能力,辆。

(3)使用三台及以上调车机车实行双推单溜的解体能力($N'''_{解}$)

$$N'''_{解}=\frac{(1\ 440-\sum t'''_{固})(1-\alpha_{空})}{t_{解占}^{双单}}\quad (列) \tag{5.23}$$

$$B'''_{解}=N'''_{解}m_{解}\quad (辆) \tag{5.24}$$

式中 $\sum t'''_{固}$——三台以上调车机车双推单溜固定作业时间,其计算公式为:

$$\sum t'''_{固}=\sum t_{交接}+\sum t_{吃饭}+\sum t_{客妨}+\sum t_{取送}^{占}\quad (\min) \tag{5.25}$$

$B'''_{解}$——使用三台及以上调车机车实行双推单溜的解体能力，辆。

2. 调车场尾部编组能力

调车场尾部牵出线在现有技术设备、作业组织方法及调车机车数量条件下，一昼夜能够编组的货物列车数或车数，称为峰尾编组能力。

调车场尾部牵出线的编组能力可采用直接计算法或利用率计算法计算。

(1)直接计算法

$$N_{编}=\frac{(1\,440M_{机}-\sum t_{固})(1-\alpha_{妨})}{t_{编占}}+N_{摘} \quad (列) \tag{5.26}$$

$$B_{编}=N_{编}\ m_{编} \quad (辆) \tag{5.27}$$

式中 $M_{机}$——调车场尾部编组调车机车台数；

$\sum t_{固}$——尾部调车机车一昼夜固定作业时间，其计算公式为：

$$\sum t_{固}=\sum t_{交接}+\sum t_{吃饭}+\sum t_{整备}+\sum t_{取送}+\sum t_{摘挂} \quad (\min) \tag{5.28}$$

其中 $\sum t_{取送}$——一昼夜担当取送调车作业的总时间，

$\sum t_{摘挂}$——一昼夜编组摘挂列车的总时间；

$\alpha_{妨}$——调车机车的妨碍系数，2 台调车机车时取 0.06～0.08，3 台调车机车时取 0.08～0.12；

$t_{编占}$——编组一个车列(摘挂列车除外)平均占用的时间，min；

$N_{摘}$——一昼夜编组的摘挂列车数；

$m_{编}$——编组车列的平均编成辆数；

$B_{编}$——调车场尾部牵出线的编组能力，辆。

(2)利用率计算法

$$N_{编}=\frac{n_{编}}{K}+N_{摘} \quad (列) \tag{5.29}$$

$$B_{编}=N_{编}\ m_{编} \quad (辆) \tag{5.30}$$

式中 $n_{编}$——列入计算的每昼夜编组货物列车数(不包括摘挂列车)及交换车总列数；

K——峰尾牵出线编组能力利用率，其计算公式为：

$$K=\frac{T_{总}-\sum t_{固}}{(1\,440M_{机}-\sum t_{固})(1-\alpha_{妨})} \tag{5.31}$$

其中 $T_{总}$——一昼夜峰尾牵出线的总作业时间(不含妨碍时间)，min。

3. 简易驼峰(或牵出线)改编能力

既担当解体又担当编组作业的简易驼峰或牵出线的改编能力，可采用利用率计算法。其计算步骤和方法如下：

(1)计算一昼夜占用简易驼峰(或牵出线)的总时间($T_{总}$)

$$T_{总}=n_{解}\ t_{解}+n_{编}\ t_{编}+n_{调}\ t_{调}+\sum t_{整场}+\sum t_{固} \quad (\min) \tag{5.32}$$

式中 $n_{解}$、$n_{编}$——简易驼峰或牵出线解体、编组(摘挂列车除外)的列车数，部分改编中转列车按其作业时间折合列数计算；

$t_{解}$、$t_{编}$——解体、编组(摘挂列车除外)一个车列的作业时间,min;

$n_{调}$、$t_{调}$——除解体、编组作业以外占用驼峰或牵出线的其他调车作业次数及平均每次作业时间,min。

(2)计算简易驼峰(或牵出线)改编能力利用率(K)

$$K=\frac{T_{总}-\sum t_{固}}{(1\,440M_{机}-\sum t_{固})(1-\alpha_{妨})} \tag{5.33}$$

(3)计算简易驼峰(或牵出线)改编能力

$$N_{解}=\frac{n_{解}}{K}\quad(列) \tag{5.34}$$

$$B_{解}=N_{解}\,m_{解}\quad(辆) \tag{5.35}$$

$$N_{编}=\frac{n_{编}}{K}+N_{摘}\quad(列) \tag{5.36}$$

$$B_{编}=N_{编}\,m_{编}\quad(辆) \tag{5.37}$$

4. 改编能力的确定

(1)纵列式编组站驼峰担当解体、尾部牵出线担当编组作业时的改编能力,按经过合理调整峰上、编尾作业负担后的驼峰解体能力、尾部编组能力二者中较小者的两倍计算。

(2)横列式技术站或两端的简易驼峰和牵出线既编又解时的改编能力,按两端解体、编组能力之和计算。

(3)具有两套解编系统的双向编组站应分别按上、下行系统确定其改编能力,全站的改编能力按两系统改编能力之和计算。

(4)担当重复解体转场车的驼峰,应按含转场车和不含转场车分别表示其解体能力。

【例 5.3】 如图 5.3 所示,乙站丙端设有简易驼峰,配备调车机车一台,主要担当解体和货场取送作业;甲端设平面牵出线,配备调车机车一台,主要担当编组和专用线、机务段取送作业。已知一昼夜各项作业次数及每次占用简易驼峰、牵出线的时间见表 5.5、表 5.6。试分别采用直接计算法和利用率计算法计算乙站的改编能力。

表 5.5 简易驼峰占用时间计算表

作业项目	作业次数	每次占用时间(min)	总占用时间(min)		每列平均辆数
			总时间	其中固定作业	
解体区段列车	12	40	480		45
解体摘挂列车	4	40	160		40
货场取送车	4	30	120	120	
站修线取送	2	15	30	30	
调车场整理	4	10	40		
整备、交接班	2	40	80	80	
吃饭	2	30	60	60	
合计			$T_{总}=970$	$\sum t_{固}=290$	

表 5.6 牵出线占用时间计算表

作业项目	作业次数	每次占用时间(min)	总占用时间(min)		每列平均辆数
			总时间	其中固定作业	
编组区段列车	12	35	420		45
编组摘挂列车	4	35	140	140	40
专用线取送车	4	30	120	120	
机务段取送	2	30	60	60	
其他调车	2	15	30		
整备、交接班	2	40	80	80	
吃饭	2	30	60	60	
合计			$T_{总}=910$	$\sum t_{固}=460$	

【解】 分别求出简易驼峰解体能力和牵出线编组能力，然后加总即得乙站改编能力。

(1)直接计算法

① 计算简易驼峰解体能力

$$t_{解占}=\frac{12\times40+4\times40+4\times10}{16}=42.5(\text{min})$$

$$m_{解}=\frac{12\times45+4\times40}{16}=44(辆)$$

$$N_{解}=\frac{(1\,440M_{机}-\sum t_{固})(1-\alpha_{空})}{t_{解占}}=\frac{(1\,440\times1-290)(1-0.05)}{42.5}=25.7(列)$$

$$B_{解}=N_{解}\ m_{解}=25.7\times44=1\,131(辆)$$

② 计算牵出线编组能力

$$t_{编占}=\frac{12\times35+2\times15}{12}=37.5(\text{min})$$

$$m_{编}=\frac{12\times45+4\times40}{16}=44(辆)$$

$$N_{编}=\frac{(1\,440M_{机}-\sum t_{固})(1-\alpha_{妨})}{t_{编占}}+N_{摘}=\frac{(1\,440\times1-460)(1-0.05)}{37.5}+4=28.8(列)$$

$$B_{编}=N_{编}\ m_{编}=28.8\times44=1\,267(辆)$$

③ 计算乙站改编能力

$$N_{改}=N_{解}+N_{编}=25.7+28.8=54.5(列)$$

$$B_{改}=B_{解}+B_{编}=1\,131+1\,267=2\,398(辆)$$

(2)利用率计算法

① 计算简易驼峰解体能力

$$K=\frac{T_{总}-\sum t_{固}}{(1\,440M_{机}-\sum t_{固})(1-\alpha_{空})}=\frac{970-290}{(1\,440\times1-290)(1-0.05)}=0.62$$

$$N_{解}=\frac{n_{解}}{K}=\frac{12+4}{0.62}=25.8(列)$$

$$B_{解}=N_{解}\ m_{解}=25.8\times44=1\,135(辆)$$

② 计算牵出线编组能力

$$K=\frac{T_{总}-\sum t_{固}}{(1\,440M_{机}-\sum t_{固})(1-\alpha_{妨})}=\frac{910-460}{(1\,440\times1-460)(1-0.05)}=0.48$$

$$N_{编}=\frac{n_{编}}{K}+N_{摘}=\frac{12}{0.48}+4=29(列)$$

$$B_{编}=N_{编}\,m_{编}=29\times44=1\,276\ (辆)$$

③计算乙站改编能力

通过解体能力与编组能力计算,$N_{解}<N_{编}$,所以

$$N_{改}=2N_{解}=2\times25.8=51.6(列)$$

$$B_{改}=2B_{解}=2\times1\,135=2\,270(辆)$$

典型工作任务3 车站能力的提高

5.3.1 教学目标

1. 能力目标

通过学习,要求对车站能力有全面的认识,并要求:

(1)会对车站通过能力进行汇总。

(2)会对车站改编能力进行汇总。

(3)会通过技术组织措施提高车站能力。

(4)会通过改建措施提高车站能力。

2. 知识目标

通过学习,要求:

(1)掌握车站能力汇总的方法。

(2)掌握提高车站能力的措施。

3. 素质目标

(1)养成细心、全面认识问题的学习态度。

(2)养成善于动脑、勤于思考、及时发现问题的学习习惯。

5.3.2 工作任务

(1)学习车站能力的汇总方法。

(2)学习提高车站能力的措施。

5.3.3 相关配套知识

1. 车站能力汇总

车站能力,是指在现行作业组织方法及调车机车配备情况下,各车场、驼峰或牵出线及整个车站所具有的通过能力和改编能力。

(1)车站通过能力汇总

汇总车站通过能力的目的,在于查明车站咽喉、到发线接发各方向各种列车的能力。车站咽喉区各进路咽喉道岔组通过能力加总后,列入该方向咽喉通过能力。一个方向的列车接入

车站的几个车场或从几个车场出发时，各车场该方向到发线通过能力加总后，列入全站该方向到发线通过能力。各方向咽喉、到发线通过能力加总后列入全站的咽喉、到发线通过能力。

例如，根据上述例 5.1、例 5.2 计算结果，乙站通过能力汇总见表 5.7。

表 5.7　乙站通过能力汇总表

方向	接车或发车	咽喉通过能力(列)					到发线通过能力(列)				限制能力(列)				
		号码	客	货			客	货			客	货			受何限制
				有调	无调	计		有调	无调	计		有调	无调	计	
丙	接	②	10	27.8	51.2	79	10	11.9	22.4	34.3	10	11.9	22.4	34.3	到发线
	发	②	10	27.8	51.2	79	10	11.9	22.4	34.3	10	11.9	22.4	34.3	
甲	接	①、③	10	31.6	43.3	74.9	10	11.9	22.4	34.3	10	11.9	22.4	34.3	
	发	①、③	10	31.6	43.3	74.9	10	11.9	22.4	34.3	10	11.9	22.4	34.3	
全站	接		20	59.4	94.5	153.9	20	23.8	44.8	68.6	20	23.8	44.8	68.6	
	发		20	59.4	94.5	153.9	20	23.8	44.8	68.6	20	23.8	44.8	68.6	

注：甲方向咽喉通过能力为假定数字。

(2)车站改编能力汇总

汇总车站改编能力的目的，在于查明该站调车设备解体和编组各方向列车的能力。当一个方向的列车由两个及以上的调车设备进行解体或编组时，该方向的改编能力应等于各调车设备该方向的改编能力之和。驼峰、牵出线的改编能力，按第四节所述确定后，汇总列入全站改编能力。

例如，根据上述例 5.3 计算结果，乙站改编能力汇总见表 5.8。

表 5.8　乙站改编能力汇总表

驼峰或牵出线名称	解体能力		编组能力		改编能力		调车机车类型及台数
	列	辆	列	辆	列	辆	
简易驼峰	25.8	1 135	—	—	25.8	1 135	DF_5 型 1 台
牵出线	—	—	29	1 276	29	1 276	DF_5 型 1 台
全站合计	25.8	1 135	29	1 276	54.8	2 411	DF_5 型 2 台

注：表中数字采用利用率计算法的结果。

2. 提高车站能力的措施

铁路通过能力直接关系着运输生产过程的实现，而车站通过能力和改编能力是铁路通过能力的重要组成部分。因此，铁路必须科学而有计划地加强车站能力，以保证能够适应国民经济发展和运输市场的需要。

提高车站通过能力和改编能力的措施，有技术组织措施和改建措施两类。

(1)提高车站能力的技术组织措施

根据车站通过能力和改编能力的计算公式，对影响车站能力的各种因素进行分析，其主要组织措施有：

① 调整车站技术设备使用方案，均衡设备作业负担

通过调整车场分工和到发线使用方案，重新分配驼峰、牵出线工作，调整调车机车分工及

其作业区域,调整咽喉道岔的作业负担,使各项技术设备的作业负担均衡并减少敌对进路的干扰,从而提高和协调车站咽喉通过能力、到发线通过能力和驼峰、牵出线的改编能力。

例如,根据上述车站通过能力汇总,乙站丙方向咽喉通过能力为接、发各 79 列,到发线通过能力为接、发各 34.3 列。丙方向的通过能力受到发线通过能力的限制,但通过对到发线现行使用办法分析得知,原定 1、Ⅱ道只接发旅客列车,若 1、Ⅱ道也兼接发货物列车,则该方向车站通过能力接车与发车都会得到大幅提高。读者可以验算一下。但必须注意,在到发线通过能力重新调整计算后,应根据新的分配方案,对咽喉道岔组的作业占用时分予以验算,检查咽喉通过能力有无变化。

同理,当某咽喉道岔组限制了车站通过能力时,也可通过充分利用平行进路来调整原来的接车、发车和调车进路,减轻该咽喉道岔组的作业负担,以提高车站通过能力。

当驼峰或牵出线的改编能力紧张,或遇车流增大时,可以有计划地调整驼峰、牵出线的作业负担,根据技术设备条件,活用固定线路,合理固定调车作业区域,充分发挥调车设备的效能,提高其改编能力。

② 压缩各项作业占用技术设备的时间

采用先进的工作方法,改进各种列车的技术作业过程和调车作业方法,采取解体照顾编组、解体照顾送车、取车照顾编组、解编结合等方法,利用车辆集结过程预编、预检车组等,实现流水作业和最大限度的平行作业,在压缩单项作业时间的同时,减少或消除等待和妨碍作业时间。

③ 改进运输组织工作

加强车站作业计划与调度指挥,根据列车编组内容和到发时间,有预见、有计划地组织车流和装卸作业,合理组织调车机车工作,充分发挥调车机车效率,减少固定作业占用时间。改善车流组织方法,结合车流到发规律,大力组织挂线装车,组织成组装车和直达列车,扩大技术站无调中转列车的比重。改善劳动组织,加强联劳协作,使各部门、各工种之间作业紧密配合,以提高工作效率,大力压缩各种非生产等待时间。

④ 对车站现有设备进行小量技术改造

在工程量和投资不大的情况下,可在咽喉区增铺或改铺道岔,移设信号机,增加咽喉平行进路,延长牵出线,增加辅助调车机车等,以加强车站通过能力和改编能力。

(2)提高车站能力的改建措施

① 改造车站咽喉。改进车站咽喉布置,增设联络线,增加平行进路。在必要和可能时,采用立体交叉,以疏解列车进路,使各方向客货列车接发、机车出入段、解编和取送调车等能够最大限度地平行作业。

② 改建或扩建站场线路。改进车场布置,增加或延长到发线、调车线,分别设置货物列车到达场、出发场,或在办理直通货物列车较多的车站增设直通车场等。

③ 改造现有固定调车设备。改造牵出线、驼峰设备的平纵断面,增设预推线、禁溜线和尾部牵出线,抬高驼峰高度,采用先进的峰下制动设备,如采用减速器、加减速顶调速设备等。

④ 采用各种新技术,装设先进的信、联、闭设备。

⑤ 修建机械化、自动化驼峰,实现编组站作业自动化,全面提高车站改编能力。

⑥ 改变车站站型,如一级三场变为二级四场,再进一步改为三级三场、三级六场。

典型工作任务4 固定使用车站技术设备

5.4.1 教学目标

1. 能力目标

通过学习，要求：

(1)会分析车站到发车流的特征。

(2)会合理分工使用车站固定设备。

2. 知识目标

通过学习，要求：

(1)掌握车站到发车流特征的分析方法。

(2)掌握车站固定设备分工使用的方法。

3. 素质目标

(1)养成细心、全面认识问题的学习态度。

(2)养成善于动脑、勤于思考、及时发现问题的学习习惯。

(3)养成全局的观念。

(4)养成作业安全的职业意识。

(5)培养与各部门、各工种协调配合的思想。

5.4.2 工作任务

(1)掌握车站到发车流特征的分析方法。

(2)掌握车站到发线分工使用的方法。

(3)掌握车站调车线分工使用的方法。

(4)掌握车站调车机车分工使用方法。

5.4.3 相关配套知识

车站为了办理各种列车和车辆的技术作业，配备有各种技术设备。在既有设备的前提下，合理制定车站技术设备的使用方案，指导日常运输生产，从而在保证行车安全的基础上，提高运输效率，挖掘设备的潜力，是车站行车工作组织的一项重要内容。

1. 技术设备及其特征分析

铁路车站每天办理大量的列车和车辆的技术作业。根据车站性质和作业要求的不同，车站上设置和配备有各种技术设备。它们是车站办理技术作业，进行运输生产所必需的物质基础。其数量和质量，直接影响车站运输效能。

铁路技术站规模庞大，设备繁多，但就其一般而言，可有如下数种：

(1)为列车到发和作业设置的到、发车场。

(2)为车列解、编和车辆集结设置的驼峰、牵出线和调车场。

(3)为机车整备和车辆检修设置的机务段、车辆段和站修所。

(4)为货物装卸、倒装设置的货场、装卸线。

(5)为沟通衔接区间设置的站内正线和进出站线路,以及联系站内各部分的联络线。

(6)为保证行车安全和提高行车效率装设的信号、联锁、闭塞及通信、照明设备。

(7)为改编列车和调移车辆配备的生产动力——调车机车。

技术站技术设备调查分析的重点如下:

(1)设备的数量。分析到、发车场及调车场和各场线路的数量,驼峰及其推送线和溜放线的数量,牵出线的数量、配属调车机车的台数,以及这些设备与技术站的衔接方向及所担当的任务相互适应的情况。

(2)设备的位置。分析到、发车场与调车场、机务段及正线的相互位置,驼峰和牵出线的位置,以及这些设备对技术站技术作业的流水性和不间断性的影响。

(3)设备的相互联系。分析到、发车场及调车场与衔接各区间的进出站线路间,各车场相互间,到、发车场与机务段间,调车场与车辆检修及货物作业地点之间有无便捷的联络通路或平面交叉、折角走行的情况,以及这些设备之间联系条件的有利性和不利性和相互调整使用的可能性。

(4)设备的技术条件。分析到发线,调车线、驼峰推送线、溜放线及牵出线的长度和断面,各车场的咽喉布置和平行进路,信联闭及通信设备的种类、设置特点,调车机车的类型和牵引能力等技术条件与技术站的作业要求能否适应。

(5)设备的生产能力。分析到、发车场的咽喉道岔和线路的通过能力,驼峰和牵出线的改编能力,调车场的线路容量,调车机车的利用率等现有能力的限制因素及其与运输生产任务相互适应的情况。

2. 到发车流及其特征分析

作为技术站主要作业对象的车流,无论其流量、流向、不同性质车流的比重,以及其组织的质量等,对于技术站的技术作业和设备运用,都有重大的影响。

如果技术站到发车流的数量或性质发生较大变化,而原来的技术作业组织和设备运用方案未做相应的变更,势必给技术站的运输生产带来不良影响。

车流分析的目的在于对编组站到发车流的动态实行经常的监督和系统的分析,掌握其变化的规律,研究制定技术站技术作业和设备运用的全局性的战略部署,或者针对某些作业环节、某项设备运用作出局部性的调整措施,以适应一定时期的车流特征,保证技术站运输生产的顺利进行。由此可见,车流分析是研究和制定技术站技术设备运用方案不可缺少的重要依据。

以乙站为例(车站平面示意图如图 4.23 所示),分析到发车流及其特征。乙站车流汇总资料见表 5.9。

表 5.9 乙站车流汇总表

由 \ 往		甲方向			丙方向			到达本站	合计
		甲—乙间	甲及其以远	计	乙—丙间	丙及其以远	计		
甲方向	无调车	—	—	—	—	540	540	—	540
	有调车	—	—	—	60	$\frac{360}{25}$	$\frac{420}{25}$	$\frac{25}{10}$	$\frac{445}{35}$
	计	—	—	—	60	$\frac{900}{25}$	$\frac{960}{25}$	$\frac{25}{10}$	$\frac{985}{35}$

续上表

由＼往		甲方向			丙方向			到达本站	合计
		甲—乙间	甲及其以远	计	乙—丙间	丙及其以远	计		
丙方向	无调车	—	540	540	—	—	—	—	540
	有调车	65	360	425	—	—	—	60	485
	计	65	900	965	—	—	—	60	1 025
本站发出		15	20	35	5	$\frac{20}{35}$	$\frac{25}{35}$	—	$\frac{60}{35}$
合　计		80	920	1 000	65	$\frac{920}{60}$	$\frac{985}{60}$	$\frac{85}{10}$	—

注：表中分子表示重车，分母表示空车。

① 车站办理车数（$N_{办}$）

$$N_{办}=N_{重空}^{接}+N_{重空}^{发} \tag{5.38}$$

式中　$N_{重空}^{接}$——接入重空车总数；

$N_{重空}^{发}$——发出重空车总数。

本例中 $N_{办}=N_{重空}^{接}+N_{重空}^{发}=(985+35+1\ 025)+(1\ 000+985+60)=4\ 090$（车）。

② 中转重车数（$N_{重}^{中}$）

$$N_{重}^{中}=N_{重}^{有调}+N_{重}^{无调} \tag{5.39}$$

式中　$N_{重}^{有调}$——有调中转重车数；

$N_{重}^{无调}$——无调中转重车数。

本例中 $N_{重}^{中}=N_{重}^{有调}+N_{重}^{无调}=(420+425)+(540+540)=1\ 925$（车）。

③ 中转空车数（$N_{空}^{中}$）

$$N_{空}^{中}=N_{空}^{有调}+N_{空}^{无调} \tag{5.40}$$

本例中 $N_{空}^{中}=N_{空}^{有调}+N_{空}^{无调}=0+25=25$（车）。

④ 装车数（$U_{装}$）、卸车数（$U_{卸}$）、接空车数（$N_{空}^{接}$）、排空车数（$N_{空}^{排}$）。

本例中 $U_{装}$ 为 60 车，$U_{卸}$ 为 85 车，$N_{空}^{接}$ 为 35 车，$N_{空}^{排}$ 为 60 车。

⑤ 无调中转车数（$N_{中}^{无调}$）

$$N_{中}^{无调}=N_{重}^{无调}+N_{空}^{无调} \tag{5.41}$$

式中　$N_{空}^{无调}$——无调中转空车数。

本例中 $N_{中}^{无调}=N_{重}^{无调}+N_{空}^{无调}=1\ 080+0=1\ 080$（车）。

无调中转车数占接入重空总车数的比重（$\sigma_{接总}^{无调}$）为

$$\sigma_{接总}^{无调}=\frac{N_{中}^{无调}}{N_{重空}^{接}} \tag{5.42}$$

本例中 $\sigma_{接总}^{无调}=\frac{N_{中}^{无调}}{N_{重空}^{接}}=\frac{1\ 080}{2\ 045}=52.8\%$。

⑥ 改编车数（$N_{改}$）

$$N_{改}=N_{重}^{有调}+N_{空}^{有调}+U_{卸}+\Delta N_{空} \tag{5.43}$$

式中 $\Delta N_{空}$——本站装车用的补充空车数，在接入空车数大于发出空车数时，近似地取两者之差；否则，近似地取零。

本例中 $N_{改}=N_{重}^{有调}+N_{空}^{有调}+U_{卸}+\Delta N_{空}=845+25+85+10=965$(车)。

改编车数占接入总车数的比重($\sigma_{接总}^{改}$)为

$$\sigma_{接总}^{改}=\frac{N_{改}}{N_{重空}^{接}} \tag{5.44}$$

本例中 $\sigma_{接总}^{改}=\frac{N_{改}}{N_{重空}^{接}}=\frac{965}{2\,045}=47.2\%$。

此外，为供具体研究和制定车站技术设备运用方案的需要，还必须进一步分析车站到发车流的构成情况，诸如：

① 各方向接入的车流及其分别占接入车流总数的比重。

② 每一方向接入的去向别重车数和车种别空车数分别占该方向接入车流总数的比重。

③ 每一方向接入的去向别重车流和车种别空车流中无调和有调中转所占的比重。

④ 向各方向发出的车流及其分别占发出车流总数的比重。

⑤ 每一编组去向的主要车流来源及其占该去向总车流量的比重。

⑥ 主要装车去向和卸车来向，以及各车种别空车的主要排空方向。

除根据以往不同时期车流汇总表的统计数据，结合实际情况，进行系统的分析比较外，还应对未来计划车流加以分析，从而使制定出的技术设备运用方案更符合客观情况发展的需要。

3. 固定使用到发线

固定使用车站线路时，应遵循接发列车、机车出入段及调车作业的交叉干扰最少，有利于提高作业安全和效率的原则，并考虑到列车、机车及车辆在站内需走行径路最短，符合流水作业的要求。

根据以上车流特征的分析，结合确保最大限度平行进路的原则：旅客列车到发线靠近旅客站台，便于旅客乘降；无改编中转列车尽可能安排在靠近正线的到发线接发；靠近调车场的到发线则主要接发改编列车之用。这样，在接发旅客列车或无改编中转列车的同时，可以进行改编列车的转场作业，增加了两端咽喉的机动性。

例如，乙站到发线固定使用方案见表 5.10。

表 5.10 乙站到发线固定使用方案表

股 道	用 途	股 道	用 途
1	旅客列车到发	5	机车走行线
Ⅱ	正线兼旅客列车到发	6	改编列车到发
3	直通货物列车到发	7	改编列车到发
4	直通货物列车到发		

4. 固定使用调车线

由于编组不同到达站列车和向不同作业地点送车的需要，调车场线路必须固定其用途，以便在不同的线路上分别集结不同种类和不同去向的车辆，使解编作业有秩序地结合进行。

规定调车场线路固定使用方法通常分两步进行，一是按照各种用途分配使用线路数，二是在既定的线路分配方案的基础上，为每一条线路确定其具体用途。

在线路分配方案确定之后，调车场每一股道的使用方案应按下列原则确定：

(1)适应车流强度的需要

对车流量大的组号应拨给较长的线路，并尽可能在中间线束中选用，以减少整理次数和转线时间。

(2)平衡牵出线的作业负担

在驼峰编组站有几条牵出线时，把车流强度大的去向分散固定在连结于不同牵出线的调车线上，以期均衡牵出线的负担，减少待编时间。

(3)减少调车作业干扰

当驼峰编组站调车场与出发场平行配列时，车流强度大的去向宜固定于靠近出发场的调车线上；交换车宜固定于靠近邻区的调车线上；同一去向分组列车的各个车组宜固定在同一线束的相邻线上；到达的本站作业车宜固定在靠近货物作业地点的线路上等，以期缩短转线调车行程，减少调车作业的交叉。

(4)照顾车辆溜行性能

对空车和难行车比重较大的去向，尽可能固定在经过曲线和道岔较少的易行线上，以加速分解作业，保证调车安全。

(5)便于车辆检修和其他作业

对站修车应拨给线间距较宽、靠近车辆段或站修所的边线，对装载危险品货物及超限货物的车辆应拨给有利保证安全的线路。

在具体情况下，每个车站在制定固定线路方案时不可能都能符合上述所有原则，应制定几个固定线路方案，以便综合评选。

以乙站为例，其调车线固定使用要考虑的因素：

(1)乙站调车线的具体用途

① 集结车流用。集结去向有甲站及其以远、甲—乙间、丙站及其以远、乙—丙间。

② 本站作业车待送时停留用。

③ 特殊用途停留用，主要有：检修车、特种车、空车等的停放。

④ 站修用。

(2)确定乙站调车场线路数

如果每种用途固定一股调车线，则需要 9 股，显然不够，应考虑将车流量少而且相互无干扰的车辆合并使用线路。这样，乙站调车线的分工使用如下：

① 集结车流用每个去向固定一条调车线，需 4 股调车线。

② 空车数量少，而且去向是丙站及其以远，可与集结丙站及其以远的车流合并使用 1 股调车线。

③ 检修车、特种车数量少，可以合并使用 1 股调车线。

④ 站修车安排 1 股调车线，为了作业方便、安全及不影响其他线路作业，安排于调车场外侧。

所以，乙站调车场线路数为 7 股，调车线固定使用方案见表 5.11。

表 5.11 乙站调车线固定使用方案表

股 道	用 途	股 道	用 途
8	甲站及其以远	12	检修车、特种车
9	乙—甲间	13	本站作业车
10	丙站及其以远,空车	14	站修车
11	乙—丙间		

5. 牵出线、驼峰等固定调车设备的分工

调车机车是编组站的主要生产动力。为了解编列车和取送车辆,技术站通常配备有相当数量的调车机车。如何合理有效地使用调车机车,充分发挥每台调车机车的能力,使其更好地为运输生产服务,也是制定技术站技术设备运用方案需要解决的一项重要课题。

在驼峰调车场内,通常是一端设置驼峰,另一端铺设牵出线。驼峰分解车列的效率虽高,但驼峰机车却不利于下峰进行车辆连挂作业。反之,牵出线平面调车,分解车列的效率虽然较低,但连挂车辆却比较迅速方便。因此,一般总是把分解钩数多、连挂钩数少的解体工作,分配给驼峰一端,而将分解钩数少、连挂钩数多的编组工作,分配给牵出线一端。在明确规定驼峰以解体为主,牵出线以编组为主的基础上,灵活运用,相互协作,可以提高解编作业效率。

在非驼峰调车场内,两端牵出线分工一般可有如下三种方式:

(1)一端解体,一端编组

这种方式两端调车机车有明确分工,一端专门负责解体或以解体为主;另一端专门负责编组或以编组为主。它的主要优点是易于建立良好的作业秩序,作业计划和组织工作比较简单。在具体规定两端牵出线的工作时,一般应把符合重车流到达方向和技术条件较好的一端分配解体工作,另一端则分配编组工作,以充分利用每条牵出线的有利条件,满足运输生产的需要。

(2)一端为主,一端为辅

这种分工方式解体和编组的调车工作,基本上分配给一端担任,称为主体调车机车。另一端则主要负责取送及其他调车工作,只在解编作业紧张阶段部分地协助主体调车机车进行解编工作,在解编作业量不大或一端牵出线条件较差的情况下,采用这种方式。

(3)两端作业,解编并举

这是横列式非驼峰调车场内常用的一种行之有效的分工方式。它规定两端调车机车共同担负解编作业,由调车工作领导人根据各个阶段的解编任务、到发列车的编组内容和两端调车机车的作业进度,在制定阶段作业计划时,灵活掌握运用,正确分配各端调车机车的工作任务。按照不同情况,同一列车可以安排两端机车合作解编,也可以指定由任何一端机车单独作业。

以乙站为例,其调车机车固定使用考虑的因素:

(1)乙站需要调车机车进行的作业

① 解体调车。

② 编组调车。

③ 取送调车,主要有货场取送、专用线取送、机务段取送等。

(2)确定乙站调车机车数量

安排乙站两台调车机车,并主要应考虑两台调车机车的作业均衡和作业方便,因此:

① 车站解体和编组是调车机车的主要作业，为了两台调车机车的作业均衡，驼峰调车机车担当解体、牵出线调车机车担当编组；

② 根据各个取送作业地点的相对位置，以方便调车机车取送及对其他作业的干扰最少为原则，安排驼峰调车机车担当货场取送、牵出线调车机车担当机务段和专用线的取送。

这样，乙站调车机车固定使用方案如表5.12所示。

表5.12 乙站调车机车固定使用方案表

名　称	用　途
驼峰调车机车	1. 解体
	2. 货场取送
牵出线调车机车	1. 编组
	2. 专用线取送
	3. 机务段取送

典型工作任务5 编制车站工作日计划图

5.5.1 教学目标

1. 能力目标

通过学习，要求：

(1)会推算车站日初结存车。

(2)会绘制车站工作日计划图。

2. 知识目标

通过学习，要求：

(1)掌握车站日初结存车的推算方法。

(2)掌握车站工作日计划图的绘制方法。

3. 素质目标

(1)养成细心、全面认识问题的学习态度。

(2)养成善于动脑、勤于思考、及时发现问题的学习习惯。

(3)养成全局的观念。

(4)养成作业安全的职业意识。

5.5.2 工作任务

(1)车站工作日计划图表的设计。

(2)车站日初结存车的推算。

(3)绘制车站工作日计划图。

5.5.3 相关配套知识

车站工作日计划图是车站对各种列车和车辆进行全部技术作业过程及各项技术设备运用情况的详细图解。

1. 车站工作日计划图的内容

(1)列车到达和出发的车次、时刻及编组内容。

(2)列车占用到发线情况。

(3)货车在调车场的集结情况。

(4)列车解体、编组及其他作业占用驼峰和牵出线的情况。

(5)调车机车工作情况。

(6)本站货物作业车在装卸地点停留及取送作业情况。

(7)列车到发和调车作业占用咽喉道岔组的情况等。

2. 编制车站工作日计划图的主要作用

(1)检查车站各项技术作业过程之间、车站作业与列车运行图之间是否协调,车站技术设备运用及作业组织是否合理。

(2)查明车站最繁忙阶段与最薄弱的环节,以便针对发现的问题,提出解决办法。

(3)确定货车在站停留时间标准、调车机车台数及车站运用车标准数。

为保证车站各项作业过程,及其与运行图之间的协调配合,每当列车编组计划、列车运行图、车站技术设备和技术作业过程发生变更时,应重新编制车站工作日计划图。

3. 设计车站工作日计划图

结合车站工作日计划图的内容,车站工作日计划图应该包含:

(1)列车到发栏。

(2)咽喉占用栏。

(3)到发线占用栏。

(4)驼峰、牵出线占用栏。

(5)调车线占用栏。

(6)装卸作业地点占用栏。

(7)调车机车动态栏等。

参照乙站平面示意图,乙站工作日计划图表设计如图 5.22 所示。

4. 推算车站日初结存车

(1)分配各次列车的到发车流

根据车站到发车流及其特征,确定具有代表性的日均车流量,结合车流到达规律及列车编组计划,将日均车流分配给各次列车。

根据车流汇总表确定的行车量,乙站解体区段列车 18 列、摘挂列车 4 列,按照列车编组计划的规定,将乙站车流汇总表 5.9 内的车数按编组内容(去向、辆数)所占的百分比分配给各次到达解体列车,见表 5.13。

表 5.13　乙站到达解体列车编组内容(摘录)

方向	车次	辆数	到达时刻	编组内容				
				甲	乙—甲	丙	乙—丙	乙
甲方向	31007	45	19:50	—	—	29	10	6
	31009	45	21:40	—	—	20	15	10
	…	…	…	—	—	…	…	…
	计	$\frac{445}{35}$	—	—	—	$\frac{360}{25}$	60	$\frac{25}{10}$

续上表

方向	车次	辆数	到达时刻	编组内容				
				甲	乙—甲	丙	乙—丙	乙
丙方向	32008	45	18:15	32	5	—	—	8
	41002	37	22:30	20	8	—	—	9
	…	…	…	…	…	—	—	…
	计	485	—	360	65	—	—	60
全站全天合计		$\frac{930}{35}$	—	360	65	$\frac{360}{25}$	60	$\frac{85}{10}$

(2)计算各类货车在站最短接续时间

① 有调中转车

$$t_{有调}=t_{到}+t_{解}+t_{编}+t_{发} \tag{5.45}$$

② 一次货物作业车

$$t_{一次}=t_{到}+t_{解}+t_{送}+t_{装(或卸)}+t_{取}+t_{编}+t_{发} \tag{5.46}$$

③ 双重货物作业车

$$t_{双重}=t_{到}+t_{解}+t_{送}+t_{卸}+t_{装}+t_{取}+t_{编}+t_{发} \tag{5.47}$$

已知乙站《站细》规定的各项技术作业时间标准为:到达作业 40 min,解体作业 40 min,编组作业 35 min,出发作业 30 min,取送作业 30 min,卸车一批 90 min,装车一批 120 min,则:

$$t_{有调}=t_{到}+t_{解}+t_{编}+t_{发}=40+40+35+30=145(\text{min})$$

$$\begin{aligned}t_{一次}&=t_{到}+t_{解}+t_{送}+t_{装(或卸)}+t_{取}+t_{编}+t_{发}\\&=40+40+15+120(或\ 90)+15+35+30=295(或\ 265)(\text{min})\end{aligned}$$

$$\begin{aligned}t_{双重}&=t_{到}+t_{解}+t_{送}+t_{卸}+t_{装}+t_{取}+t_{编}+t_{发}\\&=40+40+15+90+120+15+35+30=385(\text{min})\end{aligned}$$

(3)确定日初结存车数

确定日初结存车数的过程,实质上是按去向逐列落实编组列车车流来源的过程。

例如,列车运行图规定 19:10 始发甲方向 31002 次区段列车,编组内容为甲及其以远 45 辆。根据乙站《站细》规定的各项技术作业时间标准及乙站到达车流,推算 8 道(甲及其以远)的日初结存。

根据以上计算的各类货车在站最短接续时间及线路固定使用方案(见表 3.1),可以推定该列车最晚应于 18:05 开始编组。因此,可以初步确定调车场 8 道应有日初结存车 45 辆,用于编组 31002 次列车。然后再推定 21:55 始发甲方向 31004 次的车流来源:从表 5.13 看出,丙方向 18:15 到达 32008 次列车编组内容有甲方向 32 辆,按上述计算的 $t_{有}=145$ min 推算可用于编组 31004 次,不足 13 辆可以假定为本站货场、专用线装车产生的甲方向车流,合计凑够 45 辆。以此类推,直到各方向始发编组列车均有车流来源并且日末与日初结存车数相等为止。

5. 绘制车站日计划图

(1)车站工作日计划图的表示符号

① 无改编中转列车占用到发线的表示如图 5.5 所示。

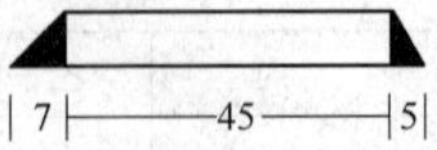

图 5.5　无改编中转列车占用到发线表示图

图中,7 表示列车到达占用咽喉和到发线的时间,45 表示列车停妥时起至列车出发起动时止占用到发线的时间,5 表示列车出发起动时起至进路解锁时止占用咽喉和到发线的时间。

② 自编始发列车占用到发线的表示如图 5.6 所示。

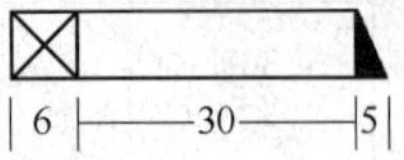

图 5.6　自编始发列车占用到发线表示图

图中,6 表示车列编组转线占用到发线的时间,30 表示车列编组转线完了时起至列车出发起动时止占用到发线的时间。

③ 到达解体列车占用到发线的表示如图 5.7 所示。

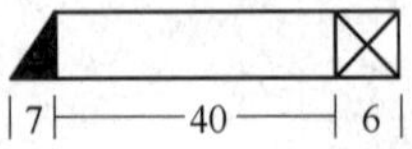

图 5.7　到达解体列车占用到发线表示图

图中,40 表示列车到达车站停妥时起至车列解体转线时止占用到发线的时间,6 表示车列解体转线占用到发线的时间。

④ 解体作业占用驼峰的时间表示如图 5.8 所示。

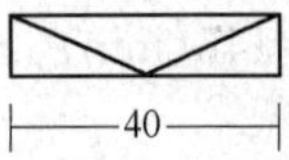

图 5.8　解体作业占用驼峰的时间表示图

图中,40 表示车列解体占用驼峰的时间。

⑤ 编组作业占用牵出线的时间表示如图 5.9 所示。

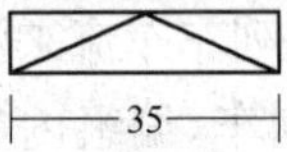

图 5.9　编组作业占用牵出线的时间表示

图中,35 表示车列编组占用牵出线的时间。

⑥ 取送作业占用驼峰或牵出线的时间表示如图 5.10 所示。

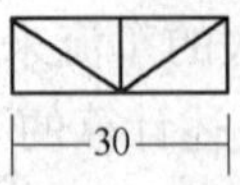

图 5.10　取送作业占用驼峰或牵出线的时间表示

图中,30 表示取送作业占用驼峰或牵出线的时间。

⑦ 集结过程及编组作业在调车场股道内的表示如图 5.11 所示。

⑧ 机车整备、交接班的表示如图 5.12 所示。

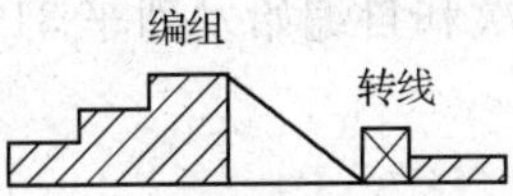

图 5.11 集结过程及编组作业在调车场股道内的表示图

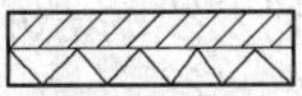

图 5.12 机车整备、交接班表示图

⑨ 列车到发占用咽喉的表示如图 5.13 所示。

图 5.13 列车到发占用咽喉表示图

图中,◢为列车到达占用咽喉,◣为列车出发占用咽喉。

⑩ 机车出入段占用咽喉、机走线的表示如图 5.14 所示。

图 5.14 机车出入段占用咽喉、机走线表示图

图中,箭头指向机务段方向为机车入段占用咽喉、机走线的表示方法,箭头背向机务段方向为机车出段占用咽喉、机走线的表示方法。

(2)列车到发占用咽喉及到发线的表示方法

咽喉占用是指咽喉道岔组各项作业占用的过程。按作业性质不同,可归纳为接车、发车和调车占用三种。

① 接车占用,是指自准备接车进路(包括开放信号)时起,至列车腾空该咽喉道岔组或该进路解锁时止的一段时间。

② 发车占用,是指自准备发车进路(包括开放信号)时起,至列车尾部离开该发车进路最外方道岔或该进路解锁时止的一段时间。

③ 调车占用,是指自准备调车进路(包括开放信号)时起,至调车车列离开该咽喉道岔组或该进路解锁时止的一段时间。

到发线占用是指各种货物列车在车站到发占用到发线的时间标准,包括:

① 无改编中转列车占用,包括无改编中转列车接车占用、在到发线上停留占用和出发占用三部分。

接车占用到发线的时间是指自准备接车进路(包括开放信号)时起,至列车进入到发线警冲标内方停妥时止的一段时间。

在到发线上停留时间是指自列车到达停妥时起,至列车出发起动时止的一段时间。

出发占用到发线的时间是指自列车起动时起至腾空该到发线时止的一段时间。

② 部分改编中转列车占用,与无改编中转列车占用相似,只是在到发线上的停留时间长一些。

③ 到达解体列车占用,包括到达解体列车接车占用、在到发线上的停留占用和解体转线占用三部分。

解体转线占用是指自车列转线或推峰起动时起,至腾空该到发线时止的一段时间。

④ 自编始发列车占用,包括编组转线占用、在到发线上停留占用和出发占用三部分。

编组转线占用是指自准备转线调车进路时起,至整个车列转入发车线警冲标内方停妥时止的一段时间。

例如,无改编中转列车 20113 次、到达解体列车 32008 次和自编始发列车 31004 次到达、出发占用咽喉及到发线的表示(如图 5.15 所示)。

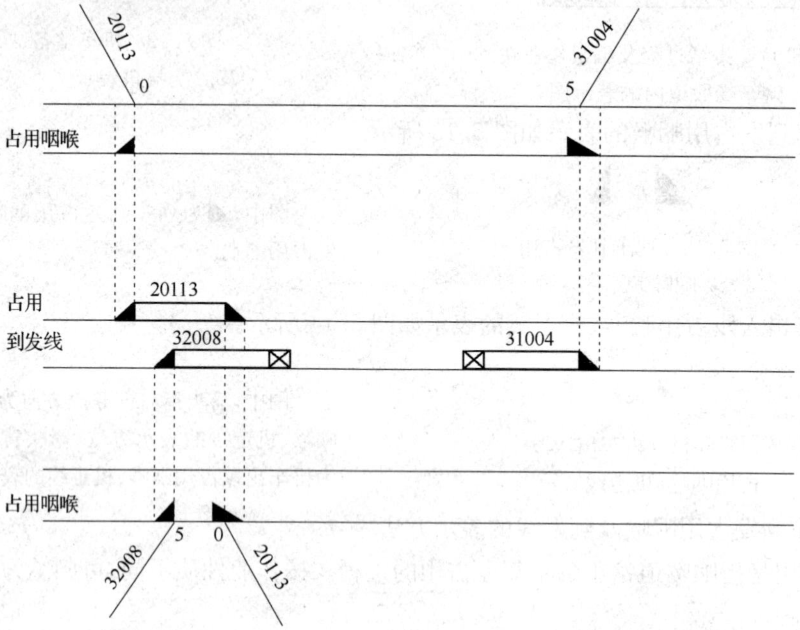

图 5.15 列车到达、出发占用咽喉、到发线表示示意图

(3)车列解体表示的表示方法

例如,32008 次到达解体列车到达车站后,经过到达、解体分解到调车场内固定线路的表示方法,如图 5.16 所示。

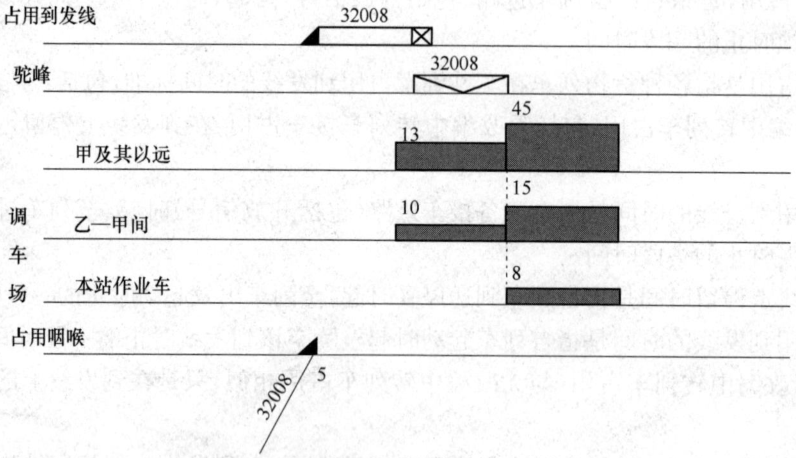

图 5.16 32008 次到达、解体表示示意图

由表 5.13,32008 次编组内容为:甲及其以远 32 车,乙—甲间 5 车,本站作业车 8 车,共计 45 车。

第一步,在驼峰栏画出解体符号(解体包括解体转线)。

第二步,解体结束时,在调车场固定线路内增加相应的车数。例如,甲及其以远原有 13 车,解体 32008 次后增加 32 车,甲及其以远共 45 车。

(4)车列编组表示的表示方法

例如,甲及其以远车流已达45辆,满足编组31004次自编始发列车,经过编组出发作业,表示出31004次编组、出发的作业过程,如图5.17所示。

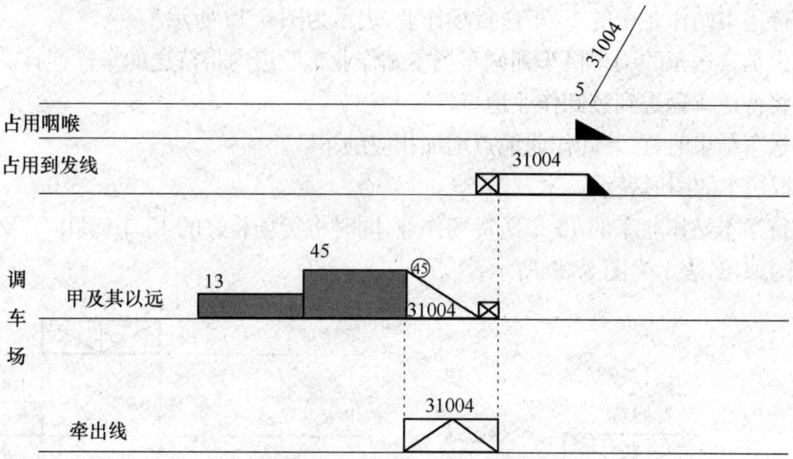

图5.17　31004次编组、出发表示示意图

根据乙站编组计划,31004次为区段列车,其编组内容为甲及其以远,根据列车运行图规定,列车编成辆数为45车。

第一步,确定开始编组时间。为了保证31004次正点出发,必须保证编组、出发两项作业。因此,31004次最迟必须在出发前保证 $t_{编}+t_{发}$ 时间。

第二步,在牵出线栏画出编组符号(解体包括解体转线)。

第三步,在调车场甲及其以远股道内在编组开始时将需要编组的辆数45辆圈掉,注上车次31004次。

第四步,编组(包括编组转线)结束时,在到发场线路内画上31004次符号,注意转线符号要对齐。

第五步,在调车场甲及其以远股道内注明剩余车数。

(5)取车、送车和取送车的表示方法

① 货场取车的图形表示

例如,将货场装好的15车(其中甲及其以远10车,乙—甲间5车)取出,表示为图5.18所示。

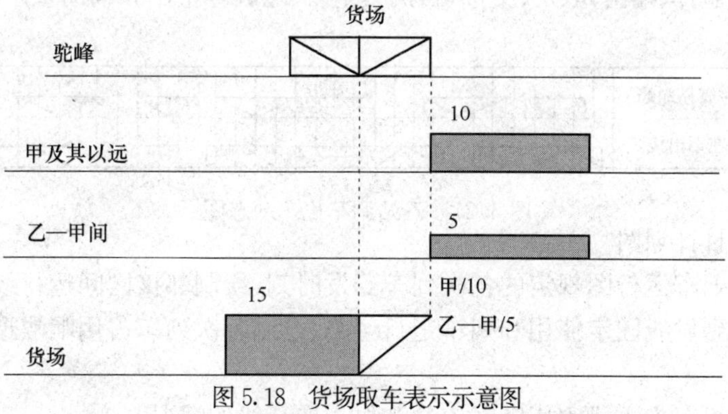

图5.18　货场取车表示示意图

第一步,由负责取车的调车机车去装卸作业地点将待取的车辆连挂。

第二步,将取回的车辆根据装车去向分解到调车场内固定线路内。

第三步,取车结束时,在调车场固定线路内增加相应的车数。

② 货场送车的图形表示

例如,将待送本站作业车的10车送货场作业,表示为图5.19所示。

第一步,由负责送车的调车机车到调车场本站作业车股道内将待送的车辆连挂。

第二步,将待送车辆送到装卸作业地点。

第三步,送车结束时,在装卸作业地点增加相应的车数。

③ 货场取送车的图形表示

例如,将待送本站作业车的10车送货场作业,同时将货场装好的15车(其中甲及其以远10车,乙—甲间5车)取出,表示为图5.20所示。

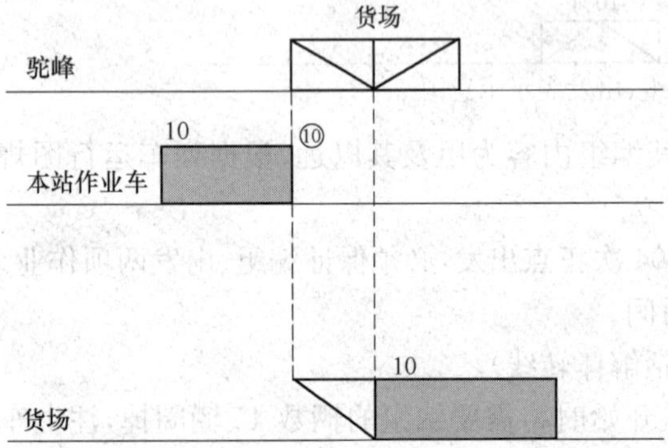

图5.19 货场送车表示示意图

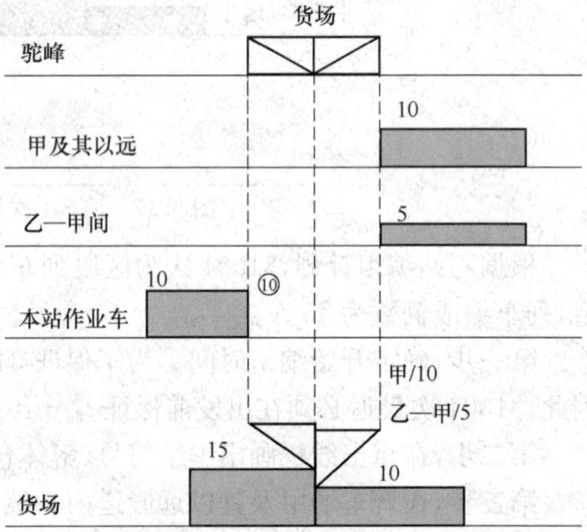

图5.20 货场取送车表示示意图

第一步,由负责取送车的调车机车到调车场本站作业车股道内将待送的车辆连挂。

第二步,将待送车辆送到装卸作业地点,同时连挂待取的车辆。

第三步,送车结束时,在装卸作业地点增加相应的车数。

第四步,取车结束时,在调车场固定线路内增加相应的车数。

(6)机车动态表示方法

调车机车进行解体、编组、取送、交接班、机车整备、吃饭等生产和辅助生产的图示,如图5.21所示。

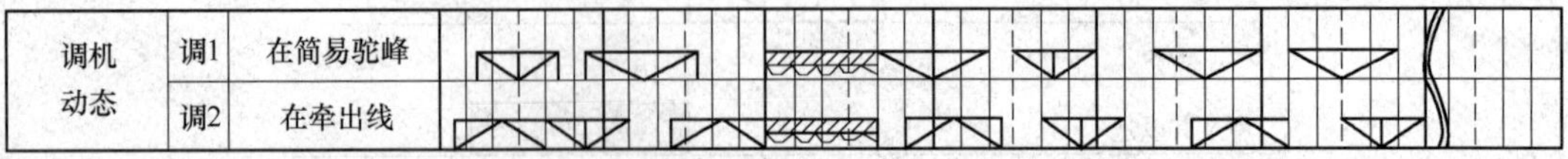

图5.21 乙站调车机车动态图

(7)绘制车站日计划图

第一步,根据列车运行图规定的各次列车到发时刻,绘制邻接区间运行线。

第二步,根据到发线固定使用和列车走行经路,绘制各次列车占用咽喉道岔及到发线的顺序和起止时分。

第三步,绘制机车出入段占用咽喉道岔和机车走行线的情况。

第四步,根据编组列车的需要,合理安排调车机车的解体、编组、取送作业,并按规定符号绘制调车作业和调车机车占用各项设备的起止时分。

第五步，随时填记调车场、货物作业地点的车流变化情况（包括车数、重空状态等）。

车站工作日计划图绘制完了后，应认真检查、分析、比较，必要时应进行调整，力求各项技术设备运用合理，确保车站作业安全。

乙站工作日计划图如图 5.22 所示。

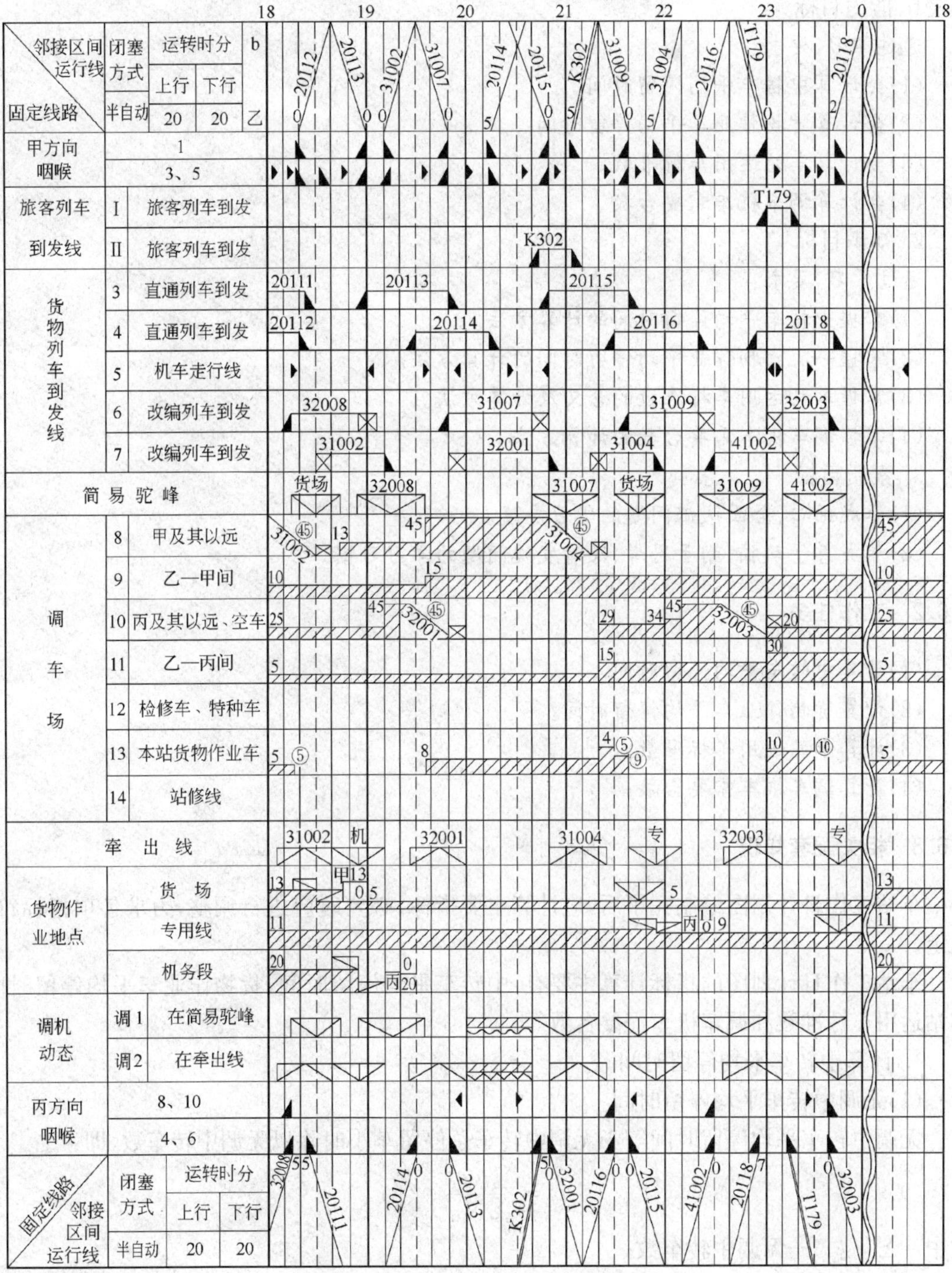

图 5.22　乙站工作日计划图

典型工作任务6　计算车站日计划指标

5.6.1　教学目标

1. 能力目标

通过学习,要求:

(1)会计算中转车平均停留时间。

(2)会计算货物作业车平均停留时间。

(3)会计算车站运用车标准数。

(4)会计算调车机车需要台数。

2. 知识目标

通过学习,要求:

(1)掌握中转车平均停留时间的计算方法。

(2)掌握一次货物作业平均停留时间的计算方法。

(3)掌握车站运用车标准数的含义及计算方法。

(4)掌握调车机车需要台数的计算方法。

3. 素质目标

(1)养成细心、全面认识问题的学习态度。

(2)养成善于动脑、勤于思考、及时发现问题的学习习惯。

5.6.2　工作任务

(1)计算中转车平均停留时间。

(2)计算货物作业车平均停留时间。

(3)计算车站运用车标准数。

(4)计算调车机车需要台数。

5.6.3　相关配套知识

车站工作日计划图绘制完了后,应计算主要指标,必要时应进行调整,力求各项指标符合规定。

车站工作日计划图的指标计算主要有:中转车平均停留时间、货物作业车平均停留时间、车站运用车标准数和调车机车需要台数等。

1. 计算中转车平均停留时间

(1)无调中转车平均停留时间

无调中转车平均停留时间等于无调中转车总停留车小时除以无调中转车数,即:

$$t_{无}=\frac{\sum Nt_{无}}{\sum N_{无}}\quad (\mathrm{h}) \tag{5.48}$$

式中　$\sum N_{无}$——无调中转车数;

$\sum Nt_{无}$——无调中转车总停留车小时。

$\sum N_{无}$ 可以从乙站车流汇总表(表5.9)中查得,无调中转车总停留车小时$\sum Nt_{无}$ 可从乙站工作日计划图(图5.22)中逐列查算后加总求得。

例如,根据表5.9和图5.22,乙站无调中转车平均停留时间计算见表5.14。

表5.14 乙站无调中转车平均停留时间计算表

车　次	编组辆数	停留时间(min)	停留车分(车·min)
20112	45	20	900
20111	45	25	1 125
20113	45	50	2 250
20114	45	45	2 025
…	…	…	…
全天合计	1 080	—	47 960
一车平均停留时间	$t_{无}=\dfrac{47\ 960}{60\times 1\ 080}=0.74=0.7(h)$		

(2)有调中转车平均停留时间

有调中转车的技术作业过程包括到达、解体、集结、编组、出发五项作业。

有调中转车平均停留时间 $t_{有}$ 可按到达、解体、集结、编组、出发五项作业平均停留时间(包括待解、待编、待发时间),然后加总求得。

① 根据表5.9和图5.22,乙站有调中转车到达、解体平均停留时间的计算见表5.15。

表5.15 乙站到达、解体作业平均时间计算表

车　次	编组辆数	到达作业		解体作业	
		作业时间(min)	停留车分(车·min)	作业时间(min)	解体车分(车·min)
32008	45	40	1 800	40	1 800
31007	45	50	2 250	40	1 800
31009	45	40	1 800	40	1 800
41002	37	40	1 480	40	1 480
…	…	…	…	…	…
全天合计	965	—	41 150	—	38 700
一车平均停留时间		$t_{到}=\dfrac{41\ 150}{60\times 965}=0.71(h)$		$t_{解}=\dfrac{38\ 700}{60\times 965}=0.67(h)$	

② 根据表5.9和图5.22,乙站有调中转车编组、出发平均停留时间的计算见表5.16。

表5.16 乙站编组、出发作业平均时间计算表

车　次	编组辆数	编组作业		出发作业	
		作业时间(min)	编组车分(车·min)	作业时间(min)	停留车分(车·min)
31002	45	35	1 575	30	1 350
32001	45	35	1 575	50	2 250
31004	45	35	1 575	30	1 350
32003	45	35	1 575	30	1 350

续上表

车　次	编组辆数	编组作业		出发作业	
		作业时间(min)	编组车分(车·min)	作业时间(min)	停留车分(车·min)
…	…	…	…	…	…
全天合计	965	—	34 750	—	35 900
一车平均停留时间		$t_{编}=\frac{34\ 750}{60\times965}=0.60$(h)		$t_{发}=\frac{35\ 900}{60\times965}=0.62$(h)	

③ 乙站有调中转车平均集结时间的计算见表 5.17。

表 5.17　乙站平均集结时间计算表

股　道	集结时间(车·min)	参加集结车数(车)
8	45×5+13×55+45×75+20×10+…=25 120	45+13+32+20+…=380
9	10×95+15×255+23×10+…=6 150	10+5+8+…=80
10	25×70+45×15+29×40+34×10+45×25+…=26 740	25+20+29+5+…=440
11	5×200+15×100+30×60+…=5 560	5+10+15+…=65
全天合计	25 120+6 150+26 740+5 560=63 570	380+80+440+65=965
一车平均停留时间	$t_{集}=\frac{63\ 570}{60\times965}=1.10$(h)	

根据上述计算结果，乙站有调中转车平均停留时间为：

$$t_{有}=t_{到}+t_{解}+t_{集}+t_{编}+t_{发}$$
$$=0.71+0.67+1.10+0.60+0.62=3.7\text{(h)}$$

必须指出，按上述方法求得的各项技术作业消耗的总停留车小时数和参加停留的车数，包括有调中转车和本站货物作业车两种。因此，求得的五项作业平均停留时间，同样适用于求算货物作业车平均停留时间。

(3)中转车平均停留时间

按上述方法求得 $t_{无}$、$t_{有}$ 后，即可按下式求算中转车平均停留时间：

$$t_{中}=\frac{t_{无}\ N_{无}+t_{有}\ N_{有}}{N_{无}+N_{有}}\quad\text{(h)}\tag{5.49}$$

式中　　$N_{无}$、$N_{有}$——无调中转车数、有调中转车数；

$t_{无}\ N_{无}$、$t_{有}\ N_{有}$——无调中转车停留车小时、有调中转车停留车小时。

以乙站为例，其中转车平均停留时间为：

$$t_{中}=\frac{0.7\times1\ 080+3.7\times870}{1\ 080+870}=2.0\text{(h)}$$

2. 计算货物作业车平均停留时间

(1)货物作业车平均停留时间

在求得上述五项作业平均停留时间的基础上，再用同样的方法从日计划图中查算本站货物作业车在调车场内待送、在装卸地点进行装卸作业(包括待取)和取送作业等平均停留时间，然后分别按下式求得本站货物作业车一车平均停留时间($t_{本站}$)：

$$t_{本站}=t_{到}+t_{解}+t_{待送}+t_{送}+t_{装卸}+t_{取}+t_{集}+t_{编}+t_{发}\quad\text{(h)}\tag{5.50}$$

(2)一次货物作业平均停留时间

一次货物作业平均停留时间 $t_{货}$，等于本站货物作业车平均停留时间 $t_{本站}$，乘以本站货物作业车数 $N_{本站}$，再除以全天装卸作业车数($u_{装}+u_{卸}$)，即

$$t_{货}=\frac{t_{本站}N_{本站}}{u_{装}+u_{卸}}\quad (\mathrm{h}) \tag{5.51}$$

式中　$t_{本站}N_{本站}$——本站货物作业车停留车小时。

3. 计算车站运用车标准数

车站运用车标准数(保有量)是指车站为完成规定的运输任务应经常保有的运用车数。

计算运用车标准数(保有量)的意义在于使车站运用车数量经常保持在一定的水平(即运用车保有量)，确保车站运输生产的顺利进行。当车站运用车数大于运用车保有量时，有可能造成车站的车流积压，甚至造成车站堵塞，影响运输生产，这时要考虑的是疏散车流；当车站运用车数小于运用车保有量时，有可能造成车站的自编始发列车车流不足，影响列车编组，甚至造成列车晚点，这时要考虑如何及时组织车流。

车站运用车标准数(保有量)是根据各种货车的计划车流量和停留时间标准确定的，即：

$$N_{保}=\frac{N_{无}\,t_{无}+N_{有}\,t_{有}+N_{本站}\,t_{本站}}{24}=N_{保}^{无}+N_{保}^{有}+N_{保}^{本站}\quad (车) \tag{5.52}$$

式中　$N_{保}$——车站运用车标准数；

$N_{保}^{无}$、$N_{保}^{有}$、$N_{保}^{本站}$——无调中转车、有调中转车及本站货物作业车标准数。

4. 计算调车机车需要台数

调车机车需要台数一般采用分析计算法进行概略计算，并在编制车站工作日计划图时加以验证确定。计算调车机车需要台数一般按照以下步骤：

第一步，求出车站驼峰、牵出线及其他调车区完成规定的调车作业一昼夜所消耗的总时间 $\sum T_{总}$。

第二步，求出车站一台调车机车一昼夜辅助生产作业时间 $t_{整}$，即调车机车整备、交接班、调车组吃饭等作业时间。

第三步，求出车站一台调车机车一昼夜能够提供调车的时间 $1\,440-t_{整}$。

第四步，求出车站要完成所有调车作业需要的调车机车台数 $M_{调}$，即

$$M_{调}=\frac{\sum T_{调}}{1\,440-t_{整}}\quad (台) \tag{5.53}$$

为了考核调车机车运用效率，一般采用调车工作系数($K_{调}$)来衡量。调车工作系数是指调车机车每工作一小时平均改编的车数。其值可按下式计算：

$$K_{调}=\frac{60\sum N_{改编}}{\sum T_{调}}\quad (车/\mathrm{h}) \tag{5.54}$$

式中　$\sum N_{改编}$——一昼夜内改编的车辆总数，车。

项目小结

本项目介绍了车站通过能力与改编能力的定义、计算的目的及计算的方法。

车站通过能力包括咽喉通过能力和到发线通过能力。咽喉通过能力的计算首先要确定咽喉道岔组(即某方向接、发列车进路上最繁忙的道岔组)，然后通过利用率计算法计算出该咽喉

道岔组的通过能力;一般情况下,到发线通过能力也可通过利用率计算法求得。

利用率计算法可归纳为三个步骤,即:第一步,计算出一昼夜全部作业占用咽喉道岔组(到发线)的总时间;第二步,计算出咽喉道岔组(到发线)的通过能力利用率;第三步,计算咽喉道岔组(到发线)的通过能力。

车站改编能力是车站一昼夜能够解体和编组的货物列车数或车数。当某车站驼峰或牵出线担当的调车作业比较单一时,多采用直接计算法;反之,多采用利用率计算法。

随着运量的不断增长,当车站能力不能满足需要时,可通过技术组织措施和改建措施来提高车站通过能力与改编能力。

当车站通过能力利用率达到85%,改编能力利用率达到90%时,可通过车站工作日计划图进行验算分析,采取加强能力的措施。

复习思考题

1. 何谓车站通过能力与车站改编能力?查定和计算车站能力的目的是什么?

2. 计算车站通过能力与车站改编能力的方法有哪几种?计算车站能力时,哪些属于固定作业?

3. 影响车站通过能力和改编能力的主要因素有哪些?

4. 何谓咽喉道岔组?如何计算和查定各种作业占用咽喉道岔组的时间标准?

5. 道岔分组的原则是什么?绘图表示之。试对乙站(图4.20)甲端咽喉区的道岔进行分组。

6. 如何计算咽喉道岔组通过能力?如何确定车站两端咽喉通过能力?

7. 各种货物列车占用到发线的时间标准如何计算?到发线通过能力、编发线发车能力如何计算?

8. 驼峰解体能力、牵出线编组能力、车站改编能力如何计算?

9. 车站通过能力和车站改编能力如何汇总?

10. 提高车站通过能力与车站改编能力的措施有哪些?

11. 何谓车站工作日计划图?编制车站工作日计划图的目的何在?

12. 编制车站工作日计划图时,如何将日均车流分配给各次列车?

13. 如何确定调车场各股道及各货物作业地点的日初结存车?怎样绘制车站工作日计划图?

14. 车站工作日计划图的主要指标有哪些?如何查算?

15. 根据下列资料,编制车站日计划图。

(1)乙站在铁路网中的位置如图5.23所示。

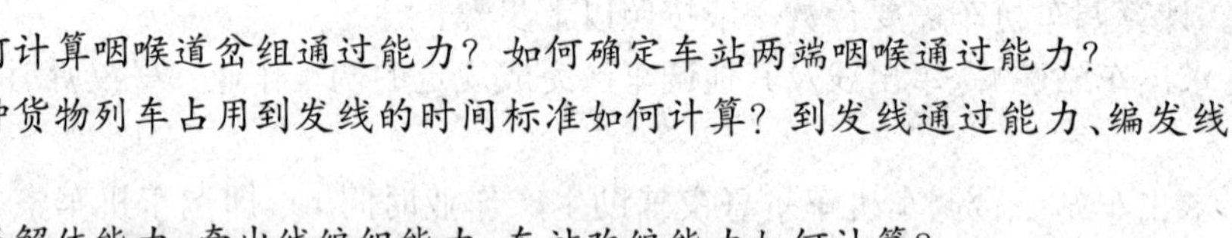

图5.23 乙站在铁路网中的位置图

(2)乙站邻接区段的技术特征见表5.18。

表5.18 乙站邻接区段的技术特征表

区段	区间正线	闭塞方式	邻接方式					货列牵引定数(t)	货物列车编成(辆)	到发线有效长(m)
			长度(km)	运行时分(min)						
				旅客列车		货物列车				
				上行	下行	上行	下行			
乙—甲	单线	半自动	13	14	14	16	16	3 000	50	850
乙—丙	单线	半自动	12	13	13	15	15	3 000	50	850

注:摘挂列车编成为40辆。

(3)乙站线路平面如图5.24所示。

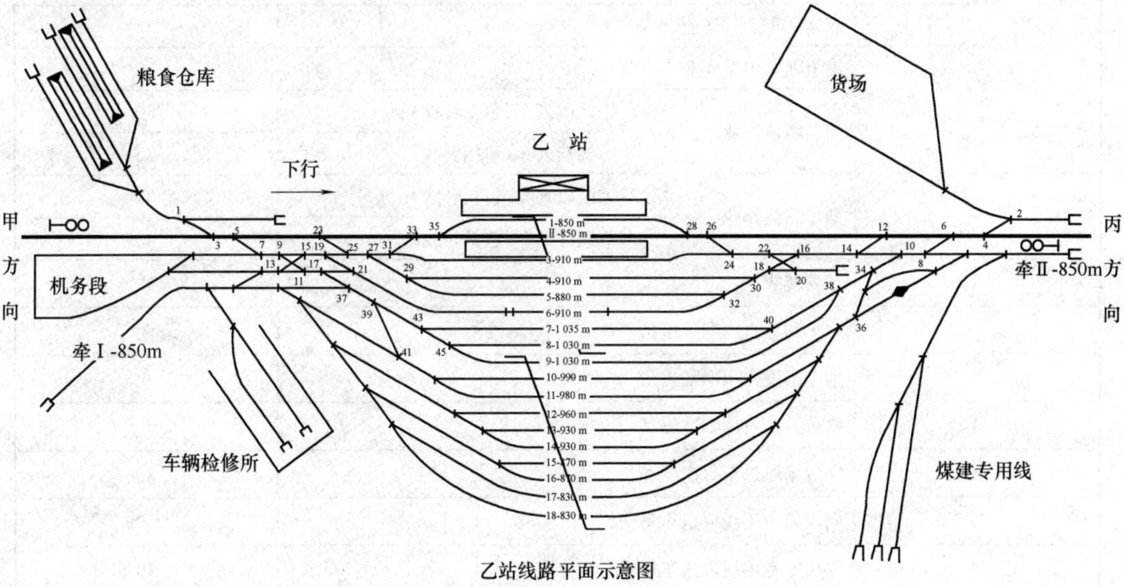

图5.24 乙站线路平面示意图

(4)乙站线路固定使用办法见表5.19。(自行安排)

表5.19 乙站线路固定使用办法表

车场	股道编号	用 途	车场	股道编号	用 途
到发场	1		调车场	10	
	Ⅱ			11	
	3			12	
	4			13	
	5			14	
	6			15	
	7			16	
	8			17	
	9			18	

(5)乙站调车机车分工办法见表5.20。(自行安排)

表5.20　乙站调车机车分工表

调车机车	担负任务	调车机车	担负任务
一调	1	二调	1
	2		2
	3		3

(6)乙站各项技术作业时间标准见表5.21。

表5.21　乙站各项技术作业时间标准表

顺序	作业项目		时间标准(min)
1	无调中转列车作业		30
2	解体列车到达作业		35
3	编组列车出发作业		30
4	列车解体作业	区段列车(包括转线)	30
		摘挂列车(包括转线)	35
5	列车编组作业	区段列车(包括转线)	35
		摘挂列车(包括转线)	40
6	车列转线		10
7	列车到达占用咽喉道岔		5
8	列车出发占用咽喉道岔		6
9	取(送)车占用咽喉道岔		5
10	向货场取送车每次		30
11	向煤建专用线取送车每次		40
12	向粮库专用线取送车每次		40
13	向机务段取送车每次		30
14	货场、粮库卸车一批		100
15	煤建专用线、机务段卸车一批		90
16	货场装车一批		120
17	机车出入段占用机车走行线		3
18	调车机车整备与交接班平行作业		40
19	调车组及机车乘务组吃饭		30

注:① 取送车作业时间包括对货位和将取回车辆分解于固定线路的作业时间。

② 调车机车整备和交接班每天2次,时间在8:00和20:00左右;调车组吃饭每班1次,分别在11:30和23:30左右。

(7)乙站列车编组计划及列车运行图有关规定。

① 乙站列车编组计划摘录见表5.22、表5.23。

表5.22 乙站下行方向列车编组计划摘录表

发站	到站	编组内容	列车种类	车次
甲	戊	空敞车	空车直达	86001～86003
甲	戊	戊及其以远	技术直达	10001～10005
甲	丙	丙及其以远	直通	20101～20113
甲	乙	乙及其以远	区段	30001～30007
乙	丙	丙及其以远,空车	区段	30101～30107
甲	乙	甲—乙间按站顺	摘挂	40101
乙	丙	乙—丙间按站顺	摘挂	40151

表5.23 乙站上行方向列车编组计划摘录表

发站	到站	编组内容	列车种类	车次
戊	甲	甲及其以远	石油直达	84002
丁	甲	甲及其以远	始发直达	85002
戊	甲	甲及其以远	技术直达	10002～10006
丙	甲	甲及其以远	直通	20102～20114
乙	甲	甲及其以远	区段	30002～30008
丙	乙	乙及其以远	区段	30102～30108
乙	甲	乙—甲间按站顺	摘挂	40102
丙	乙	丙—乙间按站顺	摘挂	40152

② 乙站旅客列车到发时刻见表5.24、表5.25。

表5.24 乙站下行方向旅客列车到发时刻表

车次	到达时刻	出发时刻
5003	18:27	18:42
K803	20:35	20:47
T701	1:14	1:24
5001	8:25	8:40
K801	12:15	12:27

表5.25 乙站上行方向旅客列车到发时刻表

车次	到达时刻	出发时刻
T702	21:53	22:03
K802	5:27	5:39
5002	6:45	7:00
K804	13:12	13:24
5004	17:29	17:44

③ 乙站货物列车到达时刻及编组内容见表5.26、表5.27。

表5.26 乙站下行方向货物列车到达时刻及编组内容表

发站	车次	到达时刻	编组内容	辆数
甲	20113	19:19	丙及其以远	50
甲	30007	21:32	乙及其以远	50
甲	20101	22:56	丙及其以远	50
甲	86001	23:59	空敞车	50

续上表

发站	车次	到达时刻	编组内容	辆数
甲	20103	2:31	丙及其以远	50
甲	30001	3:50	乙及其以远	50
甲	10001	5:02	戊及其以远	50
甲	40101	6:25	甲—乙间	40
甲	20105	7:34	丙及其以远	50
甲	10003	9:24	戊及其以远	50
甲	30003	10:19	乙及其以远	50
甲	20107	11:21	丙及其以远	50
甲	86003	13:16	空敞车	50
甲	30005	13:59	乙及其以远	50
甲	20109	14:35	丙及其以远	50
甲	10005	15:38	戊及其以远	50
甲	20111	17:05	丙及其以远	50

表 5.27　乙站上行方向货物列车到达时刻及编组内容表

发站	车次	到达时刻	编组内容	辆数
丙	20112	18:10	甲及其以远	50
丙	30108	19:15	乙及其以远	50
丙	20114	20:25	甲及其以远	50
丁	85002	22:31	甲及其以远	50
丙	20102	0:01	甲及其以远	50
戊	84002	1:05	甲及其以远	50
丙	30102	1:57	乙及其以远	50
戊	10002	2:29	甲及其以远	50
丙	20104	3:36	甲及其以远	50
丙	40152	5:00	丙—乙间	40
丙	20106	8:00	甲及其以远	50
戊	10004	9:13	甲及其以远	50
丙	20108	11:10	甲及其以远	50
丙	30104	11:45	乙及其以远	50
丙	20110	14:21	甲及其以远	50
丙	30106	15:40	乙及其以远	50
戊	10006	16:43	甲及其以远	50

④ 乙站货物列车出发时刻见表 5.28、表 5.29。

表 5.28 乙站上行方向货物列车出发时刻表

到站	列车种类	车次	出发时刻
甲	直通	20112	18:40
甲	区段	30002	19:45
甲	直通	20114	20:55
甲	始发直达	85002	23:01
甲	区段	30004	0:04
甲	直通	20102	0:38
甲	石油直达	84002	1:35
甲	技术直达	10002	2:59
甲	直通	20104	4:06
甲	区段	30006	5:10
甲	直通	20106	8:30
甲	技术直达	10004	9:43
甲	直通	20108	11:40
甲	摘挂	40102	12:27
甲	直通	20110	14:51
甲	区段	30008	16:07
甲	技术直达	10006	17:13

表 5.29 乙站下行方向货物列车出发时刻表

到站	列车种类	车次	出发时刻
丙	直通	20113	19:50
丙	区段	30101	22:50
丙	直通	20101	23:26
戊	空车直达	86001	0:29
丙	直通	20103	3:01
丙	区段	30103	3:55
戊	技术直达	10001	5:32
丙	直通	20105	8:05
丙	区段	30105	9:20
戊	技术直达	10003	9:54
丙	摘挂	40151	10:35
丙	直通	20107	11:51
戊	空车直达	86003	13:46
丙	直通	20109	15:05
戊	技术直达	10005	16:08
丙	区段	30107	16:55
丙	直通	20111	17:35

(8)乙站装卸工作量:卸车130辆、排空40辆、90辆装车去向自行安排,见表5.30。

表 5.30 乙站装卸工作量表

单位:辆

装卸地点	各去向装车数				卸车数
	甲及其以远	乙—甲间	丙及其以远	乙—丙间	
货场					
煤建专用线					
粮库专用线					
机务段					
合计					

(9)到达乙站解体列车编组情况见表5.31。

表 5.31 到达乙站解体列车编组情况表

发站	车次	到达时刻	编组内容								合计辆数
			中转车(辆)				货物作业车(辆)				
			甲及其以远	甲—乙间	丙及其以远	乙—丙间	货场	煤建	粮库	机务段	
甲	30007	21:32			30	5	5	10			50
甲	30001	3:50			20	10		10		10	50
甲	40101	6:25			20	10	10				40

续上表

发站	车次	到达时刻	编组内容								合计辆数
			中转车(辆)				货物作业车(辆)				
			甲及其以远	甲—乙间	丙及其以远	乙—丙间	货场	煤建	粮库	机务段	
甲	30003	10:19			25	5	10	10			50
甲	30005	13:59			30	5	5	10			50
丙	30108	19:15	35				15				50
丙	30102	1:57	35	5					10		50
丙	40152	5:00	30	10							40
丙	30104	11:45	30	5			5		10		50
丙	30106	15:40	30	10			10				50
合计			160	30	125	35	60	40	20	10	480

(10)乙站18:00结存车见表5.32、表5.33。

表5.32　乙站调车场现在车分布表(根据推算结果填入)

股道	去向	车数(辆)
10		
11		
12		
13		
14		
15		
16		
17		
18		

表5.33　乙站货场、专用线、机务段作业车分布表(根据推算结果填入)

装卸作业地点	待卸、待装、待取车数(辆)

要求:绘制乙站工作日计划图并计算指标。

项目6　车站工作统计与分析

项目描述

为了及时而准确地反映车站工作完成的情况，提供确定任务、编制计划和改进工作的资料，对于车站各项数量指标和质量指标的完成实绩要进行系统的统计和分析。

车站工作统计主要有装卸车统计、现在车统计、货车停留时间统计、货物列车出发正点率统计。本项目重点学习货车停留时间统计和车站工作分析相关内容。

拟实现的教学目标

1. 能力目标

在学习本项目后，要求对车站工作统计的内容、方法及车站工作分析的内容有全面的认识，并要求：

(1)会填记相关报表。

(2)会运用号码制统计方法统计货车停留时间。

(3)会运用非号码制统计方法统计货车停留时间。

(4)会根据相关统计资料进行车站日常分析。

2. 知识目标

在学习本项目后，要求：

(1)掌握相关报表的内容及填记方法。

(2)掌握号码制统计货车停留时间的基本原理、方法、优缺点及适用场合。

(3)掌握非号码制统计货车停留时间的基本原理、方法、优缺点及适用场合。

(4)掌握车站日常分析的主要内容及方法。

3. 素质目标

(1)养成认真、严谨、负责的职业人格。

(2)养成一种客观、全面、动态地分析问题的态度以及正确分析问题与解决问题的方法。

(3)养成遵章守纪、按章办事的工作态度。

(4)具有和车站行车工作各个工作环节的工作人员共事的团队意识，能进行良好的团队合作。

典型工作任务 1　填写各类报表

6.1.1　教学目标

1. 能力目标

通过学习,要求对车站各类统计报表的内容、填记方法有全面的认识,并要求:

(1)会正确填写现在车报表(运报-2)。

(2)会正确填写 18 点现在重车去向报表(运报-3)。

(3)会正确填写装卸车报表(货报-1)。

(4)会正确填写货物分类装车报表(货报-2)。

2. 知识目标

通过学习,要求:

(1)掌握"现在车报表"的内容、编制依据和编制方法。

(2)掌握"18 点现在重车去向报表"的内容、编制依据和编制方法。

(3)掌握"装卸车报表"的内容、编制依据和编制方法。

(4)掌握"货物分类装车报表"的内容、编制依据和编制方法。

3. 素质目标

(1)养成认真、严谨、负责的职业人格。

(2)养成严肃、细致的工作作风。

(3)养成善于动脑、勤于思考、及时发现问题和解决问题的学习习惯。

6.1.2　工作任务

(1)编制"现在车报表"。

(2)编制"18 点现在重车去向报表"。

(3)编制"装卸车报表"。

(4)编制"货物分类装车报表"。

6.1.3　相关配套知识

6.1.3.1　现在车统计

现在车统计主要反映车站、铁路局管内以及合资、地方铁路内每日 18:00 货车现有数及运用情况,作为日常调度指挥,编制运输工作计划,调整运力配置以及经营管理的依据。

1. 现在车分类

(1)按产权所属分类

现在车按产权所属分为铁路总公司所属铁路货车、企业自备货车及内用货车、外国铁路货车。内用货车比照企业自备货车进行统计。

① 铁路总公司所属铁路货车:凡属铁路总公司资产、涂有铁路路徽,按铁路总公司统一规定涂打车型标记、编号的货车。

② 企业自备货车:凡属企业(包括国家铁路运输企业、合资铁路、地方铁路及其属企业)资

产并取得“企业自备货车经国家铁路过轨运输许可证”(以下简称“过轨运输许可证”)和一次性过轨的货车。

其确定方法:取得“过轨运输许可证”的货车为车号左起第一位为“0”、第二位非“0”,车体标明“×××自备车”“到站×××站”、没有铁路路徽的货车;一次性过轨的货车为车号左起第一、二位为“00”,没有铁路路徽的货车。

军方特殊用途货车(车体标明客车基本记号者除外)比照企业自备车办理。

③ 内用货车:属企业(包括合资、地方铁路及其下属企业)资产但未取得“过轨运输许可证”,仅在本企业内承担社会运输任务的货车。

④ 外国铁路货车:凡属于国外资产的铁路货车。

(2)按运用状况分类

现在车按运用状况分为运用车和非运用车。

① 运用车,指参加铁路营业运输的铁路总公司所属铁路货车、企业自备货车、内用货车、外国货车,企业租用、军方特殊用途重车。运用车分为重车和空车。

重车包括:实际装有货物并具有货票的货车;卸车作业未完的货车;倒装作业未卸完的货车;以“特殊货车及运送用具回送清单”手续装载整车回送铁路货车用具(铁路总公司所属篷布、空集装箱及军用备品等)的货车;填制货票的游车。

空车包括:实际空闲的货车;装车作业未完的货车;倒装作业未装完的货车;运用状态下的机械冷藏车的工作车。

② 非运用车,指不参加铁路营业运输的铁路总公司所属货车(包括租出空车)、企业自备内用检修车和在专用线、专用铁路内的已获得“过轨运输许可证”的企业自备货车、在站装卸作业企业自备空车、在本企业内的内用空车、军方特殊用途空车以及铁路总公司所属特种用途车。

a. 备用车。备用车是指为了保证完成临时紧急任务的需要所储备的技术状态良好的铁路总公司所属空货车。

备用货车分为特殊备用车、军用备用车、专用货车(包括罐车、冷藏车、集装箱车、矿石车、长大货物车、毒品专用车、家畜车、散装水泥车、散装粮食车、小汽车运输专用车和涂有“专用车”字样的一般货车)备用车和国境、港口站备用车。

备用车的备用、解除,必须经铁路总公司备用车命令批准。

备用车的备用和解除时间:根据铁路总公司、铁路局当日调度命令批准,经备用基地检车员检查后,由车站调度员或值班员填写“运用车转变记录(运统6)”并签字的时分起算。

货车转入备用时分不得早于:车站收到调度命令的时分;作业车卸车完了的时分;到达空车为列车到达技检完了的时分。

备用货车解除时分不得迟于:排空时规定列车开始技检的时分;装车时调入装车地点的时分。

特殊备用车须备满48 h,其他备用车须备满24 h,才能解除备用。备用时间不满或无令动用时,自备用时起按运用车统计(因紧急任务需要,经铁路总公司批准解除时,不受此项限制)。

备用车必须停放在铁路局批准的备用基地内。港口、国境站备用车必须停放在指定的港口、国境站。凡未停放在指定地点的均不准统计为备用车。

备用车在不同基地间不得转移。根据命令在同一备用基地内转移时,备用时间不连续计算,原存放站及新存放站均需备满规定时间。

不准将重车、租用空车列入备用车。

违反规定动用备用车时,必须调整运用车数和货车停留时间。

b. 检修车。为定检到期或过期而扣下修理、摘车临修、事故破损、等待报废和回送检修等的铁路总公司所属铁路货车、企业自备货车,根据车辆部门填发的"车辆检修通知单(车统23)"或"检修回送单(车统26)"统计为检修车。

在铁路营业线上的外国铁路货车在运行过程中临时发生故障而摘车临修时,按检修车统计。

机械冷藏列车中的车辆或机械发生故障需要扣修时,应全组填发"车辆检修通知单",按检修车统计。修竣后,对未修理的车辆,在"检修车辆竣工验收移交记录(车统33并车统36)"上注明"撤销"字样。

整备罐车超过整备规定时间(6 h)继续整备时,从超过时起按检修车统计。

c. 代客货车。代客货车是指根据铁路总公司命令用以运送人员、行李及包裹的货车。

车站接到命令后,由车站和检车人员在"运用车转变记录(运统6)"上签字时起转入"代客",使用完了(指卸空,包括备品)时,填制"运用车转变记录(运统6)"转回运用车。代客空车根据调度命令以客运车次回送时,按代客统计;以货运车次回送时,按挂运凭证(回送清单、调度命令等)实际统计,无挂运凭证按运用车统计。

"代客货车"装载货物填制货票时,自代客或回送到达时起按运用车统计。

行包专列专用货车,不论重、空均按代客货车统计,单独列示。

d. 路用车。路用车是指铁路总公司批准作为铁路各单位运送非营业运输物资或用于特殊用途的货车。分为特种用途车和其他路用车。

特种用途车指因为路内特殊用途需要专门制造不能装运货物的特种用途车(包括试验车、发电车、轨道检查车、检衡车、除雪车等)。

上述车辆以外的路用车为其他路用车。

经铁路总公司批准的"路用车使用证明书"是统计路用车的依据。使用单位应按规定涂打路用车使用标记。路用车只准在批准的使用期限、区段和用途的范围内使用,对违反使用规定的路用车,按运用车统计。

路用车的转变时分自使用单位收到车辆并在"运用车转变记录(运统6)"上签字时起,至使用完了交回车辆并填制"运用车转变记录(运统6)"转回运用车时止按路用车统计。

路用车装运货物并填制货票时,在重车状态下按运用车办理。

防洪备料车:是根据铁路总公司(铁路局)命令为汛期防洪抢险指定储备一定数量防洪备料的重车,在重车储备停留状态下按路用车统计,其他状态按运用车统计。

e. 洗罐车。洗罐车是指进行清洗的良好罐车。

由洗罐单位填制"车辆装备单(车统24)"送交车站签字时起计算为洗罐车;洗刷完了,由车站人员在"罐车洗刷交接记录单(车统89)"上签字时起转回运用车;企业自备车发生洗罐时,洗罐单位一律填发"企业自备车装备单(车统24Q)"统计为洗罐车,洗刷完了,填发"企业自备车洗刷交接记录单(车统89Q)"转回运用车。为进行检修而洗罐时,应列入检修车内。

由企业自行洗罐不能执行上述办法时,由铁路局规定平均洗罐时间(最长不能超过4 h),自货车送入洗罐交接地点至规定时间止按洗罐车统计。

f. 整备罐车。整备罐车是指在指定地点进行技术整备的整列(成组)固定编组石油直达罐车。

在到达整备站时，按运用车统计；送入配属段整备线进行技术整备时，根据车辆部门填发的“车辆装备单（车统24）”送交车站签字时起6 h内按整备罐车统计。超过6 h车辆部门应填发“车辆检修通知单（车统23）”按检修车统计。整备完了由车站在“检修车辆竣工验收移交记录（车统33并车统36）”上签字时起转回运用车。如固定编组石油直达罐车更换车辆时，须由车辆部门及时通知车站。

g. 租出空车。租出空车包括：企业租用的铁路总公司所属货车空车；新造及由国外购置的货车在交付使用前的试运转空车。部队训练使用的铁路总公司所属货车。

使用停留车辆训练，按轴、按日核收使用费时，由交付使用至使用完了交回时止，按企业租用空车统计；在训练期间随同列车挂运核收80%运费时，自列车出发时起至到达时止，对装运物资的货车按运用车统计，运送人员的棚车按“代客”统计；用铁路机车单独挂运核收机车使用费时，按企业租用空车统计。

出租车及退租车由车站与使用单位在“运用车转变记录（运统6）”上签字时起转入企业租用车或转回运用车。

h. 在企业内的企业自备货车。在企业内的企业自备货车是指在企业专用线、专用铁路内的已取得“过轨运输许可证”的该企业自备货车。包括没有（租用）专用线、专用铁路企业的回到过轨站的自备空车以及在车站进行装卸作业的自备空车。在本企业内的内用空车在此项反映。

i. 军方特殊用途空车。军方特殊用途空车是指军方用于军事运输等特殊用途的空货车（车体基本记号标明为客车的除外）。

③ 企业自备车运用与非运用转变时分的确定。对出入企业专用线、专用铁路的企业自备车，以将车辆送到交接地点时分为准；在站（包括过轨站）装卸作业的企业自备车，以装卸作业完了时分为准（到达过轨站、装卸作业站的空车自到达时分起转为非运用）。内用货车以装卸作业完了时分为准。

2. 现在车的掌握

为确保货车现有数统计的准确性，必须做好以下工作：

(1)车站

① 车号员对到发列车必须严格执行“列车编组顺序表（运统1）”、货运票据与现车核对制度。安装有车号自动识别系统的车站还应与AEI识别车辆进行核对，对车数、车种、车号、重或空、非运用种别、车辆使用属性等逐项核对，发现错误及时订正。

② 统计人员应与站调、值班员、车辆段调度或列检值班员等有关人员建立相互核对现在车和检修车制度，并定时与铁路局统计人员逐列核对货车出入数，达到实际数与推定数一致。

③ 各编组站、区段站及较大厂、矿站必须建立“集中掌握、分场管理”或“到、发列车编组顺序表对号销”以及其他有效方法掌握现在车。

④ 对新购货车，车站、车辆段与工厂必须建立交接核对制度。

⑤ 对企业自备货车的掌握要严格按照“过轨运输许可证”核准的有效期限，建立企业自备车过轨台账，准确地加入或退出。对收回“过轨运输许可证”的车辆由过轨站和存放站根据铁路总公司电报核实现车后及时退出。

⑥ 对内用货车，接轨或交接车站与企业必须建立定期核对、内用货车与一次性过轨货车

转换核对制度。

(2)铁路局

①要认真掌握铁路总公司所属货车与企业自备货车、内用货车,新购货车及报废车,出租车及退租车等。

②要认真执行"货车动态表(运统 11)"掌握货车数的方法。

6.1.3.2　装卸车统计

装卸车统计反映铁路运输实际完成货运量、货车运用及货物装卸作业的情况,用以考核完成货物运输计划和改进货物运输工作的依据,同时装卸车数也是确定车站货运机构设置和货运设备配置的主要依据。

1. 装车数统计

凡在铁路货运营业站填制货票并承运,以运用车运送货物的装车,均统计为装车数。

(1)整车货物

① 由营业站承运的装车。

② 港口站的装车及不同轨距联轨站换装货物的装车。

③ 填制货票的游车。

④ 填制货票免费回送货主的货车用具和加固材料的整车装车。

⑤ 按 80%核收运费的企业自备车、企业租用车和路用车的装车(按轴公里计费的除外)。

⑥ 填制货票核收运费的站内搬运的装车。

(2)整装零担车

在装车站装载的一站直达整零的装车或在装车站装载自站发送货物占全部货物重量一半及以上的装车。

(3)集装箱货物

整车集装箱在装车站装载自站发送集装箱其换算箱数占全部换算箱数一半及以上的装车。

(4)国家铁路运输企业装车数的计算

在国家铁路运输企业车站自站的装车(包括在国家铁路运输企业分界站、接轨站制票运往合资、地方铁路的装车)统计为承运装车数。

由非国家铁路控股合资铁路(以下简称非控股铁路)、地方铁路、国境接入并填制有货票的重车或换装货物的装车(不包括通过合资、地方铁路运输的重车及到达分界站或接轨站卸车的重车)统计为交接装车数。

(5)合资铁路装车数的计算

① 管内装车数(包括装往国铁分界站、接轨站卸车的装车)的计算。

使用铁路总公司所属铁路货车在本合资铁路管内自装自卸所产生的装车。

使用企业自备货车在本合资铁路管内自装自卸所产生的装车。

使用内用货车,并填制正式货票(国家铁路货票或地方税务部门监制的票据)在本合资铁路管内自装自卸所产生的装车。

② 输出装车数的计算。

与全路办理一票直通货物运输的合资铁路自管内装往国家铁路或其他合资、地方铁路所产生的装车。

(6)地方铁路装车数的计算

① 管内装车数(包括装往国铁分界站或接轨站卸车的装车)的计算。

使用部属铁路货车在本地方铁路管内自装自卸所产生的装车。

使用企业自备货车在本地方铁路管内自装自卸所产生的装车。

使用内用货车,并填制正式货票(国家铁路货票或地方税务部门监制的票据)在本地方铁路管内自装自卸所产生的装车。

② 输出装车数的计算。

与全路办理一票直通货物运输的地方铁路自管内装往国家铁路或其他合资、地方铁路所产生的装车。

③ 交接装车数的计算。

由国家铁路运输企业、合资铁路或其他地方铁路接入或通过并填制货票的重车统计为交接装车数。

2. 卸车数统计

凡填制货票以运用车运送,到达铁路货运营业站的卸车,均统计为卸车数。

(1)整车货物

① 到达营业站货物的卸车。

② 港口站的卸车及不同轨距联轨站换装货物的卸车。

③ 填制货票的游车。

④ 填制货票免费回送货主的货车用具和加固材料的整车卸车。

⑤ 按80%核收运费的企业自备车、企业租用车和路用车的卸车(按轴公里计费的除外)。

⑥ 填制货票核收运费的站内搬运的卸车。

(2)整装零担车

在终到站到达的一站直达整零的卸车或在终到站到达自站货物占全部货物重量一半及以上的卸车。

(3)集装箱货物

整车集装箱在终到站到达自站集装箱其换算箱数占全部换算箱数一半及以上的卸车。

(4)国家铁路运输企业卸车数的计算

在国家铁路运输企业营业站的卸车,包括由合资、地方铁路接入到达分界站(接轨站)的卸车。

(5)合资铁路卸车数的计算

① 管内卸车数(不包括管内装车到达国铁分界站或接轨站的卸车)的计算。

使用铁路总公司所属铁路货车在本合资铁路管内自装自卸所产生的卸车。

使用企业自备货车在本合资铁路管内自装自卸所产生的卸车。

使用内用货车并填制正式货票(国家铁路货票或地方税务部门监制的票据)在本合资铁路管内自装自卸所产生的卸车。

② 输入卸车数的计算。

由国家铁路运输企业或其他合资铁路、地方铁路与本合资铁路办理一票直通货物运输的重车到达本合资铁路管内的卸车。

(6)地方铁路卸车数的计算

① 管内卸车(不包括管内装车到达国铁分界站或接轨站的卸车)的计算。

使用铁路总公司所属铁路货车在本地方铁路管内自装自卸所产生的卸车。

使用企业自备货车在本地方铁路管内自装自卸所产生的卸车。

使用内用货车并填制正式货票(国家铁路货票或地方税务部门监制的票据)在本地方铁路管内自装自卸所产生的卸车。

② 输入卸车数的计算。

由国家铁路运输企业或其他合资、地方铁路与本地方铁路办理一票直通货物运输的重车到达本地方铁路管内的卸车。

3. 待卸车数

凡到达铁路营业站的重车在本统计报告日内实际尚未卸完的,均统计为待卸车数。

4. 增加使用车和增加卸空车的计算

增加使用车、增加卸空车为车站因装卸中转零担货物、铁路货车用具,或货物倒装等而使用或卸空的车辆。除以下规定外,一律不得统计为增加使用车和增加卸空车。

(1)整装零担车

① 在装车站装载中转货物超过全部货物重量一半的装车按增加使用车计算。

② 在终到站到达中转货物超过全部货物重量一半的卸车按增加卸空车计算。

(2)集装箱车

① 在装车站装载中转集装箱,其换算箱数超过全部换算箱数一半的装车按增加使用车计算。

② 在终到站到达中转集装箱,其换算箱数超过全部换算箱数一半的卸车按增加卸空车计算。

(3)铁路货车用具

整车装运铁路货车用具(篷布、空集装箱及军用备品等)的装卸按增加使用或增加卸空车计算。

(4)倒装作业

运用重车在运送途中发生倒装作业(不包括装载整理)的计算:

① 一车倒装两车时计算增加使用车一辆,两车倒装一车时计算增加卸空车一辆。

② 当日卸车后不能当日装车时,当日计算增加卸空车一辆,再装车时可再计算增加使用车一辆。

③ 当日一车倒装一车时不计算增加使用和增加卸空车数。

5. 装卸作业次数的计算

装卸作业次数为车站在一定时期内所完成的装车、卸车作业及其他货车作业的总次数。

(1)凡计算装卸车数的均计算作业次数。

(2)货物倒装车、整车装卸铁路货车用具和按增加使用及增加卸空车计算的整装零担车、整装集装箱,均按实际作业车数计算作业次数。整车货物倒装全部卸空后,又原车装运时,按两次作业计算。

(3)整车分卸的货车在运送途中站进行卸车时，按一次作业计算。

6. 装卸作业完了时分的确定

(1)铁路总公司所属铁路货车装卸作业完了时分的确定

① 在站线上或按规定以铁路机车取送(或牵引)在专用线内的装车，以装车作业完了填妥货票(整装零担车、整装集装箱车为填制"货车装载清单")的时分为准；卸车以卸车作业完了时分为准。

② 按规定以企业机车取送在企业专用线内的装车，以装车作业完了将货车送到双方指定交接地点，交接完了并填妥货票时分为准；卸车以卸车作业完了将货车送到交接地点，交接完了的时分为准；双重作业车以装车作业完了送到交接地点填妥货票时作为装卸车完了时分(能确定卸车完了时分的车站，可由铁路局规定采用卸车作业完了时分)为准。

(2)企业自备货车及企业租用车装卸作业完了时分的确定

① 装车：以装车作业完了并填妥货票时为准，有规定交接地点时须以到达交接地点时分为准。

② 卸车：以车辆到达规定交接地点(无规定交接地点时为卸车作业完了)时分为准。

(3)按 80%核收运费的路用车装卸作业完了时分的确定。比照企业自备货车及企业租用车装卸作业完了时分确定。

(4)在国境分界站不进行倒装的货车，装车以交接完了并填妥货票时分为准；卸车以交出时分为准；倒装货车的装卸，以倒装作业完了时分为准(装车须填妥货票)。

(5)在口岸站、不同轨距联轨站倒装的货车，装车以装车作业完了填妥货票时分为准，卸车以卸车作业完了时分为准。

7. 不计算装卸车数和作业次数的货车

(1)各种非运用车的装卸(按一般货运手续办理的装车应转为运用车)。

(2)变更到站的重车。

(3)不论是否摘下而进行货物装载整理的货车。

(4)在本企业专用线内或不经过铁路营业线的两个企业间搬运货物的装卸。

8. 货物发送吨数

货物发送吨数为铁路区域或车站在一定时期内装车所完成的发送货物吨数，执行《铁路货物运输统计规则》规定。

(1)凡车站承运的货物均根据货票统计承运发送吨数。整车货物以装车作业完了并填妥货票时分统计；零担和集装箱货物按"装卸车清单(货统 2)"为依据，以装车作业完了时分统计。

(2)货物发送吨数根据货票记载的货物实际重量计算，无货物重量按计费重量计算。填制货票的游车不再计算重量。

自备空集装箱箱重按"集装箱技术参数表"规定的自重填记。

6.1.4　相关规范、规程与标准

1. 现在车报表(运报—2)

现在车报表为日、旬、月、季、年报，格式见表 6.1。

表 6.1 现在车报表

局名或月日	现在车												运用车															
	昨日结存	入					出					现在车合计	合计	重车										空车				
																			其中									
		到达	出厂新车	退租车	企业自备车、租用车剔出	其他	发出	报废车	租用车	企业自备车、租用车剔出	其他			计	棚车	敞车	平车	罐车	轻油	黏油	润滑油	冷藏车	其他	计	棚车	敞车	平车	罐车
	1	2	3	4	5	6	7	8	9	10	11	12	13	14	15	16	17	18	19	20	21	22	23	24	25	26	27	28

运用车						非运用车																	
空车					合计	备用										检修车	代客货车	路用车	洗罐车	改装及试验车	企业自备车及租用空车	淘汰车	合同租出车数
其中			冷藏车	其他		计	棚车	敞车	平车	罐车	其中			冷藏车	其他								
轻油	黏油	润滑油									轻油	黏油	润滑油										
29	30	31	32	33	34	35	36	37	38	39	40	41	42	43	44	45	46	47	48	49	50	51	52

(1)现在车报表的编制依据

① 车站编制现在车报表的依据包括列车编组顺序表(运统 1)、行车日志(运统 2 或运统 3)、货车出入登记簿(运统 4)、检修车登记簿(运统 5)、运用车转变记录(运统 6)、非运用车登记簿(运统 7)、部备用货车登记簿(运统 7-A)、号码制货车停留时间登记簿(运统 8)、非号码制货车停留时间登记簿(运统 9)、新造车辆竣工验收移交记录(车统 1 并车统 13)、车辆资产移交记录(车统 70)和车辆报废通知等有关资料。

② 铁路局编制现在车报表的依据包括分界站货车出入报表(运报-1)、车站的现在车报表(运报-2)、18 点在途列车确报、货车动态表(运统 11)。

(2)现在车报表的编制说明

① 现在车报表分别铁路总公司所属货车(BYB-2)、企业自备货车(QYB-2)、内用货车(NYB-2)、综合(YB-2)逐级上报,格式同运报-2。其中企业自备货车现在车报表中的非运用车数只填记检修车、洗罐车、在企业内货车数、军方特殊用途空车栏;内用货车现在车报表中的非运用车数只填记检修车、在企业内货车栏。

② 企业租用车的加入和退出,按路企双方签订的租用合同办理。途中发生报废时,在发生站退出,同时通知签订租用合同车站销账。

③ 国家铁路运输企业及其所属企业的自备货车空车填报在 QYB-2"租出空车"栏(90 栏)。回到过轨站、装卸作业站的企业自备货车空车填报在 QYB-2"在企业内货车"栏(91 栏)。内用空车填报在 NYB-2"在企业内货车"栏(91 栏)。

④ 其他部门拨交铁路或铁路拨交其他部门的货车在"其他"栏(5 及 9 栏)填报。

⑤ 国外货车在交付使用前的试运转空车、由车辆工厂向企业或国外回送的新造及修复的

货车(装载在货车上的车辆除外),在 QYB-2 第 5 栏、第 9 栏中填报。

⑥ 为确保检修车数的准确,列检与车站、车辆调度及铁路局统计应核对一致上报。

2. 18 点现在重车去向报表(运报-3)

18 点现在重车去向报表反映 18:00 管内重车及移交重车去向,作为铁路局组织卸车及掌握重车车流的依据。18 点现在重车去向报表为日报,格式见表 6.2。

表 6.2　18:00 现在重车去向报表

局名或月日	自局管内卸车					移交外局车数(分子表示其中罐车)												合计车数
	车数	其中				局	局	局	局	局	局	局	局	局	局	局	移交车计	
		棚车	敞车	平车	罐车													
	1	2	3	4	5	6	7	8	9	10	11	12	13	14	15	16	17	18

(1)18 点现在重车去向报表的编制依据

① 车站根据 18 点当时运用重车货票、列车编组顺序表或其他货运单据上记载的到站编制。

② 铁路局根据车站报送的“18 点现在重车去向报表(运报-3)”及 18 点在途列车确报编制。

(2)18 点现在重车去向报表的编制说明

① 整车分卸按最终到站统计。

② 对到达国外、合资、地方铁路的重车按所到达分界站(无分界站时为交接站)所属局统计。

③ 到达本局管内的重车经由邻局运送时,按到达邻局统计。

④ 重车到站不明时,按到达列车运行方向前方编组站径路统计。

⑤ 本表合计重车应与现在车报表(运报-2)重车数字一致。

3. 装卸车报表(货报-1)。

装卸车报表为日、旬、月、季、年报,格式见表 6.3。

表 6.3　装卸车报表

站、局名或月日	装车数合计	其中		使用车合计	其中增加使用车	车种											
		承运装车数	交接装车数			棚车	敞车	普通平车	两用平车	轻油罐车	黏油罐车	其他罐车	冷藏车	集装箱车	矿石车	长大货物车	毒品车
	1	2	3	4	5	6	7	8	9	10	11	12	13	14	15	16	17

车种					卸车数合计	待卸车数	卸空车合计	其中增加卸空车								
家畜车	散装水泥车	散装粮食车	特种车	其他					棚车	敞车	普通平车	两用平车	轻油罐车	黏油罐车	其他罐车	冷藏车
18	19	20	21	22	23	24	25	26	27	28	29	30	31	32	33	34

续上表

车种									装卸作业次数	到达局别使用车							
集装箱车	矿石车	长大货物车	毒品车	家畜车	散装水泥车	散装粮食车	特种车	其他		合计	局	局					
35	36	37	38	39	40	41	42	43	44	45	46	47					

(1)装卸车报表的编制依据

① 货票。

② 装(卸)车清单(货统 2)、承运簿(铁运 10)、卸货簿(铁运 11 甲)、装卸车作业大表(运货 7 甲)、运单或其他装卸作业表、单据。

③ 国境站货物交接单、分界(交接)站货物交接记录单(货统 3)。

(2)装卸车报表的编制方法

① 本表由货运营业站按铁路总公司所属货车(BXB-1)、企业自备货车(QXB-1)、综合(XB-1)分别编制并逐级汇总上报。

合资、地方铁路营业站按铁路总公司所属货车(BXB-1)分为装卸车合计、管内装卸车、输出输入装卸车三行,企业自备货车(QXB-1)分为装卸车合计、管内装卸车、输出输入装卸车三行,内用货车(NXB-1)为管内装卸车一行,综合(XB-1)分为装卸车合计、管内装卸车、输出输入装卸车三行分别编制并逐级汇总上报。

“部货报-1(BXB-1)”填记铁路总公司所属货车装、卸车数及去向,分列车种。

“企货报-1(QXB-1)”填记企业自备货车装、卸车数及去向,分列车种。

“内货报-1(NXB-1)”填记内用货车装、卸车数及去向,分列车种。

“综合(XB-1)”为“部货报-1”“企货报-1”“内货报-1”各栏之和。

② 使用车、卸空车车种分别填记。

③ 装卸作业次数(44 栏)按《铁路货车统计规则》第 36 条规定填记。

④ 铁路总公司指定的由国家铁路运输企业营业站装车通过地方、合资铁路再到达营业站卸车的分流重车,在向地方、合资铁路移交时统计移交重车数,并填报在“装卸车报表(货报-1)”第 25 栏,以分子表示,不包括在分母内;接入时统计交接重车数,并填报在“装卸车报表(货报-1)”第 4 栏,以分子表示,不包括在分母内;到达局别使用车数亦以分子单独表示。

⑤ 表内关系:

使用车合计(4 栏)=装车数(1 栏)+增加使用车数(5 栏)=6~22 栏之和;装车数(1 栏)=承运车数(2 栏)+交接装车数(3 栏)。

卸空车合计(25 栏)=卸车数(23 栏)+增加卸空车数(26 栏)=27~43 栏之和。

⑥ 到达局别使用车数:

a. 按货票或其他货运票据填记的到站所属局填记。

b. 整车分卸按最终到站所属局统计。

c. 对到达国外、合资、地方铁路的货车应按到达所属铁路局统计。

d. 到站不明的货车按列车运行方向的前方编组站(区段站)所属局统计,军调通知到局的按通知统计。

⑦ 已装完的货车未发出,由于货主取消托运撤销原货票,又在本站卸车时,不统计装卸车数。如在隔日发生时,应进行订正。装卸作业次数按实际装、卸次数计算。

4. 货物分类装车报表(货报-2)

货物分类装车报表为日、旬、月、季、年报,格式见表 6.4。

表 6.4　货物分类装车报表

局名或月日	装车合计			其中:货物分类															
	静载重	车数	吨数	煤		石油		焦炭		金属矿石		钢铁		非金属矿		磷矿		矿建	
				车	吨	车	吨	车	吨	车	吨	车	吨	车	吨	车	吨	车	吨
	1	2	3	4	5	6	7	8	9	10	11	12	13	14	15	16	17	18	19

其中:货物分类																			
水泥		木材		粮食		棉花		化肥		盐		化工		金属制品		工业机械		电子	
车	吨	车	吨	车	吨	车	吨	车	吨	车	吨	车	吨	车	吨	车	吨	车	吨
20	21	22	23	24	25	26	27	28	29	30	31	32	33	34	35	36	37	38	39

其中:货物分类																			
农业机具		鲜活货物		农副产品		饮食烟草		纺织皮革		纸及文教		医药		其他货物		零担货物		集装箱	
车	吨	车	吨	车	吨	车	吨	车	吨	车	吨	车	吨	车	吨	车	吨	车	吨
40	41	42	43	44	45	46	47	48	49	50	51	52	53	54	55	56	57	58	59

特货公司装车				扣除专业运输公司货物运输后的装车		
		其中集装箱				
车	吨	车	吨	静载重	车数	吨数
60	61	62	63	64	65	66

(1)货物分类装车报表的编制依据

货物分类装车报表的编制依据同货报-1。

(2)货物分类装车报表的编制方法

① 本表由国家铁路运输企业货运营业站按铁路总公司所属货车(BXB-2)、企业自备货车(QXB-2)、内用货车(NXB-2)、综合(XB-2)分别编制并逐级汇总上报。合资、地方铁

路营业站按铁路总公司所属货车(BXB-2)的装车合计、管内装车、输出装车(分行填记),企业自备货车(QXB-2)的装车合计、管内装车、输出装车(分行填记),内用货车(NXB-2)的管内装车,综合(XB-2)的装车合计、管内装车、输出装车(分行填记)分别编制并逐级汇总上报。

② 整车货物品名分类根据货票所填记的货物名称,按照铁路总公司制定的《铁路货物运输品名分类与代码表》的分类统计。

a. 一车货物有数种品名时,按其中重量最多的货物品类统计;如只有一个重量时,按第一个品名确定。

b. 货票中未列品名的货物,列入"其他"栏内。

③ 表内关系:

静载重(1栏)=货物发送吨数(3栏)÷装车数(2栏),扣除专业运输公司货物运输后的静载重(64栏)=货物发送吨数(66栏)÷装车数(65栏),以吨为单位,保留小数一位,第二位四舍五入。

装车数(2栏)=各品类车数栏之和=货报—1第1栏。扣除专业运输公司货物运输后的装车数(65栏)=装车数(2栏)-集装箱装车数(58栏)-特货公司装车数(60栏)+特货公司其中集装箱装车数(62栏)。

货物吨数以吨为单位,吨以下四舍五入。各品类吨数按货票记载的千克数加总后再以吨为单位四舍五入,各品类吨数相加,即为合计吨数(3栏)。扣除专业运输公司货物运输后的吨数(66栏)=装车吨数(3栏)-集装箱装车吨数(59栏)-特货公司装车吨数(61栏)+特货公司其中集装箱装车吨数(63栏)。

各车站要认真执行"货票""货物分类装车报表(货报—2)""票据整理报告(财收—4)"核对制度,确保数据准确一致。

典型工作任务2　货车停留时间统计

6.2.1　教学目标

1. 能力目标

通过学习,要求对货车停留时间的统计方法有全面的认识,并要求:

(1)会填写号码制、非号码制货车停留时间登记簿(运统8、运统9)。

(2)会计算中、停时指标。

(3)会按照货车作业过程分析货车在车站作业过程时间延长或缩短的原因。

(4)会分析号码制、非号码制货车停留时间统计的优缺点及适用场合。

(5)会填写货车停留时间报表(运报-4)。

2. 知识目标

通过学习,要求:

(1)掌握号码制、非号码制货车停留时间登记簿(运统8、运统9)的填写方法。

(2)掌握号码制、非号码制货车停留时间的计算方法。

(3)掌握货车停留时间报表(运报-4)的计算方法。

3. 素质目标

(1)养成认真、严谨、负责的职业人格。

(2)养成善于动脑、勤于思考、及时发现问题和解决问题的学习习惯。

6.2.2　工作任务

(1)填记号码制、非号码制货车停留时间登记簿(运统 8、运统 9)。

(2)计算中、停时指标。

(3)填写货车停留时间报表(运报-4)。

6.2.3　相关配套知识

货车停留时间统计,用以反映运用车在车站进行货物作业和中转作业停留时间完成的情况,提供检查、分析、改善车站技术作业组织的依据,以加速货车周转。

凡计算车站出入的运用车,由到达、转入或加入时起至发出、转出或退出时止的全部停留时间(不包括其中转入非运用车的停留时间)均应统计停留时间,但中间站利用列车停站时间进行装卸,装卸完了仍随原列车继续运行时,只计算作业次数不计算停留时间。

1. 货车停留时间的分类

货车停留时间按作业性质,分为货物作业停留时间和中转停留时间。

(1)货物作业停留时间

货物作业停留时间为运用车在站线(包括区间,下同)及专用线(包括路产专用线,下同)内进行装卸、倒装作业所停留的时间。

按货物作业过程,停留时间包括:

① 入线前停留时间,即由货车到达时起至送到装卸地点时止,以及双重作业车由卸车完了时起至送到另一装车地点时止的时间。

该时间主要取决于到达、解体和送车等技术作业的效率,由车站运转部门负责组织进行。

② 站线作业停留时间,即由货车送到装卸地点时起至装卸作业完了时止的时间。

该时间主要取决于车站组织装卸作业的效率,由车站货运部门、装卸部门负责组织进行。

③ 专用线作业停留时间,即由货车送到装卸地点时起至装卸作业完了时止的时间,如规定以企业自备机车取送车辆时,以双方将货车送到规定地点的时分计算。

该时间主要取决于专用线组织装卸作业的效率,由专用线货运部门、装卸部门负责组织进行。

④ 出线后停留时间,即由货车装卸作业完了时起至发出时止的时间。

该时间主要取决于取车、集结、编组和出发等技术作业的效率,也由车站运转部门负责组织进行。

(2)中转停留时间

中转停留时间为货车在车站进行解体、改编、中转技术作业及其他中转作业(包括变更到站、装载整理及洗罐消毒的货车,按规定进行洗罐的罐车除外)所停留的时间。计算中转停留时间的货车应为本站计算出入的货车。

按中转作业性质,分为无调中转车停留时间和有调中转车停留时间两种。

① 无调中转货车:

a. 在编组站或区段站原列到开的列车上的货车(摘走的车辆除外)。

b. 在编组站或区段站进行补、减轴调车作业的原中转列车上的货车(补、减轴的车辆除外)。

c. 停运列车上的货车。

d. 在中间站进行拆组或组合的长大重载列车上的货车。

② 有调中转货车:凡不符合上述无调中转作业条件的中转货车均按有调中转货车统计。

③ 在中间站产生下列中转作业时必须统计中转停留时间(不论是否有中转停留时间指标计划):

a. 停运列车上的货车。

b. 列车在中间站折返原方向所挂的不属于本站办理装卸作业的货车。

c. 不是本站装卸作业而摘下的货车。

2. 货车停留时间的计算

车站主要统计一次货物作业平均停留时间和中转车平均停留时间。

(1)一次货物作业平均停留时间

$$t_{货}=\frac{\sum Nt_{货}}{U_{装}+U_{卸}} \quad (h) \tag{6.1}$$

式中 $\sum Nt_{货}$——当日本站货物作业车总停留车小时;

$U_{装}$、$U_{卸}$——当日本站货物作业车完成的装车和卸车总次数。

(2)有调中转车平均停留时间

$$t_{有}=\frac{\sum Nt_{有}}{\sum N_{有}} \quad (h) \tag{6.2}$$

式中 $\sum Nt_{有}$——当日有调中转车总停留车小时;

$\sum N_{有}$——当日有调中转车总数。

(3)无调中转车平均停留时间

$$t_{无}=\frac{\sum Nt_{无}}{\sum N_{无}} \quad (h) \tag{6.3}$$

式中 $\sum Nt_{无}$——当日无调中转车总停留车小时;

$\sum N_{无}$——当日无调中转车总数。

(4)中转车平均停留时间

$$t_{中}=\frac{\sum Nt_{无}+\sum Nt_{有}}{\sum N_{无}+\sum N_{有}} \quad (h) \tag{6.4}$$

6.2.4 相关规范、规程与标准

1. 号码制统计方法

号码制统计方法,使用号码制货车停留时间登记簿(运统 8)逐车登记货车的车种、车号、到达与发出的车次、时分,结算当日发出货车的车数及由到达至发出的全部停留车小时、作业次数,作为当日的车数、停留车小时和作业次数计算中时、停时。

号码制货车停留时间登记簿(运统 8)见表 6.5。

表 6.5　号码制货车停留时间登记簿(运统 8)

货车		到达			调入站线		站线作业完了		调入专用线		专用线作业完了	
车种	车号	车次	月日	时分	月日	时分	月日	时分	月日	时分	月日	时分
1	2	3	4	5	6	7	8	9	10	11	12	13

发出			作业种类	中转车停留时间	作业车停留时间	其中货物作业过程(时分)				非运用车			记事
						入线前停留时间	作业时间		出线后停留时间				
车次	月日	时分					专用线	站线		转入月日时分	转出月日时分	停留时间	
14	15	16	17	18	19	20	21	22	23	24	25	26	27

号码制货车停留时间登记簿(运统 8)的填记方法:

(1)填记依据与方法

① 每日初将昨日没有发出的货车用红笔移入当日最前部,当日继续填记。

② 根据运统 1 的列车车次、车种、车号,填记 1、2、3、14 栏。

③ 根据行车日志中的列车到发时分,填记 4、5、15、16 栏。

④ 根据装卸车清单(货统 2)及货车调送单(货统 46)或专用线取送车辆记录中的货车调到及装卸完了时分,填记 6～13 栏各种货物作业过程的起止时刻。若在站线卸车后调入另一站线装车,或在专用线卸车后调入另一专用线装车的双重作业车,则在 6～9 栏或 10～13 栏内,另以分子填记第二次的起止时分。

⑤ 根据运用车转变记录(运统 6)及非运用车登记簿(运统 7)的转变时刻,填记 24～26 栏。

⑥ 作业过程不全的货物作业车,需在 6～13 栏及 20～23 栏内划一横线。

凡无入线前停留时间或站线(专用线)作业时间或出线后停留时间者,均属作业过程不全的货物作业车,如进行不摘车装卸作业的货车,新线、合资、地方铁路分界站交接的货车,在国境分界站不进行换装的货车及在规定交接地点交接的企业自备车等。

⑦ 作业种类(17 栏)按简称填记。装车填"装",卸车填"卸",双重作业填"双",货物倒装填"倒",无调中转填"无",有调中转填"有"。

(2)结算方法

① 货车发出后,根据 17 栏记载结算其停留时间:

货物作业车停留时间(19 栏)、中转车停留时间(18 栏)=(15、16 栏)-(4、5 栏)-(26 栏)

入线前停留时间(20 栏)=(6、7 栏或 10、11 栏)-(4、5 栏)

站线作业时间(21 栏)=(8、9 栏)-(6、7 栏)

专用线作业时间(22 栏)=(12、13 栏)-(10、11 栏)

出线后停留时间(23 栏)＝(15、16 栏)－(8、9 栏或 12、13 栏)

双重作业车按第 6～13 栏记载,将卸车完了至调入装车地点的时间加入第 20 栏入线前停留时间内。

② 当日 18:00 终了时,将当日发出的货车[已填记(14～16 栏)]加以结算:

各项停留时间(18～23 栏)加总(合计)后,小时以下满 30 min 进为 1 h,30 min 以下舍去(进整)。

货物作业车在 6～13 栏及 20 至 23 栏划有横线的车数与停留时间,须单独加以结算。

作业过程各停留时间进为小时后的合计与货物作业停留时间(19 栏)尾数不等时,按 19 栏调整各作业时间。

货物作业次数按 17 栏加总计算,并按装卸车统计的有关规定加以确定。

2. 优缺点及采用情况

号码制统计方法的优点是能够比较精确地算出每辆货车的停留时间,但方法烦琐,并且不能反映车站当日工作的实际成绩。因此,号码制统计方法只在出入车数较少的车站采用,或者用来统计本站货物作业车的入线前、站线、专用线和出线后的停留时间。

3. 货车停留时间报表(运报-4)

货车停留时间报表见表 6.6。

(1)货车停留时间报表的编制依据

① 号码制货车停留时间登记簿(运统 8)。

② 车号自动识别系统。

③ 车站管理信息系统。

④ 装卸车报表(货报-1)。

表 6.6　货车停留时间报表

局名或月日	一次货物作业停留时间			中转车停留时间								
				无调中转			有调中转			合计		
	作业次数	车辆小时	一次平均	车数	车辆小时	一车平均	车数	车辆小时	一车平均	车数	车辆小时	一车平均
	1	2	3	4	5	6	7	8	9	10	11	12

装卸量较大的车站货物作业车作业过程														
作业车数	车辆小时	一次平均	入线前停留时间			站线作业时间			专用线作业时间			出线后停留时间		
			车数	车辆小时	一车平均	车数	车辆小时	一车平均	车数	车辆小时	一车平均	车数	车辆小时	一车平均
13	14	15	16	17	18	19	20	21	22	23	24	25	26	27

(2)货车停留时间报表的编制说明

本表为日、旬、月、季、年报。分别铁路总公司所属车(BYB-4)、企业自备车(QYB-4)、内用货车(NYB-4)、综合(YB-4)编制并逐级汇总上报,格式同运报-4。

本表由车站采取号码制编制。未上车站管理信息系统的出入货车较多的车站亦可按非号码制编制。

① 货车停留时间的统计方法:根据当日发出车辆的实际,按车号逐车统计货车由实际到达时起至发出时止的全部停留时间、作业车数、作业次数及中转车数。

② 中转车转为货物作业车或货物作业车转为中转车:由实际到达时起转入。

③ 本表车数、车辆小时栏以整数填记。车辆小时满 30 min 进为 1 h,不满 30 min 舍去;平均停留时间四舍五入保留一位小数。

④ 本报表中的各项平均停留时间计算方法:

$$\frac{\text{一次货物作业平均}}{\text{停留时间(3栏)}}=\frac{\text{货物作业}}{\text{车辆小时(2栏)}}\div\frac{\text{货物作业}}{\text{次数(1栏)}}$$

$$\frac{\text{无调中转车平均}}{\text{停留时间(6栏)}}=\frac{\text{无调车辆}}{\text{小时(5栏)}}\div\frac{\text{无调车}}{\text{数(4栏)}}$$

$$\frac{\text{有调中转车平均}}{\text{停留时间(9栏)}}=\frac{\text{有调车辆}}{\text{小时(8栏)}}\div\frac{\text{有调车}}{\text{数(7栏)}}$$

$$\frac{\text{中转车平均}}{\text{停留时间(12栏)}}=\frac{\text{中转车辆}}{\text{小时(11栏)}}\div\frac{\text{中转车}}{\text{数(10栏)}}$$

$$\frac{\text{货物作业车及其中作业过程}}{\text{的一车平均停留时间}}=\frac{\text{车辆}}{\text{小时}}\div\text{车数}$$

典型工作任务 3　车站工作分析

6.3.1　教学目标

1. 能力目标

通过学习,要求对车站工作分析的内容和方法有全面的认识,并要求:

(1)掌握车站工作分析的目的。

(2)会根据作业情况及统计资料进行车站工作分析。

2. 知识目标

通过学习,要求:

(1)了解车站工作分析的种类。

(2)掌握车站日常分析的主要内容及方法。

3. 素质目标

(1)养成一种客观、全面、动态地分析问题的态度。

(2)学会正确分析问题与解决问题的方法。

6.3.2　工作任务

(1)车站工作分析的目的。

(2)掌握车站分析的内容。

6.3.3 相关配套知识

1. 车站工作分析的目的

车站对工作计划的完成情况进行系统的总结和分析,其目的就在于肯定车站各方面工作的成绩,找出车站工作中的薄弱环节,总结在执行日班计划、技术作业过程、列车运行图和列车编组计划中的经验和问题,检查行车安全情况,从而据以制定改进车站工作的有效措施。根据分析,还可以确定各工种和人员的工作质量,表扬先进,推广先进经验,以便进一步挖掘潜力,提高车站工作水平。

2. 车站工作分析的内容

车站工作分析有日常分析、定期分析和专题分析三种。

(1)日常分析

日常分析主要是指班分析和日分析。班分析在交班会上进行,由站长(副站长)或车间主任主持,分析全班工作完成的情况。日分析由车站工程技术人员负责,对全天工作进行分析,一般都是针对一定问题,如卸车、装车、排空、调车作业等有重点地进行深入的分析。日常分析的主要内容可有如下几个方面:

① 安全情况分析。"安全第一、预防为主",安全生产是完成运输生产任务的重要保证,因此,每班都应对大小事故和事故苗子进行严肃分析。对于行车事故、货运事故以及人身伤亡事故,不仅要分析发生的原因,而且要研究制定预防办法和解决措施。

② 列车及调车工作完成情况分析。对于列车工作,应分析列车到发的数量未按计划兑现的原因。列车出发晚点是由于车流不足或没有机车,还是由于编组不及时所造成。要逐列分析,查明主要原因。此外,对于违反列车编组计划的列数、欠轴列数及其原因,也应进行分析。对于调车工作主要是分析每台调车机车所完成的工作量和非生产时间所占的比重。发现安全好、效率高的调车组时应总结其先进工作方法。

③ 装卸车情况分析。主要是对装卸车数、品种、去向、成组、直达等计划要求的兑现情况进行分析,同时应对日班和夜班的卸车工作是否均衡,积压车辆的原因(装卸人力、机具的组织问题或取送车不及时)等进行分析。

④ 中停时指标完成情况分析。对"中时"应着重分析待解时间延长的原因(由于列车密集到达、调车计划下达不及时,还是由于调车组的工作缺点造成)。对"中时"的其他组成因素,有时也要进行逐项的分析。对"停时"应着重分析待取、待送、待调移、待装卸等非生产时间产生和增长的原因。

⑤ 运用车保有量分析。主要分析 6:00 和 18:00 运用车保有量增长的原因。如果运用车保有量过大,说明车站工作情况不好,严重时可能要造成车站堵塞。运用车保有量增大,或由于车流量增大,或由于组织工作不当而使货车在站停留时间延长所造成,要做具体分析。运用车保有量过小,有时会影响列车出发计划的完成,也应分析其原因,并采取积极措施扩大车流来源,以保证列车工作计划的完成。

(2)定期分析

定期分析是指月间和旬间分析,由车站工程技术人员负责,除以上日常分析的内容以外,对车站工作日常计划和调度指挥的质量、车站各部门的工作情况、车站职工的劳动积极性以及劳动纪律等也应进行检查。定期分析的结果应写出书面的总结报告。

(3)专题分析

专题分析是不定期的分析，根据解决某一重大问题的需要而确定分析内容和完成的期限，一般由临时组织的专门工作组负责。

车站分析工作中，车流分析是一项重要的内容。车流分析的目的在于对车站到发车流的动态实行经常的监督，掌握车流变化的规律，以便及时调整车站技术设备的运用方案，制定相应的作业组织方法，保证运输生产的顺利进行。车流分析的主要资料是车流汇总表。车流汇总表每旬编制一次，其格式见表5.9。

车流分析的重点内容为车站办理车数、车站有调车数和有调车数占接入总车数的比重（见项目5的典型工作任务4）、各方向到发车流量及其比重、本站装卸车数等。

3. 车站工作分析的要求

(1)在分析前应把各方面情况了解透彻，采用的数据必须客观、真实、可信。

(2)在分析情况时要善于发现积极因素和先进经验，避免思想上的主观性和片面性。

(3)车站分析工作一定要及时，不然就会失去分析的作用。

项目小结

本项目介绍了有关统计报表填写的有关规定、货车停留时间的统计方法及车站工作分析的相关内容。

现在车统计介绍了现在车的分类、掌握现在车的规定及现在车报表、18点现在重车去向报表编制的依据及编制说明。

装卸车统计介绍了装车数、卸车数统计的有关规定，介绍了装卸车报表、货物分类装车报表编制的依据及编制说明。

货车停留时间统计介绍了货车停留时间统计有关规定；号码制货车停留时间登记簿的填记方法及中时、停时指标计算的方法；介绍了货车停留时间报表编制的依据及编制说明。

车站工作分析介绍了车站工作分析的目的、分析内容及分析的要求。

在本项目的学习中要求重点掌握各个统计内容相关的基本概念和有关的规章规定。

复习思考题

1. 什么是货车停留时间？中间站利用列车停站时间进行装卸，装卸完了仍随原列车继续运行时，是否计算作业次数和停留时间？

2. 货车停留时间按作业性质分为哪几种？

3. 什么是货物作业停留时间？货物作业停留时间按哪些作业过程时间统计？

4. 什么叫中转停留时间？中转停留时间按中转作业性质分为哪几种？

5. 在中间站产生哪些中转作业时必须统计中转停留时间？

6. 什么叫中时？什么叫停时？在车站工作统计中，中时和停时是如何计算的？

7. 目前统计各种货车停留时间的方法有哪几种？

8. 号码制统计方法有哪些优缺点？其适用场合如何？

9. 某用号码制统计货车停留时间的中间站，7月6日11:20到达卸车8辆，卸后于7月7

日 3:20 挂走;7 月 6 日 6:00 到卸重车 19 辆,其中 11 辆卸后排空于 7 月 7 日 16:00 挂走,另外 8 辆卸后装车于 7 月 7 日 18:30 挂走。问:该站 7 月 7 日完成停时多少?

10. 从某中间站 7 月 22 日填记的号码制货车停留时间登记簿(运统 8)看出,当日发出有调中转车 3 车,共停留 12 车·h;货物作业车 5 车,共停留 64 车·h,作业次数 8 次。作业过程不全的货物作业车 2 车,共停留 3 车·h,作业次数 2 次。试计算当日完成的中时、停时。

11. 乙站 18:00 结存中转车 110 辆。41012 次 18:25 开"甲—乙/43(其中中转车 33)";30051 次 18:20 到"乙/10、乙—丙/21、丙 / 26";21010 次 18:58 到"甲/56"。试用非号码制统计原理计算 18:01—19:00 这一小时该站中转车平均停留时间完成多少。

12. 已知某技术站计划中时 2.1 h,某日 17:00 统计结算时,中转车结存 85 车,中转停留车小时 1 700 车·h,中转车数 766,中时 2.2 h,17:00 至 18:00 中转车到发情况为 17:25 发车有调中转车 45 车,17:58 到达无调中转车 55 车,若该站采用 1 h 结算制,标准换算车小时采用逆算法试按非号码制统计原理,计算当日中时,并说明中时完成情况。

13. 经汇总,乙站 18:00 现在重车共 141 车,与运报-2(第 12 栏)一致。其中移交甲局 21 车、移交丙局 25 车、移交丁局 18 车、移交戊局 8 车、移交庚局 5 车、移交辛局 3 车、移交重车共 80 车,在本站卸 28 车(P6、C19、N3)、到甲—乙间重车 15 车(P4、C9、N2)、乙—丙间重车 18 车(P3、C15)、到本局管内卸共 61 车。根据上述资料,编制乙站 3 月 18 日 18:00 现在重车去向报表(运报-3)。

14. 已知:乙站采用号码制统计货物作业车作业过程,5 月 18 日发出货物作业车 99 车,其中站线作业 79 车,专用线作业 20 车;总停留 1 252 车·h,其中入线前停留 352 车·h、站线作业 357 车·h、专用线作业 80 车·h、出线后停留 463 车·h。乙站采用非号码制统计货车停留时间,5 月 18 日卸 100 车,装 75 车,停留 1 343 车·h;无调中转 639 车,停留 581 车·h;有调中转 600 车,停留 3147 车·h。要求:编制乙站 5 月 18 日的货车停留时间报表(运报-4)。

参考文献

[1] 胡思继.铁路行车组织.北京:中国铁道出版社,2003.
[2] 杨浩.铁路运输组织学.北京:中国铁道出版社,2007.
[3] 赵矿英,冯俊杰.铁路行车组织与管理.北京:中国铁道出版社,2002.
[4] 韩小平.铁路行车组织.北京:中国铁道出版社,2008.
[5] 中国铁路总公司.铁路技术管理规程(普速铁路部分).北京:中国铁道出版社,2014.
[6] 中华人民共和国铁道部.铁路货车统计规则.北京:中国铁道出版社,2008.